Rotraud A. Perner

NIEMANDSWEIB

Ibera / European University Press

Rotraud A. Perner

NIEMANDSWEIB

Anstand. Standhaftigkeit. Widerstand.
Bausteine (m)einer Resilienz.
Ein Vermächtnis.

Ibera / European University Press

Aller Berichte und Bewertungen sind subjektive
aber supervidierte Sichtweisen der Autorin.

Die Deutsche Bibliothek-CIP Einheitsaufnahme

1. Auflage

Rotraud A. Perner
NIEMANDSWEIB
Anstand. Standhaftigkeit. Widerstand.
Bausteine (m)einer Resilienz.
Ein Vermächtnis.

ISBN 978-3-85052-417-9
Hergestellt in der EU
Umschlagfoto: Privat

www.ibera.at

*
* * *

Für Judith –

meine geliebte Stieftochter,

gezeugt von meinem Ehemann

im 9. Jahr unserer 40jährigen Ehe,

Magistra der Soziologie,

eingeladen und kennengelernt

am Tag seines Begräbnisses 2009,

herzlichst willkommen von allen in meiner Hinkunftsfamilie,

von mir ausgebildet als psychosoziale Beraterin,

Mediatorin und Supervisorin,

zusammengearbeitet in Forschung und Lehre,

in der ich mich wiedererkenne

wie einst im gleichen Alter wie auch heute,

im gleichen Engagement

und in der gleichen Hochresilienz ...

sowie für alle,

denen ich Anregung und Vorbild bieten könnte.

* * *
*

Inhaltsverzeichnis

PROLog

Alterius non sit quae sua esse possit.
(Deutsch: Niemandes Eigentum sei frau„
wenn sie sich selbst gehören kann.)
(frei nach Paracelsus[1])

Am 18. August 2024 werde ich achtzig Jahre alt und blicke zurück auf sechzig Jahre wissenschaftlich fundierte Auseinandersetzung mit Gewalt in allen Formen, nicht nur als Beruf sondern auch als Berufung: Gewalt sollte unnötig werden.

Die zwanzig Jahre vorher hatte ich – wie die meisten Frauen meiner Generation – noch nicht erkannt, was alles an Gewalt mir (uns) angetan worden war – so dominant und anerkannt war sie, nicht nur als Leitidee in der NS-Zeit, in die ich noch hineingeboren wurde, sondern auch nachher. Sie wurde und wird noch immer von vielen Eltern und Großeltern gemäß deren Sozialisation als ganz normal und unverzichtbar weitergegeben. Auch an mich. Immer noch.

1962 wollte ich in Widerspruch zu der elterlichen Gewalt meines Vaters nicht wie er schulische Lehrkraft werden (und wurde es schließlich doch, aber auf universitärem Niveau), sondern eine gerechte Richterin. Flucht in die Staatsgewalt, sozusagen.

Dort wurde mir bald bewusst, dass ich diese nicht verstärken wollte, und so wechselte ich auf die Gegenseite: in die – wie sie damals hieß – sozialistische – Parteipolitik (und folgte damit auch wieder meinem Vater).

Auch dort erlebte wieder vielfältige Gewalt – aber auch Schulungen im Umgang mit ihr: Widerstand und Standhaftigkeit – aber mit Anstand. Damals.

Nach 15 Jahren als Mandatarin auf Bezirksebene verzichtete ich auf eine neuerliche Kandidatur und den zu diesem Zeitpunkt fälligen Einzug in den Wiener Landtag: Ich war zwischenzeitlich von der Juristerei zur Gemeinwesenarbeit, Sozialpädagogik, Sozialarbeit, Psychoanalyse und Psychotherapie „im Feld" gewechselt, hatte nebst einigen psychologischen Beratungseinrichtungen mein eigenes Institut für Projektberatung, Personal Training und Supervision (IPPS) gegründet und

---

[1] Titel meiner Dankesrede anlässlich der Verleihung des Paracelsus-Rings der Stadt Villach am 17. Mai 1996 als erste Frau: das konkrete Paracelsus-Zitat ist männlich, hier weiblich gegendert.

begann nunmehr „eigenbrötlerisch“ mein Leben zu gestalten – ohne Unterwerfung, sondern in dezidiert vereinbarten Kooperationen (die zwar ich einhielt – meine Gegenüber allerdings nicht immer).

Wie ich die auf diese „Provokation“ folgenden Unterwerfungsversuche überlebt habe, vor allem aber, wie ich dies *konkret* bewerkstelligt habe, soll Gegenstand dieses Buches sein.

Warum ein Vermächtnis, warum eine Autobiographie, warum in dieser Form? Eine Einleitung.

Ich kann mein Werk nicht überschaun
Und fühle doch: es steht vollendet.
Aber, die Augen abgewendet,
will ich es immer wieder baun.
Rainer Maria Rilke[2]

Wenn ringsum die alten Kampfgefährt:innen aus dem Diesseits scheiden, ist es wohl die rechte Zeit, den Nachfolgenden all das zu erzählen, was diese sonst vielleicht als Versäumnis bedauern – so wie ich heute so viel von meiner Mutter gerne gewusst hätte, was ich sie nie gefragt, ja nicht einmal angedacht hatte. Das Bedürfnis danach verspüre ich erst jetzt – älter als sie es war zur Zeit ihres Todes.

Zu ihren Lebzeiten war ich zuerst mit Funktionieren, später vor allem mit meinen Selbstheilungsprozessen beschäftigt (und sie vermutlich auch mit ihren) – und als ich ihr, der schweigsamen Künstlerin, einige Wochen vor ihrem unerwarteten Tod sagte, „Du weißt ja gar nicht, wie sehr ich Dich geliebt habe", wehrte sie auch sofort ab: „Nur keine Sentimentalitäten!" Da ich damals bereits Psychoanalytikerin war, konnte ich sie spüren und verstehen: Sie hatte Angst vor Nähe.

> ***Exkurs:*** *Der Psychoanalytiker Fritz Riemann (1902-1979) beschreibt in seinem Buch „Grundformen der Angst" zwei Gegensatzpaare (und die Wiener Präventivpsychologin Anneliese Fuchs (1938-2023) „mildert" seine psychiatrie-nahen Namensgebungen, ich zitiere daher ihre Abänderungen in Klammer): Er nennt diejenigen „schizoid" (sie: sachbezogen), die die Einsamkeit lieben und Angst vor Nähe haben – und im Gegensatz dazu die, die Nähe suchen, und Angst vor Einsamkeit (Verlassenwerden) haben, „depressiv" (sie: personbezogen); das zweite Gegensatzpaar nennt er „zwanghaft" (sie: ordnungsbezogen) wegen ihrer oft übertriebenen Ordnungsliebe und diagnostiziert Angst vor Chaos, und die Gegenteiligen „hysterisch" (sie: freiheitsbezogen), weil diese Zwang*

---

[2] Rainer Maria Rilke, Das Stundenbuch (1905). Insel Verlag, Frankfurt/ Main 1972, S. 39.

nicht aushalten.[3]*Ich selbst sehe in den sogenannten „schizoiden" wie auch „zwanghaften" eher hypersensible Menschen, die mehr spüren und daher mehr Eigen-Kontrolle benötigen um sich sicher zu fühlen, als diejenigen, die mehr naturverbunden im Schutz des „Rudels" spontan leben.*

Keine Angst vor Nähe hatte hingegen Reinhold, der Mann, der mich 1968 geheiratet hat – Dein Vater, Judith. Ganz im Gegenteil: Er konnte davon nicht genug bekommen. So hatte er gleichzeitig mit Deiner Mutter noch ein weiteres Langzeitverhältnis, dem auch ein Kind, ein Sohn, entstammt; Du hast ihn – wie auch mich und meine Söhne und ebenso seinen Sohn aus erster Ehe – bei Reinholds Begräbnis im September 2009 kennen gelernt. Als ich 2010 das Goldene Ehrenzeichen der Stadt Wien erhielt, erzählte mir danach einer meiner Söhne, Reinholds ehemaliger Chef, Stadtrat Peter Schieder (1941-2013) hätte ihm „diskret" angedeutet, dass es darüber hinaus noch eine „Frucht seiner Lenden" geben soll ... Leider weilt Schieder senior nicht mehr unter uns Lebenden, sodass ich ihn nicht fragen kann, ob Sohn oder Tochter, denn sonst müsste ich meine Söhne ja auch wie einst bei Dir warnen: Hütet auch vor Frauen, die Judith heißen – es könnte eine Schwester von euch sein! Diese seinerzeitige Sorge hat sich ja in Wohlgefallen aufgelöst, und ich kann mich amüsieren, wenn ich Dich als meine Stieftochter vorstelle und dann von den nur oberflächlich Hinhörenden erfahre: „Man sieht ja gleich die Ähnlichkeit".

Ja, Reinholds Bedürfnis nach grenzenloser Anerkennung und Bewunderung war riesig – aber bei mir war er da an die Falsche geraten. Bei mir gibt es nur Respekt auf Augenhöhe, wenn die Leistung stimmt (oder mir die Haltung gefällt, nicht bloß berufliche, sondern vor allem auch menschliche und soziale) – und Hilfe, wenn Unterstützung nötig ist, damit sich jemand aufrichten und sich weiter und höher empor entwickeln kann. Meine Mutter zitierte immer wieder Friedrich Nietzsches Gebot: „Nicht nur fort sollt ihr euch zu pflanzen, sondern *hinauf ...*"[4]

---

[3] Fritz Riemann, Grundformen der Angst. Eine tiefenpsychologische Studie. Ernst Reinhardt Verlag, München Basel 1984; Anneliese Fuchs, Mein Charakter ist nicht mein Schicksal. Grundmuster des Lebens für sich nutzen. Böhlau, Wien Köln 2007.

[4] Korrektes Zitat: „Nicht nur fort euch zu pflanzen, sondern hinauf – dazu, o meine Brüder, helfe euch der Garten der Ehe!". Friedrich Nietzsche, Also sprach Zarathustra. Ein Buch für alle und keinen Von alten und neuen Tafeln, 24. Eduard Kaiser Verlag, ungekürzte Sonderausgabe, Klagenfurt o. A., S. 191.

Mein Vater hingegen sagte immer: Wenn man mehr weiß oder sonst mehr kann oder hat als andere, hat man auch die Verpflichtung, das zu teilen. So bin ich erzogen worden. Auch im Gymnasium – dem Humanistischen Gymnasium für Knaben in Wiener Neustadt in der Frauengassse (!), wohin ich in die 3. Klasse (Tertia) vom Mädchenrealgymnasium in der Herrengasse (!) übertreten musste, und zwar mit Dispens, denn damals gab es noch keine Koedukation, weil mein Vater – dort Direktor – andauernd Unterrichtsfehler der (teilweise nicht für den Fachunterricht geprüften) Professorinnen feststellte, vor allem im Englischen.

Tatsächlich war sein von ihm geprägter Lehrstil wesentlich niveauvoller und kompetenter, für mich aber logischerweise eine Herausforderung zusätzlich zum vorprogrammierten Außenseiterdasein, so ganz ohne die echte kameradschaftliche Nähe wie in der Mädchenschule – die ich aber nur bei anderen beobachten konnte, weil die einzige Kollegin, die mir erkennbar freundlich gesonnen war, Waltraud Planninger, im 2. Schuljahr (Sekunda) an Meningitis verstarb ... wobei dieser Schock in der Schule in keiner Weise psychologisch behandelt wurde. Bei ein paar anderen Klassenkolleginnen durfte ich aber schon als quasi „fünftes Rad am Wagen" bei deren Aktivitäten mittun, aber echte Nähe gab es nicht (und daheim ja auch nicht – woher hätte ich das also erlernen können?) und ging mir auch nicht ab.

Im Juni 2022 waren bei unserer 60jährigen Maturafeier – außer einem Kollegen, der als Arzt in den USA lebte – nur mehr sechs der bei der Abschlussprüfung ursprünglich fünfzehn (vierzehn Knaben und einem Mädchen, und das war ja ich) am Leben. Deswegen bat ich wiederum um Übermittlung derjenigen Fotos von der ersten Maturafeier 1962, auf denen ich drauf bin – vielleicht geht sich's dann noch für eine Veröffentlichung in diesem Buch aus. (Sonst halt in einer Fotogalerie auf www.perner.info.)

Rückblickend stelle ist fest, dass ich „männlich" sozialisiert wurde: Die ausschließlich männlichen Lehrkräfte im Gymnasium erlebte ich zwar deutlich irritiert wegen des weiblichen „Fremdkörpers" im Corps – denn erst in meinem Maturajahr kam im Gesamt-Lehrkörper eine junge Anglistin dazu, aber nicht für unsere Klasse, und übrigens auch ein zweites Mädchen in der 1. Klasse (Prima), das witzigerweise ebenso Rotraud hieß. (Vor mir gab es aber bereits eine Pionierin, die war in der siebenten Klasse (Septima) als ich in die Tertia eintrat, aber zu dieser hatte ich keinen Kontakt außer einmal im gemeinsamen Zimmer im Schikurs auf der Planai – und da auch gleich einen Konflikt: Sie wollte im eiskalten Februar in der Holzhütte bei offenem Fenster schlafen – sie wäre es so gewöhnt, und ich musste nachgeben, denn: „Keine Privilegien für die Tochter vom Direktor!" Dass sie umgekehrt sich ein Privileg ertrotzte, konnte ich damals noch nicht erkennen. Die Folge war jedenfalls, dass ich zwei Tage nach der Rückkehr in die heimatlich warme Wohnung in der Frühe im wahrsten Sinn nicht auf-stehen konnte: ich musste auf Knien in die Küche robben. Dr. Mattuschka, vom Telefon unseres Nachbarn, des Hauptschuldirektors Tades, zur Hilfe gerufen (denn wir hatten kein Telefon – ein Zeichen der väterlich verordneten Isolierung, er hatte ja seines in der Direktion), diagnostizierte Polyarthritis, verschrieb Umschläge mit Neothermoman, und so musste ich dann vier Wochen mit dieser heißen Paste auf den Beinen das Bett hüten.

Heute vermute ich aus tiefenpsychologischer Sicht meine unbewusste Abwehr des Davonlaufen-Wollens, des Aufstampfen- oder gar Tritte-Austeilen-Wollens; mir war Widerstand stets verboten worden – denn auf meine zaghaften Proteste „Das ist gemein!" (dass das richtige Wort „ungerecht" gewesen wäre, wusste ich damals noch nicht) pflegte mir meine Mutter sofort mit blitzenden Augen – sie hatte grüne! – und „Sei nicht frech!" die Rücken ihrer überschlanken Pianistinnenhände ins Gesicht zu klatschen.

Den ungerechtfertigten **Privilegienvorwurf** erlebte ich noch oft in meinem späteren Leben – kannte aber Fachbegriffe wie Projektion (d. h. Eigenes – „den Balken im eigenen Auge" – ignorierend anderen zu unterstellen und „als Splitter in deren Auge" zu attackieren) oder Schuldumkehrungsstrategien noch nicht. Auch in meinem späteren Jusstudium kam das nicht vor (wohin es eigentlich schon gehört hätte)[5]. Derartige sozialwissenschaftliche Sichtweisen brachte erst der „Psychoboom" (so ab dem Protestjahr 1968) – vor allem aus dem Bedürfnis von Erklärung und „Abrechnung" mit all dem, was man der Vätergeneration des sogenannten „Tausendjährigen Reichs" vorwarf. Dass es in manchen „Systemen" – Familien, Teams, Firmen, Institutionen – zum Dominanz-Stil zählt, andere durch verbale oder als nicht existent verleugnete (wie beispielsweise unerwünschte Berührungen)

---

[5] Die damals von einem Psychiater angebotenen Psychologie-Vorlesungen waren eher medizinisch angelegt wie um die Funktionsweisen von Gedächtnis oder Zurechnungsfähigkeit – aber um dies zu beurteilen, benötigen Gerichte Gutachten von Sachverständigen. Was Gerichte hingegen brauchen, sind Erklärungen dynamischer Konfliktsprozesse – und das habe ich in meiner Lehrveranstaltung „Angewandte Sozialpsychologie" am Institut für Arbeits- und Sozialrecht der Universität Wien (2016 – 2018) zu vermitteln versucht.

Gewalt in Schockstarre oder Verteidigungsstress zu bringen, erkannte ich erst in meinen Psychotherapieausbildungen[6]. In den Psychologieschulungen, die ich ab 1969 als Funktionärin der „Jungen Generation in der SPÖ“, kurz JG, absolvierte, war dies kein ausdrückliches Thema, sondern nur Thema praktischer Anleitung zum Widerstand.

So erzähle ich gerne, wie uns nahegelegt wurde, wir sollten in Streitgesprächen mit Personen, die ungebildeter wären als wir, im „Soziologendeutsch“ reden – und das übten wir auch im Sprachlabor. Dort gab es abgetrennte Kabinen mit Mikrophonverbindungen, über die uns Sätze hineingespielt wurden, auf die wir inhaltlich passend möglichst „Fachchinesisch“ antworten sollten[7]; der Trainer schaltete sich gelegentlich kontrollierend und verbessernd dazu. Sollten wir aber mit Personen zu tun haben, die gebildeter wären als wir, sollten wir möglichst ordinär sprechen. Das wurde uns als genuin zugetraut – das mussten wir nicht üben. Ich kann mich noch gut erinnern, wie schockiert ich war, als ich erlebte, wie der damalige Arbeiterkammer-Präsident Adolf Czettel (1924-1988) zu einem Bankdirektor – ich glaube, es war Dr. Guido Schmidt-Chiari (1932-2016) – sagte, „Wonn Se so an Schas daher reden, reiß i Ihna glei den Oarsch auf!“ – worauf dieser in Sprachlosigkeit erstarrte.

Heute ist solche ein Sprachstil bei manchen Abgeordneten als politische (Un)kultur gängiger Standard.

Von den Herren Gymnasial-Professoren war keinerlei Gerechtigkeitsempfinden oder Unterstützung zu erwarten: Sie waren fast alle in der NS-Zeit groß geworden, manche verhärtet, manche wendehälsig, manche zynisch. Unserer erster Altgriechisch-Professor, ein schmächtiges Männchen in einem speckigen schwarzen Anzug, kam zu Beginn des Schuljahres in die Klasse und fragte listig: „Wieviel seid ihr?“, um auf unsere korrekte Antwort zu triumphieren: „Nächstes Jahr seid ihr nicht mehr so viel!“ Dazu trug er dann auch recht viel bei.

Disziplin, Durchhaltevermögen, Denkprimat – das waren die geheimen Anleitungen für späteren Erfolg als Führungskräfte. Wir sollten Eliten werden und wir wurden es auch – nur bei mir als Frau dauerte das etwas länger, auch wenn ich dank dieses Trainings früher

---

[6] Sowie durch das Buch der kalifornischen Psychologieprofessorin Nancy M. Henley (193-2019) „Körperstrategien. Geschlecht, Macht und nonverbale Kommunikation“ (1977), Fischer Taschenbuch Verlag, Frankfurt/ Main 1988.

[7] Eine witzige Persiflage dieser Sprachspielereien findet sich bei Udo Schüler, „Das automatische Schnellformulierungssystem“. In: Walter Hömberg/ Eckart Klaus Roloff (Hg.), Jahrbuch für Marginalistik I, LIT Verlag Münster Hamburg London 2000.

in Leitungsfunktionen gewählt bzw. berufen wurde als alle mir damals bekannten Altersgenossinnen. Dazu war die „Zeit noch nicht reif“ in den überwiegend konservativen 1960er Jahren.

Diese **Männlichkeitsvorteile** bedeuteten allerdings Weiblichkeitsnachteile: Meine Art, mit Männern umzugehen, vor allem solchen, die mich persönlich interessierten, hat sich erst in den 1990er Jahren „entmännlicht“, als ich nämlich erkannte, dass die Energie des klassischen „Eroberertums“ bei Frauen kontraproduktiv wirkt.

Ich war immer auf Suche nach **Angenommen werden** und **Teilhabe**. In meinen frühen Jahren lief ich in schulischen Gemeinschaften wie ein „fünftes Rad am Wagen“ mit – und erkannte rückblickend erst am Ende meiner ausbildungsbedingten Eigentherapien[8], dass ein Teil dieser Distanz von meinen Eltern ausgelöst war, die, wo auch immer, einen erhöhten Sonderstatus genossen. Zu meinem ureigensten Wesen gehört aber ein anderer, einer, der Erhöhung fürchtet: damit wird man zu leicht zur Zielscheibe von Projektionen. Zu erkennen, dass ich nur als die, die ich bin, „erkannt“ werden kann, wenn ich ganz bei mir bleibe und mich nicht „anbiedere“ bzw. programmieren lasse, war ein langer und schmerzlicher Weg. Ein erster Schritt dazu war die Zurückgabe meines politischen Mandats auf der kommunalen Ebene (1987).

Genau deshalb habe ich für mein „Vermächtnis“ an alle Frauen, die noch den – vor allem für Männer vorgesehenen – Karriere-Anleitungen folgen statt ihre individuellen Methoden zu entwickeln, diese Briefform gewählt: Was ich Dir, Judith, oft so nebenbei mitgeteilt habe, sollen auch andere Frauen wissen, dass sich nämlich durch Befolgung der an Männerkarrieren orientierten Anleitungen kaum etwas an der „Organisation“ der Gesellschaft und ihren Auswahlkriterien ändert.

Wir müssen neue, bessere Formen finden bzw. erfinden und Schritt für Schritt einführen.

Deswegen fordere ich seit langer Zeit: Jede Person, die Kompetenz beansprucht, muss sich immer wieder der individuellen Überprüfung

[8] Die letzte nach C. G. Jung brach ich nach der 253. Stunde am 7. Oktober 1991 ab, nachdem mir eine Kollegin aus dem Ausbildungsstaff dazu geraten hatte, weil mein Analytiker indiskret sei und Details aus meinen aktuellen Sorgen dort weitererzählt hatte. Indiskret war auch ein anderer aus diesem Gremium und behauptete Unwahrheiten gegenüber meiner Rechtsanwältin, die bei ihm Korrektheit eingemahnt hatte. Ich hatte mir damals die Meldung dieser Verleumdungen vulgo „persönliche Sichtweise“ ans Gesundheitsministerium vorbehalten; vielleicht mache ich das noch, eventuell jetzt.

ihres Wissenserwerbs sowie ihrer praktischen Erfahrungen stellen – egal welchen Geschlechts, welchen Alters, welcher Ausbildung, welcher Erfahrung, jedenfalls aber unter besonderer Berücksichtigung der Macht ihrer Funktionen.

Das ist vor allem auch bei der inflationären Vermehrung sogenannter Coaches nötig: So wie ein Coach im Fußballsport selbst gekickt haben muss, muss auch ein Coach das „Feld“ in- und auswendig kennen, in dem er Beistand anbietet. Eine Behauptung wie „praktische Erfahrung durch Aufbau eines eigenen Unternehmens“ oder sogenannte Referenzen genügen nicht – so etwas muss stets mit neutral überprüfbarem öffentlichen Wirken ergänzt sein (und nicht nur durch Gefälligkeitsgutachten befreundeter Kollegenschaft, wie ich sie z. B. 1991-2001 in meiner Zeit als Mitglied im Psychotherapiebeirat des Gesundheitsministeriums öfters zu Gesicht bekommen habe).

Deswegen bin ich immer für öffentliche Hearings samt Monitoring eingetreten und keine Freundin von Quoten: Ich habe so oft erlebt, dass dann die „angenehmen“, weil „steuerbaren“ Frauen vorgeschlagen wurden – auch wenn ich es anerkenne, wenn diese dann dauerhaft stur sitzen bleiben, beispielsweise auch, wenn man ihnen einen bequemen Fauteuil mit tiefer Sitzfläche (wie sie für 150-Kilo-Männern angenehm sein mögen) anbietet, aus dem frau kaum „aufstehen“ kann ... bis eben niemand anderer für den nächsten „Aufstieg“ da ist und man dann eben sie herausholen muss.

> ***Exkurs:*** *Sitzordnungen*
> *Frauen wird oft Bequemlichkeit angeboten und damit ihre Beweglichkeit behindert (wie auch durch Vorschriften von High Heels oder anderen Mode-Vorgaben). Ich rate daher immer, darauf zu achten, wie schnell frau bei Bedarf aufstehen kann – oder wie ihre Atmung eingeschränkt wäre – oder welches Bild sie Zusehenden vermitteln will. Wenn sie nur als elegante Dame da sein möchte, soll sie es ruhig gemütlich haben – aber wenn sie etwas „zu sagen hat“ und damit auch wirksam werden will, muss sie „sich selbst Regieanweisungen geben“.*
>
> *Ich hatte vor kurzem die Aufgabe, bei einer Ärztefortbildungs-Tagung als Letzte von vier Vorrednern (männlich, alle zwischen 30 und 15 Jahren jünger als ich) einen Vortrag zum Thema „optimal altern“ zu halten. Als ich mich erheben wollte um ebenso wie diese zum Rednerpult zu gehen (und ich war listig so weit auf dem Fauteuil der homogenen Sitzgruppe vorge-*

rutscht, dass ich allein mit Muskelkraft ohne mich aufzustützen würde aufstehen können), sagte der moderierende Arzt: „Sie können ruhig sitzen bleiben" (denn wir waren alle verkabelt). Ich antwortete „Warum sollte ich?", stand bewusst geschmeidig auf, lehnte mich lässig mit dem linken Arm ans Rednerpult und hielt mein Referat in freier Rede (denn ich vermeide Power Point-Präsentationen, weil ich damit den Energieaustausch mit dem Publikum vermindern würde). Ich wollte mich nicht „vergreisen" lassen.

Wenn wir Frauen in Funktionen auftreten, die vom klassischen weiblichen Rollenbild abweichen, gilt es darauf zu achten, möglichst selbst Regisseurin der eigenen Inszenierung zu bleiben – denn die meisten Männer verfügen über ein jahrhundertealtes Repertoire von scheinbar hilfreichen Regieanweisungen, die vor allem ihnen nützen[9], nicht aber der (vor allem der weiblichen) Konkurrenz.

Stehaufqualität

Dich, Judith, sehe ich ebenso als Stehaufweib (ohne -chen!) wie mich selbst – und unzählig viele meiner Klientinnen auch. Flexibel sein – sich den Gegebenheiten anpassen ohne sich zu unterwerfen oder gar zu verbiegen. Wege, vor allem auch Auswege suchen. Aufrecht bleiben und aufrichtig.

Die Phantasien anderer lassen sich ohnedies nicht verhindern!

Im Laufe der Zeit erkennen diese (oder aber die Fairen, die widersprechen, wenn sie merken, dass jemand benachteiligt wird) ja doch, dass es nur ihre Unterstellungen, Befürchtungen – oder auch Wunschbilder – waren, wenn sie bemäkeln, dass frau von *ihren* sozialen Vorgaben abweicht.

Oder sie hören damit auf, weil sie der „schweigenden" Mehrheit „folgen". Ich habe in meinem Leben massenhaft Abwertungen, Unterstellungen, Verleumdungen, Mobbingversuche, Hassausbrüche, Ausbeutung und Gewalt erlebt – und überlebt. Und daraus gelernt: Es gilt, darauf zu verzichten, auf Idealisierungs- oder Kampfangebote einzu-

[9] Rotraud A. Perner, Prinzesschen, Kämpferin ... Königin! Weibliche Kraft in allen Lebensphasen. edition roesner, Krems/ Donau 2019, S. 54.

gehen – aber man sollte sie einkalkulieren. Für mich war dazu hilfreich, wie sich Helena bei Goethe vorstellt: „Bewundert viel, und viel gescholten, Helena ...“[10].

Daher habe ich auch in der von mir entwickelten und danach die ersten drei Lehrgänge an der Donau Universität implementierten Methode PROvokativpädagogik[11] darauf hingewiesen, dass und wie man „Kampf-Angebote“ in „Spiel-Angebote“ umfunktionieren kann.

So geht es doch fast allen Frauen, wenn sie aus dem Schatten, von wem auch immer, jedoch vor allem von Erwartungen, Forderungen, Rollenzuweisungen etc. heraustreten, sich ihrer Entscheidungsmacht bewusst und damit in ihrer Individualität sichtbar werden und womöglich dafür noch Respekt einfordern: Sie werden gescholten.

Anfang der 2000er Jahre hat der Journalist Michael Friedrich, der Bruder des Psychiaters Max, damals im ORF NÖ der für mich zuständige Chefredakteur (doch vorher in der Zeit, als ich für das Magazin „Gesundheit“ Kolumnen schrieb, dessen stellvertretender Chefredakteur) zu mir gesagt, es sei doch wunderlich, wie ich mich nach jedem medial verwirklichtem Versuch, mich „fertig zu machen“ wieder „derrappele“[12] und meinen Weg unbeirrt fortsetze.

Rückblickend sehe ich die Grundlage dafür in der Auswahl der im deutschen, englischen, lateinischen und altgriechischen Sprachunterricht durchgenommenen Literatur (z. B. in der „Antigone“ von Sophokles) – und in den Stunden der Privatissima in Strategischem Denken, die mir Major Dr. Simon Wedenig, damals der Ausbildungsleiter der Theresianischen Militärakademie in Wiener Neustadt, während meines Jusstudiums schenkte. Wie ich zu der Ehre kam, weiß ich heute nicht mehr – aber dankbar bin ich ihm noch immer. Von ihm – *meinem ersten Mentor* – habe ich gelernt, bei jeder Veränderung der Lage sofort blitzschnell mehrere Alternativen zu durchdenken und der vermutlich effizientesten zu folgen. Darauf beruht auch mein Salutogenese-Konzept (das ich im Kapitel Ab- und Zuschreibungen konkret erläutern werde).

---

[10] Goethes Faust, herausgegeben von Georg Wittowski, Hesse und Becker Verlag Leipzig 1919. 6.Auflage (31.-40.Tausend), Faust II. Teil, 3. Akt, Vor dem Palaste des Menelaos in Sparta, S. 223.

[11] Vgl. Rotraud A. Perner / Roman A. Perner, PROvokativpädagogik – PROvokativmethodik. Ein Beitrag zur Gewaltprävention und Salutogenese. aaptos Verlag, Matzen 2017.

[12] Wienerisch für aufrappeln oder zusammenrappeln, wieder zusammensetzen.

Ebenso werde ich einige markante Sichtweisen aus dem Werk der Psychotherapeuten, nach denen ich ausgebildet wurde, in meinen Text einbauen, die ich für ganz wesentlich für Selbst- und Fremdverständnis erachte. Damit sollen auch meine Selbstzeugnisse besser einordenbar werden und zeigen, wie meine Hochresilienz entstanden ist – und wie ich all die vielen Versuche, mich aus dem Konkurrenzfeld zu beseitigen, gestärkt überlebt habe.

Ich wünsche mir nämlich, dass sich die Leserinnen dieses meines Rückblicks genau so angesprochen fühlen wie hoffentlich auch Du, Judith – und wenn ein wagemutiger oder neugieriger Mann diese Zeilen liest, möge er versuchen, sich in uns Frauen einzufühlen und solidarisch an unsere Seite zu treten – denn auch Männer haben unter patriarchalen Strukturen zu leiden und unter den Menschen, die auf diese Weise ihre Vormacht festigen wollen,. Daher sollten wir alle die veralteten Rollenbilder hinter uns lassen und zusammen arbeiten, um gemeinsam eine gerechtere und damit gesündere Welt zu bauen.

Rotraud A. Perner,
Matzen im Weinviertel,
Jänner 2024

Anleitung zum Alleinsein

Beim ersten Mal, da tut's noch weh,
Da glaubt man,
Dass man es nie verwinden kann,
Doch mit der Zeit, so peu à peu,
Gewöhnt man sich daran.
Liedtext von Helmut Käutner[13]

Es gibt Familien, in denen wird unentwegt nach Gelegenheiten Ausschau gehalten, sich über andere empören oder beklagen zu können. Aus so einer stamme ich.

Nun könnte man meinen, ich hätte mir dieses "Stressbewältigungsmuster" bereits früh abgeschaut und ebenso zu Eigen gemacht, aber dem war nicht so: Diese „Spielregel" galt nicht für mich, denn mir war die „Rolle" des „Anstoßes" für etliche Zornausbrüche meines Vaters – mit dem er alle vermutlichen Feinde in die Flucht schlug oder vernichtete – und ebenso für das stumme Leiden meiner Mutter in ihrer (Selbstaussage) „splendid isolation" zugedacht.

Bei uns daheim drehte sich alles um „seine" Schule: Wenn ich etwas von mir berichten wollte, nahm er dies als Stichwort für „Genau – da hab' ich einen in der x-ten Klasse, der hat das gleiche Problem...", und dann ging es nur mehr um diesen. Derart wuchs ich als Einzelkind „mit Phantom-Geschwistern" auf (eine späte Schwangerschaft meiner Mutter mit einem Buben malheurte zwei Monate vor dem errechneten Geburtstermin, als ich in der 3. Klasse Gymnasium war – er hätte Kai heißen sollen; heute hätte er überlebt – aber damals gab es die pränatale Geburtsbegleitung noch nicht wie zwanzig Jahre später). Auch die zahllosen Knaben, denen mein Vater in unserer Wohnung kostenlos Nachhilfeunterricht gab, konnte ich nur hören, nicht sehen – ich war derweil sowohl in Laa an der Thaya als auch in Wiener Neustadt in die Küche verbannt.

Einmal hatte ich beim Mittagstisch unvorsichtigerweise, aber wahrheitsgemäß so nebenbei erwähnt, dass ein Klassenkamerad von mir, dem irgendetwas nachgesehen worden war, gesagt hatte, „Der Direktor hat eh keinen Willen!" (weil ich das fies empfunden hatte).

---

[13] Das Lied wurde vor allem in der Interpretation durch das deutsche „Volksidol" Hans Albers (1891 – 1960) berühmt.

Sofort explodierte mein Vater und kündigte eine hochnotpeinliche Untersuchung an ... worauf ich entsetzt meine Aussage zurückzog. Ich stand danach als Lügnerin dar.

Aus meiner heutigen sozialtherapeutischen Sicht hätte er korrekt sachlich interessiert nachfragen sollen, „Hat es einen bestimmten Grund, dass du mir das erzählst?“ Dann hätte ich wohl geantwortet, dass ich das als unfair gefunden hatte, wo dem Peter doch gerade geholfen worden war – und dann hätte sich vielleicht eine Diskussion über Gerechtigkeit und Ungerechtigkeit ergeben ... und über unedle Gesinnungen, und das hätte mein Selbstvertrauen gestärkt.

Das war dann aber das einzige Mal, dass ich nicht bei der Wahrheit blieb – ich hatte mir in der Folge (lange bevor ich NLP[14] lernte – das war erst 1986) eine Methode beigebracht, mehrdeutiger zu formulieren, damit ich bei der Wahrheit bleiben konnte. Heinz, ein Freund aus der Tanzstunde und Ballbegleiter, dem dies als einzigem aufgefallen war, nannte mich daraufhin „Meisterin des gelenkten Mitteilens“. So begann schon früh meine Interesse an Sprachgestaltung – unabhängig von der Polylinguistik meines Vaters: als Tscheche war Deutsch seine erste Fremdsprache gewesen – bei seinem Tod hatte er 27 Sprachen erlernt gehabt, und diese Sprachkenntnisse hatten ihm, einem glühenden Sozialisten, als unverzichtbarem Dolmetscher und Decodierer in der NS-Zeit mehrfach das Leben gerettet. Tragischerweise schrumpfte dieses Alleinstellungsmerkmal nach seinem Pensionsantritt samt drei Schlaganfällen massiv – und sein Lebenswerk über Kulturen der Sprachentstehung blieb rudimentär (und ich werde mich diesem Nachlass sicherlich nicht widmen – ich habe mit der Aufarbeitung meines eigenen mehr als genug zu tun).

Es war nicht das erste Mal, dass ich mit solchen Geisteshaltungen konfrontiert war, nämlich die übliche emotionale Erstreaktion „Suche und Verurteilung einer schuldigen Person“ sofort in verfolgende Handlungen umzusetzen. Schon früher – wie auch später immer wieder – löste aus meiner Sicht völlig harmloses Agieren einen Sturm von mir völlig unverständlichen Phantasien aus (was erklärt, weshalb ich heute oft meiner Erstaktion zusätzliche „Motivenberichte“ nachschicke).

---

[14] Neurolinguistisches Programmieren ist eine von den Sprachformen hocheffizienter Psychotherapeuten der Gestalt-, System- und Hypnotherapie sowie der Kommunikationswissenschaft abgeleitete Wahrnehmungs-, Denk- und Formulierungsmethode, die als Psychotherapie schnellen und nachhaltigen Erfolg zeitigt, leider aber von (Politik-)Verkäufern gelegentlich manipulativ missbraucht wird. Darauf werde ich später noch öfter eingehen.

Mein erster „Sex-Skandal"

Ohne viel nachzudenken erzählte ich auf dem Heimweg einigen Mitschüler:innen der 4. Klasse Volksschule in der Wiener Neustädter Übungsschule (in die ich zu Allerheiligen 1953 eintrat, nachdem mein Vater im Frühjahr Direktor in Wr. Neustadt geworden war und Mutter und ich an dem bitterkalten Freitag vor Allerheiligen nachgezogen waren) eine Szene aus dem Roman „Desirée" von Annemarie Selinko, in der Napoleon Desirée küsst (was uns vorpubertäre Kinder ziemlich aufregte). Irgendwer berichtete diese Harmlosigkeit den eigenen Eltern, die sich sofort über mich in der Schule beschwerten, ich „verdürbe die unschuldigen Kinder", und so erlebte ich meinen ersten Sex-Skandal – mit neun Jahren. (Ähnliche Sexual-Phantasien verfolgten mich vor allem in meiner aktiven Politzeit, und später als Medienarbeiterin.)

> *Der in den späten 1980 Jahren mehr als Friedensaktivist denn als Psychoanalytiker medial bekannt gewordene Psychiater Horst Eberhard Richter (1923-2011) schrieb bereits 1979 dementsprechend (und heute wieder besonders aktuell): „Je mehr diese projektive Entlastung unentbehrlich wird, umso größer ist die Anfälligkeit für eine beständige Feindsuche und für kritiklose Übernahme von Feindtheorien, auf denen die Eigenwerbung mancher politischen Gruppierungen hauptsächlich beruht."*[15]

Ergänzung: Manchen geht es allerdings nur um Eigenwerbung für sich selbst als „bessere Menschen".

Projektionen

Was Projektion bedeutet – voll Schadenfreude einen vermeintlichen Splitter im Auge des Nächsten zu entdecken bzw. zu suchen und den dann in ungeahnter Stellvertretung des eigenen Balkens zu bekämpfen oder auch nur zu verachten[16] – wurde mir erst bewusst, als ich in den späten 1970er Jahren als Haus- und Projektleiterin im

[15] Horst Eberhard Richter, Der Gotteskomplex. Die Geburt und die Krise des Glaubens an die Allmacht des Menschen. Rowohlt, Reinbek bei Hamburg 1979/8281.-85.Tausend, S. 134.

[16] Vgl. Jesu Bergpredigt Mt 7, 3- 5 bzw. Feldrede Lk 6, 1 – 42.

Verein Jugendzentren der Stadt Wien einige Seminare im Sozialtherapeutischen Institut der Stadt Wien in der Puchsbaumgasse besuchte (in dem meine von mir 1975 gegründete Familienberatungsstelle loziert war). Deren Leiter, der Psychoanalytiker (und ehemalige Lehrer) Harald Picker (1939-2022) hatte mich angesprochen, ihm wäre aufgefallen, dass alle Kolleg:innen ihre eigenen Probleme auf mich projizierten, ich solle doch, anstatt mich verschreckt oder gekränkt zurückzuziehen, einen Beruf daraus machen und Psychoanalytikerin werden (wobei sich orthodoxe Psychoanalytiker:innen ja auch eigentlich „hinter die Couch" zurückziehen – von Sigmund Freud heißt es ja, er habe nicht ertragen, angestarrt zu werden). Mein automatisches Flüchten in selbstgewählte Isolation habe ich mir erst spät abgewöhnt.

Auf meine Frage, was denn so auf mich projiziert werde, berichtete mir Harald Picker, die Fleißigen würden über mich sagen, „Wow, was die Frau alles leistet!", und die Faulen „Die arbeitet doch nicht wirklich ernsthaft!" Das hatte ich schon einmal erlebt, wie mir sofort einfiel: Kurz nach der Entbindung von meinem Erstgeborenen (Ende Oktober 1972) hatte mich Marianne Bargil (1934-2016), eine der außerberuflichen „Handtascherl-Träger:innen" der ersten Wissenschaftsministerin Hertha Firnberg (1909-1994), und kinderlos, bei meiner Präsentation in der Kandidat:innenlisten für die Bezirksvertretungs- und Landtagswahl 1973 abschätzig angesprochen: „Sag – arbeitest du überhaupt etwas?" – obwohl eigentlich alle wissen mussten, dass ich im Karenzjahr nach meiner Entbindung war. Ich war damals noch zu ungeschult, daher spontan gekränkt, um sachlich – mit einem beruflichen „Pfauenrad" – zu antworten. Meine Position in der Volkswirtschaftlichen Abteilung der OeNB wäre um einiges interessanter gewesen als ihre als Berufsschullehrerin, aber: es wäre auch die Aufnahme des Konkurrenz-Fehdehandschuhs gewesen. Das hatte ich damals zwar mangels tiefenpsychologischer Ausbildung noch nicht erkannt – es wäre aber jedenfalls ein Fehler gewesen, denn dann hätte ich das Spiel der Herausforderin mitgespielt.

Ich solle doch aufpassen, sagte Harald Picker, die Eitlen würden mir vorwerfen, „Die will sich doch nur wichtig machen!" und die Neidigen, „Die wird total überschätzt!", die rivalisierenden Intriganten hingegen, „Die will ja nur die Konkurrenz vertreiben!" Genau das haben einige missgünstige Kolleg:innen in den 1990er Jahren mit medialer Hilfe massiv betrieben (da war paradoxerweise auch ein Psychoanalytiker darunter, der entgegen dem Leitsatz „Reflektieren statt agieren!" bemüßigt fühlte, sogar eine Pressekonferenz gegen mich einzuberufen statt sich zu seiner seelischen Entlastung Supervision zu organisieren!).

Später haben andere aus der Kollegenschaft mit politischer Hilfe gegen mich bzw. meine Arbeitsaufträge interveniert[17], medial unwahre Behauptungen über mich verbreitet[18] (sodass ich sogar von der Wirtschafts- und Korruptionsstaatsanwaltschaft vorgeladen wurde, die dann allerdings alles in rechter Ordnung befand) und auf die Unterlassungsaufforderung meiner Anwältin behauptet, „sie habe die Aussagen in der angeführten Form gar nicht getätigt", sondern einer Möglichkeit nur „auf Nachfrage zugestimmt".

Sogar im Theologiestudium verstieg sich ein Professor (jünger als ich) in solche Aktionen, behauptete, ich hätte etwas Unrichtiges gesagt und schrie meinen Protest nieder, aber gottlob waren die anwesenden Kommiliton:innen so mutig, sofort Zeugnis für mich abzulegen, dass ich das Richtige gesagt hatte. (Der Professor war sich offensichtlich seiner Schwerhörigkeit nicht bewusst bzw. kontrollierte sie nicht.) Ein anderer, bei dem ich mich vorstellte, um ein Praktikum zu absolvieren, fühlte sich bemüßigt, mich zu „warnen": „Aber bilden Sie sich nur nicht ein, die Schüler würden Sie wegen Ihrer Prominenz bewundern!" Wieder eine Projektion – vermutlich sein Problem. Auf solch eine Idee war ich noch nie gekommen! Aus meiner Sicht übe ich wie alle anderen auch nur meinen Beruf aus, es sind halt bei mir nur mehrere in Kombination – und daher verwundert es mich eher, wenn jemand beispielsweise einen Schauspieler „wegen seiner Kunst" fast schon anbetet (wie es eine meiner Mitarbeiterinnen in den Jugendzentren der Stadt Wien immer wieder bei Otto Tausig (1922-2011) zelebrierte, vermutlich weil sie ihn einmal persönlich kennen gelernt hatte). Für mich, sind das ganz normale Menschen in ganz normalen Berufen, und manchmal gelingt er ihnen besser und manchmal nicht – so wie uns allen.

Augenhöhe ist mir wichtig – deswegen verzichte ich auch bewusst auf eine „abgehobene" Fachsprache, wie es auch der unorthodoxe Wiener Kulturanthropologen und Soziologieprofessor Roland Girtler (*1941) in seinem Buch „Die feinen Leute" persifliert:

---

[17] Z. B. dokumentiert in meinem Projektbericht „Vom Huhn, das goldene Eier legen wollte" auf *www.salutogenese.or.at* unter Projekte.

[18] Beispielsweise eine Assistenzprofessorin des Strafrechtsinstituts der Universität Wien in der Wiener Stadtzeitung Falter, 2. Mai 2013,. S. 16, siehe später unter „Die Macht der Unwahrheit".

Exkurs: *„Professoren an der Universität verfügen über ausgeklügelte Strategien, mit denen sie ihre Kunst und ihr Wissen als hochwertig und sich selbst als sehr nobel dartun können. Zu diesen Strategien zählen zunächst eine eigene, nicht immer verständliche, distanzierte und vornehme Sprache, eine feine Abhebung vom Studenten und von anderen weniger wichtigen Personen, mitunter eine feine Kleidung, rituelle Räume und die Verfügungsgewalt über Sekretärinnen und Assistenten.*
Die vornehme Sprache der Wissenschaften kann, wie traditionell in der Medizin und heute vor allem in der Philosophie und Soziologie beobachtbar, zu einer Art exklusiver Geheimsprache werden. [-] Die Sprache des Soziologen wurde so zu einer Art Liturgiesprache mit sakralen Zügen." [19].

Aber dass ich einmal sogar von Seiten der Fachschaft der Evangelischen Fakultät der Universität Wien gefragt wurde, ob sie nicht etwas offiziell dagegen unternehmen sollten, denn es fiele allen auf, wie sehr ich ungerecht behandelt würde[20], das hat mich sehr gerührt – so ungewohnt, wenn auch oftmals ersehnt, war mir Beistand. Und dass mir der ehemalige Verkehrs-, Innen- und Außenminister Erwin Lanc (*1930) anlässlich eines Besuchs in meinem Institut in Matzen erzählte, mein letzter Parteivorsitzender in Wien Favoriten hätte ihm kürzlich gesagt, es wäre ein großer Fehler der Partei gewesen, mich weggehen zu lassen, hat mich für viel Häme entschädigt.

Seit diesem Hinweis Harald Pickers – *meines zweiten Mentors* – hatte sich mir ein neuer Wahrnehmungskanal geöffnet – und das Verständnis des Satzes, der sich bei dem langjährigen Psychologieprofessor der Universität Hamburg, Friedemann Schulz von Thun (*1944) findet: „Sobald ich etwas von mir gebe, *gebe* ich etwas von *mir*"[21].

---

[19] Roland Girtler, Die feinen Leute. Von der vornehmen Art, durchs Leben zu gehen. Veritas Verlag, Linz 1989. S. 418 f.

[20] So hat mir der damalige Studienleiter zu Beginn meines Theologie-Studiums mein absolviertes Jus-Studium nicht für Religionsrecht angerechnet, und als ich ihn nach einigen Semestern wiederum darauf ansprach, weil ich zwischenzeitlich erfahren hatte, dass er es einer Studienkollegin – „nur" Magistra, ich hingegen war ja promovierte Doktorin – sehr wohl angerechnet hatte, hüstelte er nur und meint, er sei halt jetzt „gütiger". Ich jedoch vermutete, dass ihm die wesentlich jüngere Kollegin „sympathischer" war.

[21] Friedemann Schulz v. Thun, Miteinander reden 1. Störungen und Klärungen. Allgemeine Psychologie der Kommunikation. Rowohlt Taschenbuch Verlag, Reinbek bei Hamburg 1981/91 225.-259. Tausend, S. 99.

(Hervorhebung RAP) Pickers Empfehlung der Berufserweiterung befolgte ich, buchte die gesamte sozialtherapeutische Ausbildung und wechselte anschließend von Juristerei und pädagogischem Management und Gemeinwesenarbeit noch weiter, zur Psychotherapie und Supervision und Unterricht in diesen Feldern.

Zu „Projektionen“: In der Familie meiner Mutter wurde mir von deren älterer Schwester Johanna (Tante Hansi) stets vorgeworfen, ich würde immer alles kritisieren. Klar – das war ihr eigenster Blick auf andere, den sie bei mir verortete – aber das erkannte ich damals noch nicht. Was ich auch erst viel später feststellte, war meine darin eigentlich sichtbar gewordene „genetische“ Begabung: Mein Vater, Gymnasiallehrer für Deutsch und Englisch und später Direktor und Hofrat, pflegte beim Korrigieren von Schularbeiten das Heft zu öffnen und wie ein Huhn Körnchen pickt, tap tap tap die Fehler anzuzeichnen. Erst nach diesem Turbo-Ritual las er die Arbeiten und fand kaum noch etwas Verbesserungsbedürftiges, die Fehler waren ihm ja immer schon entgegengesprungen; meine Mutter, ausgebildete, aber außer in der Übungsschule nie unterrichtende Volks- und Sonderschullehrerin sowie studierte Konzertpianistin, hatte ein absolutes Gehör und konnte Musikstücke in Liedlänge oft nach dem ersten Mal hören sofort ohne Noten korrekt nachspielen. Unter Fehlern in einer akustischen Performance litt sie – ähnlich wie ich bei visuellen, wenn beispielsweise Bilder an der Wand nicht an der „harmonischen“ Stelle aufgehängt sind. Auch ich erkenne fast immer sofort, wenn etwas nicht stimmt und weiß auch gleich, weshalb und wie Mängel zu beheben sind; als „Besserwisser:in“ macht man sich aber selten beliebt[22] – außer in Psychotherapie und Beratung, wenn man dazu den klaren „Behebungs-Auftrag“ erfragt (!) und erhalten hat.

Als ich Jahre später, bereits promovierte Juristin und verheiratet, meine über alles geliebte Großmutter vor Tante Hansi in Schutz nahm, weil sie ihr, der Kriegerwitwe mit Minimalrente, mit der Begründung, diese brauche (plötzlich) einen Kühlschrank (den ihr Tante Hansi dann wegnahm und in ihr eigenes Ferienquartier nach Übelbach in der Steiermark übersiedelte, sodass ihre Mutter wieder ohne Eiskasten ihre Butter in Bakelit-Dosen einwässern musste), gegen deren Protest Geld abknöpfen wollte, verprügelte sie mich, weil ich zu widersprechen

[22] Deswegen liebe ich die Alternativ-Stelle in Austropop-Star Rainhard Fendrichs (*1955) Lied „Midlife crisis“: „ich hab’s goa ned bemerkt, aber danke, jetzt weiß ich’s“.

wagte. Bei meiner polizeilichen Anzeige wurde diese von den Polizisten trotz des Beiseins meines Ehemannes und der Sichtbarkeit meiner Verletzungen nicht angenommen: Es sei ja nur ein „Bagatelldelikt". Ähnlich geht es auch heute noch etlichen Frauen, wenn sie auf Wachstuben Gewalterfahrungen anzeigen wollen; dennoch empfehle ich dies immer – die Polizei muss wissen, wo wer zu Gewalt neigt, sonst heißt es später „war immer unauffällig" ... und war es doch nicht.

Die jüngere Schwester meines Vaters, Hilda, meine Taufpatin (daher ist Hildegard der dritte meiner fünf Vornamen), auch Lehrerin, unterstellte mir Intrigantentum und Schuld daran, dass mein Vater den Kontakt mit ihr abbrach, und das kam so: In der Zeit meines Jusstudiums suchte die selbst Kinderlose öfter ein Treffen mit mir, „um sich um mich zu kümmern", sprich auszuhorchen, und dabei erzählte sie mir einmal, wie enttäuscht ihre – und meines Vaters – Herkunftsfamilie gewesen war, dass er „ein ganz ganz armes Mädchen geheiratet hatte". Völlig verunsichert stellte ich, wieder daheim, am Mittagstisch die Frage, ob das stimme – denn ich hatte die Information, dass meine Mutter als Halbwaise des Ersten Weltkrieges von ihrem weitschichtig verwandten Onkel Baron Cziffer-Teschenbrugg, in dessen Haushalt sie aufwachsen durfte, anlässlich der Eheschließung Möbel, Tisch- und Bettwäsche sowie Besteck und Geschirr als Aussteuer bekommen hatte. Mein Vater explodierte ob dieser Lügen und schrieb seiner Schwester einen bitterbösen Brief, was ihr denn einfalle, wider besseres Wissen solche Unwahrheiten zu verbreiten. Ihre Reaktion darauf bestand in der Legendenbildung, ich hätte die ach so innige Geschwisterbeziehung zerstört. Schuldvertauschungs-Agieren nennt man das.

Diese Episoden erklären vermutlich auch mein starkes Gerechtigkeitsempfinden, mein Engagement für die Lösung von Konflikten in der Familie aber auch in Firmen und Parteien, und meine Gewohnheit, immer an die Seite derjenigen zu treten, die diskriminiert und ausgegrenzt werden. Ich will nicht, dass andere so leiden, wie ich unter solchen rach- und strafsüchtigen Kommunikationsabbrüchen oder -verweigerungen gelitten habe (wohl wissend, dass andere das womöglich gar nicht tun – oder nur nicht zugeben).

Ich habe drei solcher schockierenden Erlebnisse gebraucht, um mir eine passende Replik zu konzipieren: Als ich das erste Mal 1990 zu den Goldegger Dialogen eingeladen war, warf mir der Chefarzt der Drogenstation Carina in Vorarlberg, Reinhard Haller (*1951) vor, ich „säße ja nur hinter Couch" von finanziell gut gestellten Patienten (er hatte eben keine Ahnung von meiner Arbeit in damals drei Beratungsstellen wie auch in etlichen Sozialeinrichtungen von Caritas, Volkshilfe, Rotem Kreuz etc.), während „seine" „Junkies" sogar vor seiner Wohnungstür warten würden – worauf ich (damals noch pampig) antwortete, „meine" Kinderschänder seien auch nicht gerade das „Gelbe von Ei"[23]. Ein anderes Mal attackierte mich die damalige ÖGB-Spitzenfrau Irmgard Schmidtleitner aufs gröblichste völlig grund- und beziehungslos bei einer privaten Feier in der Wohnung der ORF Wien-Redakteurin Eva Itter (vulgo Zitterbart) als angeblich Privilegierte – und wieder saßen alle anderen wie erstarrt dabei und setzten keine Grenzen – und ich selbst war aus Kindheit und Jugend noch auf Lähmung getriggert, wenn ich scharf angepfaucht wurde. Ebenso hatte der langjährige Vorsitzende der Psychologen im BSA (Bund sozialistischer Akademiker) Rudolf O. Zucha einen Affektdurchbruch und beschimpfte mich vor meiner damaligen Pressereferentin (!) Ulrike Süss-Lindert, die mein Riesenprojekt „Gewaltfreie Bundesländer" betreute, als publicity-geile Person – wieder (s)eine Projektion – aber die fragte mich wenigstens nachher „Sag, was hat der gegen dich?", also zumindest eine Person, die merkte, dass das sein Problem war und nichts mit mir als Person zu tun hatte, sondern nur mit seiner Phantasie; sie stand mir bei, wenn auch „danach" – und genau das ist es, was Gewaltopfer brauchen: **Beistand!**

Dieses „Allein – übrig – bleiben" war und ist noch immer eine schmerzhafte, aber letztlich stärkende Lebenserfahrung von mir.

Ich habe erst nach vielen kleinen Schritten erkannt, wie wichtig es ist, *Anstand* – nämlich selbst anständig zu bleiben, – und *Standhaftigkeit* – wenn weitere Provokationen folgen – und *Widerstand* – um Einschüchterungsversuchen zu widerstehen – einzuüben. Auch wenn es am Anfang nicht gelingt – beispielsweise bei den Eltern. Und dass man gar nicht allein bleibt – es dauert nur, bis die „Gleichen" Kontakt aufnehmen: sie nehmen eine:n ja erst wahr, wenn man allein steht (und nicht in einer Masse verschwindet).

Dies vor allem, um sich nicht immer resignativ zurück zu ziehen – wie ich es von meiner Mutter abgeschaut hatte – denn damit „schont" man gewalttätige Menschen, und erspart ihnen die Notwendigkeit, alternative gewaltverzichtende Verhaltensweisen zu „lernen"! („Lernen"

[23] Leider ist dieser „Schlagabtausch" im Tagungsband (Herausgeber Kulturverband Schloss Goldegg, A - 5622) „Auf der Suche nach dem Glück – Der Mensch und seine Süchte" nur auszugsweise – entschärft – wiedergegeben.

bedeutet in meiner Denkweise immer „neue Wahrnehmungs- bzw. Handlungs-Nervenzellen schaffen".[24])

Ich hatte es also dringend nötig, Wehrkraft zu entwickeln. Das hatte man mir nicht oder nicht vollständig beigebracht (und vermutlich auch allen gleichaltrigen Frauen, außer sie mussten sich frühzeitig schon gegen prügelnde Brüder wehren): Damals herrschte noch immer das illusionäre Frauenrollenbild der sanft-lieblichen „friedfertigen"[25] Madonna mit möglichst viel – selbstverständlich nur ehelich gezeugten – Kindern; alle, die sich nicht an diese Vorgabe hielten, galten als „sozial gefährdet". Leider wird dieses Erziehungsziel heute vom vorderen Orient her neuerlich importiert, von verliebten Frauen angenommen und von vielen Polit-Nostalgikern freudig begrüßt.

> *Deshalb bat ich auch die Psychotherapeutin und studierte Historikerin Gertrude Baumgartner für mein Buch „Menschenjagd"[26] einen Artikel über die in der NS-Zeit so genannten „asozialen Frauen" zu schreiben, die damals oft inhaftiert und manchmal sogar zwangssterilisiert wurden, nur weil sie an einem heißen Sommertag dem Arbeitsplatz fernblieben und sich lieber im Inundationsgebiet (heute Donau-Insel) einen schönen Tag machten.*

Diese Bereitschaft zum Beistehen bildete bereits meine Motivation zum Jusstudium – denn nach den Wünschen meines Vaters hätte ich wie er Lehramt für Deutsch und Englisch studieren sollen (auch in Hinblick auf seine umfangreiche Bibliothek, in die er viel Geld investiert hatte; als er gestorben war und ich seine Bücher zu mir nahm, zeigte meine Mutter mit traurigem Blick auf die Unmengen: „Das sind meine Pelze – das sind meine Perlen ..." Sie war eben unter anderen Umweltbedingungen und Erwartungen aufgewachsen als der Sohn eines kleinen tschechischen Schneiders, der sich schon ab der Volks-

---

[24] Rotraud A. Perner / Roman A. Perner, Sprechen ohne zu verletzen. Eine Einführung in die Gesprächsmedizin, Gewaltprävention und Salutogenese. aaptos Verlag, Matzen 2022, S. 17.

[25] Vgl. Margarete Mitscherlich, Die friedfertige Frau. Eine psychoanalytische Untersuchung zur Aggression der Geschlechter. S. Fischer, Frankfurt/ Main 1985[4] (21.-25. Tausend); Margarete Mitscherlich, Das Ende der Vorbilder. Vom Nutzen und Nachteil der Idealisierung (1978). R. Piper Verlag, München 1986[3] (11.-124. Tausend).

[26] Vgl. Rotraud A. Perner (Hg.), Menschenjagd – Vom Recht auf Strafverfolgung. Donau Verlag, Wien 1992.

schule den Besuch der Realschule und der Universität durch eigene Nachhilfetätigkeit (wie auch seine Schwester) und Arbeit auf den Kohlenrutschen am Hafen verdienen musste, und für den Bücher schwer errungene Schätze waren.

Ich tendierte aber zu Latein und Altgriechisch – ohne eine Ahnung zu haben, wie ein Studium so verläuft. Wie in der Schule, dachte ich, denn ich sah in meiner Zukunftsvision nur das Endprodukt „in Anwendung": Ich wollte eine gerechte Lehrerin werden. Doch es kam alles anders.

In der Berufsberatung im Maturajahr riet mir der Mann vom Arbeitsamt übrigens, ich solle Industriedesignerin werden – weil ich gut zeichnen konnte – und war stolz darauf, diesen damals neuen Beruf anzubieten, so kurzsichtig war sein Blick auf die Verwertung einer humanistischen Ausbildung, nicht nur mit Latein und Griechisch sondern auch Englisch und Russisch (Wiener Neustadt lag ja in der „Russenzone", daher dieses Freifach-Angebot). Französisch hatte ich daheim bei meinem Vater gelernt, der lange Zeit Hans Gratzer (1941-2005) und Michael Haneke (*1942) darin Sprachunterricht gab; ich saß quasi als „blinder Passagier" dabei.

Der „Gratzer-Hansel" mochte mich sehr, schenkte mir nach seinem Amerika-Aufenthalt sogar zwei Paar von ihm selbst gefertigte Ohrringe samt Broschen, die ich später dem Wiener Theatermuseum weiter schenkte. Haneke mochte mich nicht, und das beruhte auf Gegenseitigkeit. Beide sprachen übrigens damals schon davon, dass sie Regisseure werden wollten – wurden deshalb in Wiener Neustadt nicht ernst genommen, sondern als Träumer verspottet – und die gleiche Kritikerschaft empörte sich später über Hanekes TV-Film „Lemminge", in dem er die seinerzeitigen Zustände in der Jeunesse dorée der Statutarstadt enttarnte. Heute berühmen sich die Verächter von damals der „großen Söhne", zumindest seit Haneke Oscar-Preisträger wurde. Mein Vater hingegen unterstützte deren Visionen – meine allerdings nicht, denn mein – nach meiner undeutlichen Erinnerung siebenjähriges – Ballettstudium musste ich irgendwann, vermutlich beim Wechsel in die Knabenschule aufgeben, obwohl ich angeblich dafür sehr begabt war und auch schon auftreten durfte; es war mit der Verpflichtung zum gleichzeitigen Klavierunterricht junktimiert – aber dafür war ich so gar nicht begabt. Außerdem wollte mein Vater seinen unterbeschäftigten, aber kinderreichen Kunstprofessoren zu einem Zusatzeinkommen verhelfen – deswegen durfte ich dann ersatzweise Malunterricht nehmen. (Heute bedauere ich den musikalischen

Abbruch – manche meiner Ballettübungen mache ja nach wie vor – denn ich habe vor einigen Jahren ein Klavier und eine elektronische Zimmerorgel fast geschenkt bekommen, kann mich leider an nichts mehr erinnern und wünsche mir seitdem erfolglos dringend jemand, der mir wieder ins Üben hinein hilft.)

Sehnsucht nach Zugehörigkeit

Ich kann mich noch gut erinnern, wie mein Vater immer predigte „Nur nicht mir den Wölfen heulen!" und Schiller zitierte „Der Starke ist am mächtigsten allein!"[27] Da lag wohl auch viel Abwehr von seiner Sehnsucht nach Zugehörigkeit drin ... er hatte ja beruflich wie privat „die Sozialschicht gewechselt" und natürlich auch die Heimat. Diese Sehnsucht kenne ich auch von mir. Und wie er kann auch ich nur durch „Reden" in geschützter Distanz (Therapieren, Unterrichten, Vortragen, Zureden) Zuwendung und Anerkennung bekommen. Glücklicherweise beherrsche ich meine (insgesamt zwölf[28]) Berufe gut, sodass mir mein scheuer Rückzug nach getaner Arbeit nicht übel genommen wird. In den anderen Lebensbereichen bin ich sehr schüchtern und brauche noch immer viel Anstrengung, auf andere zuzugehen (und bin dabei manchmal zu forsch weil ungeübt). Deswegen bin ich immer sehr dankbar, wenn Du, Judith, von Dir aus auf mich zugehst – oder eben auch andere Menschen.

Meine Mutter hingegen war sprechfaul – und außerdem hatte sie fast immer eine Zigarette zwischen den Lippen, von der ab und zu Asche ins Essen fiel, wenn sie – ungern – kochte. Darüber schaute sie großzügig hinweg. Diese Kochunlust habe ich von ihr gelernt. Sie setzte sich so oft es ging an ihren Flügel und spielte, am liebsten Chopin oder Schubert. Ich setze mich so oft es geht an den Computer – und uns beide lockte dann oft erst der Brandgeruch wieder zurück in

---

[27] Friedrich Schiller, „Wilhelm Tell" 1. Aufzug, 3. Szene.

[28] Legitimationen chronologisch: Juristin, Kommunalpolitikerin (Karl Renner Institut), Sozialtherapeutin (ÖAPS), Gemeinwesenarbeiterin/ Projektberaterin (vereinsinterne Ausbildung in den Jugendzentren), Lizenzen als Psychotherapeutin (sowie Psychoanalytikerin/ Gesundheitspsychologin/ psychosoziale Beraterin) Erwachsenenpädagogin (PH Wien), Supervisorin (ÖBVP), Medienarbeiterin/Autorin, Hochschullehrerin, Gerichtssachverständige, evang. Fachtheologin, Pfarrerin. Meine Ausbildung als Diplommediatorin lasse ich weg, denn dieser Beruf war ohnedies schon durch mein Jus-Studium und meine 5 Psychotherapieausbildungen abgedeckt – ich habe sie nur absolviert, um vom Justizministerium die Ausbildungsberechtigung zu erlangen.

die Küche. Meine Söhne haben mir deshalb Kochverbot erteilt – und das befolge ich freudig. Bei mir kocht Käpt'n Iglo.

Mein Vater wollte, dass ich nur ja nicht so werde wie seine Schwester – anbiedernd aber immer auch „mit einem Messer im Handtascherl" für passende Gelegenheiten. Für solche gab es bei ihm eine Familientradition: Mein Vater, geboren 1907, war wie schon sein Vater, auf den Vornamen Romuald getauft, weil angeblich der Urgroßvater, vermutlich im 3. Italienischen Unabhängigkeitskrieg 1866, mit einem Italiener „auf ewig" den Vornamen getauscht hatte und seitdem irgendwo jenseits des Brenners einer Wenzel (Vaclav) gelebt haben müsste. (Ich musste daher auch massiv dagegen in Widerstand gehen, als mein Erstgeborener dieser Tradition folgen sollte.) In der tschechischen Familie war man darüber nicht erfreut – und als Marie, die Schwester meiner väterlichen Großmutter Anna, 1920 von einem Knaben entbunden wurde und Anna zur Nottaufe eilte, konnte diese es sich nicht verkneifen, das Neugeborene auch auf Romuald taufen zu lassen. Danach schlief der Kontakt der Schwestern ein ... nur Tante Hilda bemühte sich später darum, wohl um Freikarten zu bekommen, wenn mein Onkel Romuald in Wien Theater spielte. Tatsächlich habe ich Romuald Pekny (1920-2007) sowie seine Frau Eva (Petrus-Pekny, 1924-2020) und Quasitochter Adelheid Picha erst in den späten 1980er Jahren kennen gelernt, weil die anbiederungseifrige Tante Hilda zwar mit ihrer angeblichen Vertrautheit mit ihm kräftig protzte, gleichzeitig jedoch eifrig bemüht war, Kontakte zu meiner Familie zu verhindern (dafür wurde ich aber nach Kennenlernen von ihm in sein Haus in Linz eingeladen und nach seinem Tod von „seinen Frauen" sogar als Vortragende zu einer ihrer Kulturveranstaltungen in sein Haus am Grundlsee[29]).

Loslassen

Nicht dabei sein dürfen, hinausgedrängt zu werden, verleugnet oder mit blanker Ablehnung konfrontiert zu werden, sei ein typisch österreichischer Stil, mit Konkurrenz umzugehen, betonte der international hoch angesehene Pädagoge Frederick Mayer (1921-2006, *mein dritter Mentor*) immer, und: „Der Neid ist die österreichische Krankheit!". Und die austrofranzösische Schauspielerin Mijou Kovacs

[29] Die nach seinem ehemaligen Vorbesitzer, dem Schauspieler Ludwig Gabillon (1828 – 1898) sogenannte Gabillon-Villa.

(*1957) erklärte mir einmal unter Berufung auf ihren „Jahrhundert-Kollegen" Oskar Werner (1922-1984), während in Österreich die Konkurrent:innen kein gutes Haar an denen lassen, von denen sie sich bedroht fühlen, würde in Frankreich einfach ein zweites, anderes Produkt zum gleichen Thema gestaltet und dann könne das Publikum ja vergleichen ... und das Land wie auch die Kreativen wären Gewinner.

Ich sehe diesen Mangel an wertschätzendem Umgang mit Konkurrenz als *ein* Erbe von Reformation und Gegenreformation, und auch als Folge der gezielt-paranoiden Spaltung der Gesellschaft in der NS-Zeit mittels Propagierung von Begriffen wie asozial oder Volksschädlingen[30]. Die schleichen sich gegenwärtig, im 3. Jahrtausend, wieder in die Bewertungen von Personen in ihrer individuellen Gesamtheit ein – nämlich unabhängig von ihrem Verhalten.

Unerwünschtes Verhalten sollte grundsätzlich kritisierbar sein – sonst „lernt" man ja kein Verbessern – und das beginnt bei den eigenen Formulierungen! – aber gleichzeitig verhandelbar. Die „Person" selbst hingegen negativ zu „etikettieren" ist eine Kampfstrategie, die auf Schwächung der Immunkraft abzielt.

> ***Exkurs:*** *Von dem sogenannten „Jahrhundertboxer" Muhammad Ali (Geburtsname Cassius Clay, 1942-2016) – wurde vielfach berichtet, dass er seine Gegner bereits vor Kampfbeginn umtänzelte und beschimpfte. Eigentlich hätte auch die Wirkung dieser „Nehmergie" – einer Wortschöpfung des emeritierten Professors für Theoretische Physik der Universität Wien, Herbert Pietschmann[31] – berichtet und kritisiert werden müssen: sie schädigt die Gesundheit.*
>
> *Ich erinnere mich an eine Fernsehsendung, in der Horst Friedrich Mayer (1936 -2003) eine Schauspielerin[32] das Verzweiflungsgebet „Ach neige Du Schmerzensreiche" des Gretchen aus Goethes „Faust 1. Teil" sprechen ließ; vorher sowie nachher wurden ihre Immunwerte gemessen und die waren*

---

30 Vgl. Matthias Heine, „Verbrannte Wörter. Wo wir noch reden wie die Nazis – und wo nicht". Dudenverlag, Berlin 2019.

31 Erich Hamberger/ Herbert Pietschmann, „Energie. Die Essenz von Sein und Leben", Herder, Freiburg/ Breisgau 2020, S. 296 ff.

32 Dolores Schmidinger war es nicht, die habe ich dazu befragt. Es war jedenfalls eine, die ich auch persönlich gekannt habe. Vielleicht war es Lieselotte Plauensteiner? Die war zu meiner Zeit (1977 – 1986) auch im Verein Jugendzentren der Stadt Wien tätig.

danach massiv abgesunken. Ähnliches müsste jeder Mensch leibseelischgeistig spüren – wenn er oder sie nur darauf achten würde, aber diese „self compassion" wird leider mit „Bilde Dir das nicht ein!" von klein auf ausgeredet. Dabei gehört es zur kompletten Wahr-Nehmung, sich auch ein geistiges Bild von den Zusammenhängen zu machen!

Harald Picker sagte mir einmal, als ich bei ihm supervidieren lernte, er empfehle, nicht in absolut gesetzten Kategorien von „richtig – falsch" zu denken oder zu sprechen, sondern stattdessen subjektiv „angenehm – unangenehm" zu verwenden. (In seinem Gefolge formuliere ich immer wieder von „sozial unerwünschtem" Verhalten und verweise darauf, dass mit dieser Bezeichnung all das umfasst werden kann, was juristisch als kriminell, medizinisch als krank, pädagogisch als falsch „gelernt" oder religiös als sündig bezeichnet wird.)[33] Es sind nur verschiedene Worte ... aber das Phänomen, dass mal so, mal so, einen dieser Namen bekommt, ist immer etwas, das diejenigen, die zeit- und raumbezogen die Macht haben, nicht wollen. Diese Zwie- oder sogar Mehrspaltigkeit formulierte Blaise Pascal (1623-1662) mit – Populärfassung: „Der Gipfel der Pyrenäen entscheidet, ob man ein Verbrecher oder ein Held ist", Original: „Weshalb töten Sie mich? – Weshalb? Wohnen Sie nicht jenseits des Wassers? Mein Lieber, würden Sie diesseits wohnen, wäre ich ein Mörder und es wäre Verbrechen, Sie solcherart zu töten; da Sie aber am anderen Ufer wohnen, bin ich ein Held, und was ich tue, ist recht."[34]

Heute atme ich „Unangenehmes" – was mir nicht gut tut – einfach aus und weg (so wie man auch ausspuckt) und gewinne dadurch Zeit, mir zu überlegen, welche Reaktionsmöglichkeiten sich noch auftun außer sich zu „empören". Empören bedeutet bildlich entschlüsselt, „in die Luft", zumindest aber „nach oben" zu gehen. Wenn man dabei nur besseren Überblick anpeilt und gleich wieder herunter kommt (damit die Distanz nicht zu groß wird, dann sieht man nämlich nicht mehr gut), kann das oft hilfreich sein – man muss nur aufpassen, dass man sich nicht zu sehr „aufbläht" und dann explodiert. „Dampf

33 Vgl. R. A. Perner, So a Hetz! Über Empörungsmeuten und die Lust am Menschenjagen. aaptos Verlag, Matzen 2023, S. 88.

34 „Pascal. Auswahl und Einleitung: Reinhold Schneider", Fischer Bücherei KG, Frankfurt/ M. und Hamburg, Dezember 1954, S.176.

ablassen können" braucht Wartezeit und daher „die Geduld der kleinen Schritte, wie das Kochende aus ihren Erfahrungen mit Druckkochtöpfen wissen. Beim schnellen „Abschrecken" kann man sich selbst beschädigen.

*Manchmal atme ich – schrittweise! – in mein Herz hinein, um es zu dehnen, damit ich das Widrige aushalten kann (das nenne ich den „seelischen Spagat", wie im Ballett, weil das Herz ja ein Muskel ist, und darauf gekommen bin ich in der Vorbereitung auf meine „sanften Geburten"[35]), und manchmal spitze ich meine Lippen und lasse einen zartfeinen langsamen Atemhauch hinausschweben, und in dem ist all der Müll drinnen, den mir jemand anhängen wollte (das habe ich mir vom seinerzeitigen Bundeskanzler Franz Vranitzky (*1937) abgeschaut, der tat das, wenn ihm Interviewfragen unangenehm waren), und manchmal denke ich dabei: Fliege dorthin, wo jemand genau das braucht – ich habe keine Verwendung dafür. So wie es bei Paulus von Tarsus heißt: „Prüfet alles und das Gute behaltet." (1. Thessalonicher Brief 5, 21) Was mir nicht gut tut, lasse ich los ... und manchmal „löse" ich mich selbst, wenn ich merke, dass ich jemand nicht gut tue. Das sehe ich als Baustein von allumfassender wahrer Liebe.*

Richard Picker (1933-2015), der ältere Bruder von Harald, ursprünglich Theologe und Ordenspriester, nach seiner Heirat zuerst auch Psychoanalytiker und Gruppendynamiker, schlussendlich aber Gestaltpsychotherapeut, sprach immer von „gepanzerte Menschen" und deren „seelischer Hornhaut". Ich sehe dies als Folge des „sich Zusammennehmens", wenn man sein Herz – und seine Wahrnehmung – verschließt, damit nichts Schmerzendes eindringt. Im Johannesevangelium heißt es aber (8,32): „... die Wahrheit wird euch frei machen" – frei von der „Sünde"[36], der Spaltung in „gut" und „böse", d. h. in Bewertungen. Diese bestehen auch im Aufbau von Rangordnungen: zuerst setzte sich jemand als Bewertungsberechtigter an die Spitze und teilt dann je nach Gutdünken oder Opportunität Wertschätzung zu oder nimmt sie weg – und die meisten Menschen akzeptieren das, weil sie darauf hin erzogen wurden. Das Herausgeber:innenkollektiv Black

---

[35] Dies wurde damals entsprechend den Anregungen des französischen Gynäkologen Frédéric Leboyer (1918 – 2017) propagiert.

[36] Das Wort wird vielfach von „sund" wie in „sondern", „absondern" oder auch dem geografischen Sund, der Landgebiete trennt, abgeleitet.

Voices stellt dazu deutlich die Frage, „wer in unserer Gesellschaft die Macht hat, jemandem die Zugehörigkeit abzusprechen“[37] – aber das ist nicht nur eine diverse, sondern eine allgemeine Selbstschutzstrategie gegen unerwünschte bzw. bedrohliche Konkurrenz.

Rückblickend bin ich froh, dass mir trotz männlicher wie auch juristischer und vor allem parteipolitischen Sozialisation meine Sensibilität für solche Machtspiele (und die Bereitschaft, Herzweh auszuhalten) erhalten geblieben ist – zumindest in einer Art Widerwillen und Abwehr, wenn mir etwas nicht gefallen hat und ich – noch – nicht wusste, wie tun, um es mir nicht gefallen zu lassen.

Erst später als Psychotherapeutin wurde mir klar, dass ich vorher – wie die meisten Menschen, mit denen ich zu tun hatte – nur bewertend beobachtet und mich gehütet hatte, von Mitgefühl ergriffen zu werden, selbst wenn ich oft schockiert war – klassisch juristisch halt: man spürt zwar, dass etwas nicht sein soll – aber wenn die „Spielregel“ nur bestrafen und somit „exkommunizieren“ vorsieht, sucht man nicht nach weiteren Alternativen.

Darin sehe ich das wesentliche Verdienst der heimischen Frauenbewegungen der 1970er Jahre: mit historisch-wissenschaftlichen Methoden die Prinzipien der gesellschaftlichen Entscheidungsfindungen aufzudecken, in Frage zu stellen und nach anderen möglichen „Konstruktionen“ zu suchen.

Den eigenen Gefühlen Wertschätzung entgegen zu bringen – nicht nur denen „anerkannter“ Literaten – und zum „innig Einfühlen“ zu vertiefen, war ein Entwicklungsprozess von etwa zehn Jahren. Begonnen hat er damit, dass ich in meiner ersten, der Freud'schen Analyse einmal beim Verabschieden im Blick meines Analytikers erstmals wahrnahm, dass ich jemand – ihm – mit meinen Qualen wirklich „Leid tat“; später, in meiner personzentrierten Ausbildung nach Carl Rogers (1902-1987) – den ich noch persönlich erleben durfte – geschah Gleiches, als ich im Einzelgespräch mit Douglas Land mich wirklich „erkannt“ fühlte (als er sagte, er sähe, wie ich um meine „Mitte“, meine „Balance“ ringe) und ebenso als mir Reinhold Stipsits in meiner Eigentherapie aufdeckte, ich könne nicht „konsumieren“. Kann ich auch nicht – und will ich auch nicht, nachdem es mir bewusst geworden ist. Ich weiß Askese zu schätzen. Und außerdem: Ich will mitgestalten.

[37] Black Voices, War das jetzt rassistisch? 22 Antirassismus-Tipps für den Alltag. Leykam, Wien Graz Berlin 2022, S. 220.

Und dann noch einmal, 2002, als der Mann, den ich liebe, als bisher einziger Mensch meine Zartheit erkannte und anerkannte.

Das „rhema“ – das heilende Wort (aber auch eine heilende Geste) – besteht aus meiner Erfahrung immer in *der* Sensation (d. h. wörtlich Sinnes-Empfindung), wenn die innere und die äußere Wahrheit zusammenfallen – wenn man tief im Inneren weiß: Ja, so ist es.

Nebstbei konnte ich in der Aufarbeitung von Verletzungserlebnissen – meiner wie auch der anderen Ausbildungsteilnehmer:innen – erkennen, wie schädigend „nur so dahin“ gesagte Bewertungen sind, sogar lobende (außer wenn sie vertraglich vereinbart sind wie beispielsweise bei einem offiziellen Wettkampf oder Hearing und man sich darauf „einstellen“ kann bzw. sollte – aber auch das muss man erst „lernen“) oder oft allein schon „gütige“ Blicke.

Wiederholungszwänge

Meine Eltern verfügten über Meisterschaften im „Malocchio“ – dem quasi wie eine Waffe eindringenden, starrenden „Bösen Blick“ – bei der Mutter in grün, beim Vater in hellblau. Den „fürchterlichen Friedrichs-Blick“ nannte er ihn (nach dem deutschen Kaiser Friedrich Wilhelm Albert Viktor von Preußen 1859-1941), und dieser Blick war eiskalt und dominant.

Später, als ich bereits selbst Mutter (von Söhnen) war, ist mir einmal in der Straßenbahn bewusst geworden, dass ich kleine Mädchen mit genau diesem Blick ansah, wenn die sich nicht so diszipliniert aufführten wie ich es (damals noch vor Harald Pickers Alternativbewertungen) für „richtig“ hielt – und erschrak darüber. Wiederholungszwang heißt das in der Psychoanalyse: Man tut anderen genau das Gleiche an, was einem selbst angetan worden war. Bei Buben reagierte ich nicht so (sondern überhaupt nicht).

Nach Carl Rogers sind Bewertungen schwere Kunstfehler – auch die positiven: man erhöht sich wie ein Richter über andere und suggeriert ihnen, wie sie zu sein hätten. So werden Menschen von klein auf „etikettiert“ – Frauen beispielsweise als süß oder sexy – und mit dieser „Macht der Namensgebung“ in eine Rolle und Rangordnung hineingezwängt. Manche Pseudoautoritäten haben dies als Gewohntes von ihren Erziehern übernommen, sich aus Film und Fernsehen abgeschaut – oder aber auch in Trainings erlernt, wie sie von politischen Parteien und anderen Interessensvertretungen intern veranstaltet werden (und bei deren Repräsentanten beispielsweise in Talkshows gut beobachtet werden können).

Immer wieder berichten mir Unternehmer davon, wie sehr sie von Kleinaktionären, Gewerkschaftern, Rechtsanwälten etc. auf gröbste Weise angefeindet würden – und Gleiches berichten Frauen, deren Partner sie derbest beschimpfen, obwohl sie behaupten, sie würden sie lieben. Es braucht oft Wochen, bis sie dieses Seelengift aus ihrem Denken herausbekommen. Intrusionen heißt dies in der Fachsprache: plötzliche Erinnerungsbilder, oder Töne bzw. andere Sinneseindrücke, die die „Urszene" – den Augenblick, in dem diese neuronale Verknüpfung stattgefunden hat – wie gegenwärtig erleben lassen, und zwar vollständig, also nicht nur seelisch, sondern auch körperlich und mental, ein klassisches Symptom von Traumatisierung. Je öfters das passiert, desto dringender ist psychotherapeutisches „Detox" erforderlich.

Wie bereits erwähnt, bin ich in der Zeit als Mandatarin der SPÖ (1973-1987) unter anderem auch auf solche verbale Kampftechniken geschult worden – denn da ich immer sehr lernfreudig war, habe ich alle angebotenen Seminare besucht. Als ich mich im Gefolge meiner psychoanalytischen Ausbildung entschied, darauf zu verzichten, andere Menschen mit Machtgehabe (und Machtsprache, sogar in meiner Fachpublizistik) zu kontrollieren – und damit auch, einer engen parteipolitischen Gemeinschaft anzugehören, habe ich begonnen, diese Formen „psychologische Kriegsführung" aufzudecken wie auch die möglichen Gegenmaßnahmen zu erklären[38]. Das war *einer* der Gründe, weswegen ich 1987 nach fünfzehn Jahren Mandatarschaft auf Bezirksebene nicht mehr parteipolitisch kandidiert habe, genau zu dem Zeitpunkt, in dem ich in den Landtag hätte einziehen können: Mir waren diese „Machtspiele" (transaktionsanalytisch: „power plays" im Gegensatz zu „games") zuwider geworden – und auch manche Personen, die sie lustvoll zelebrierten. Heute kann man diese Hass-Sprache vor allem bei Politkern des rechten Spektrums beobachten – und so sehr ich oft verstehen kann, was sie stört, ist die Form oft inakzeptabel – und unnötig.

Seitdem verzichte ich bewusst darauf, anderen anzutun, was mir angetan wurde. Auslöser dafür war das Franz von Assisi zugeschriebene sogenannte Friedensgebet, in dem es heißt „Herr, lass mich trach-

---

[38] Mehr dazu in meinen Büchern „Kaktusmenschen", „Komme was da wolle ... Krisenkompetenz" oder „Sprechen ohne zu verletzen" s. www.aaptos.at (aaptos ist nämlich auch eine Buchhandlung!)

ten, nicht, dass ich getröstet werde, sondern dass ich tröste; nicht, dass ich verstanden werde, sondern dass ich verstehe; nicht, dass ich geliebt werde, sondern dass ich liebe."[39] Es ist mir beim Warten in der Lobby des Bildungshaus Großrußbach am Vorabend des La Jolla-Programms „zugefallen" und hat ab da mein Leben maßgeblich verändert.[40]

Der Hauptgrund für mein Ausscheiden aus der Parteipolitik war aber, dass der traditionelle Aufmarsch zum 1. Mai 1986, einem Donnerstag, nicht abgesagt worden war, obwohl am Freitag zuvor der Super-GAU im Atomkraftwerk Tschernobyl eingetreten war, und tags darauf (wie ich eine Woche später von meinem Ehemann, damals gerade noch Pressereferent des neuen Wiener Umweltstadtrats, aber schon „auf der Abschussliste", erfuhr) bereits von der Zentralanstalt für Meteorologie intern die Ankunft der radioaktiven Regenwolken im Westen Europas angekündigt worden war. Zu dieser Zeit absolvierte ich bereits meine zweite Analyse nach C. G. Jung, und mein Analytiker, im Zivilberuf Tierarzt, erzählte mir, dass sie an der Veterinärmedizinischen Universität überproportional viele Todesfälle freilaufender Katzen beobachteten, die sich beim Fellputzen den radioaktiven Regen einverleibt hatten.

Es gab dann noch andere Gründe: Angriffe von „gepanzerten" Genossinnen, die mir im Wahlkampf für die Landtagswahl im Herbst nicht gestatten wollten, mich hinzusetzen – obwohl ich schwanger und mir wie stets im ersten Trimenon speiübel war; ich erlitt dann auch einen Abortus – es wären Zwillinge gewesen. Deswegen war ich auch nicht verwundert, als Du, Judith, nach deinem älteren Sohn dann Zwillingsbuben geboren hast – offensichtlich ein Perner-Erbteil (wie auch deren mediterraner Teint, über den sich alle wundern, weil Du und Dein Ehemann ja recht hellhäutig sind).

Ich habe mich oft gefragt, wodurch ich diesen doch so weitverbreiteten Panzerungen entgehen konnte, und vermute die vielen andersartigen Vorbilder in der Weltliteratur, die ich durch meine Kunst- und Kultur-affinen Eltern kennen gelernt hatte, und dass ich – noch unbewusst – nicht so werden wollte wie die Personen, die mich in Schrecken versetzten. Dazu gehörten neben den beiden infamen Schwestern meiner Eltern auch zwei Richter am Gericht in Wiener Neustadt, bei

---

[39] Gebet des heiligen Franziskus – Wikipedia (abgerufen am 31. 1. 2024)

[40] S. auch Rotraud A. Perner, Als Pfarrerlehrling in Mistelbach – Ein interdisziplinäres Tagebuch. aaptos Verlag, Matzen 2017, S. 67 f.

denen ich als Rechtspraktikantin während meines Studiums erlebte, wie sie verängstigte Menschen niederbrüllten – mit ein Grund, weshalb ich nach meiner Promotion die ursprüngliche „Phantasievorstellung“ von einer gerechten Richterin aufgab. Einer der beiden, Friedrich Wilhelm Kremzow, erlangte später mediale Berühmtheit, als er, vom Justizdienst in Pension geschickt, als Mitarbeiter bei einem Rechtsanwalt, diesen erschoss und in der darauf folgenden Haft mit sachlich hervorragenden Eingaben seine justizaktiven Kollegen herausforderte. Bei mir hatte er immer Angst ausgelöst – vor allem auch, weil der kleine Mann wie Heinrich Himmler aussah.

Interessanterweise waren es bei Kremzow Scheidungen, bei dem anderen Richter, Dolenz oder Kolenz, so genau weiß ich das nicht mehr, ein Abtreibungsprozess und eine Verhandlung wegen sexueller Ausbeutung einer geistig behinderten Jugendlichen. Und es waren immer die Frauen, die in demütigender Weise behandelt wurden, besonders die Mutter des missbrauchten Mädchens (das selbst auf dem intellektuellen Niveau einer Vierjährigen zwar „vorgeführt“, aber nicht befragt wurde). Die Öffentlichkeit war bei diesen Prozessen immer ausgeschlossen – aber auch wenn quasi unbeteiligte Kontrolle bestanden hätte, hätten sich die beiden Richter ihre „Show“ nicht verderben lassen.

In Wr. Neustadt war ich weitgehend daheim eingesperrt. Meine bescheidenen Bemühungen um „Freigang“ oder überhaupt Erkundung von Freiräumen wurden regelmäßig sofort unterbunden – nicht nur mir, sondern ebenso meiner Mutter. Sie reagierte mit Krankheit – und brachte es bis zu ihrem Lebensende auf über zwanzig Operationen, d. h. sie ließ sich auch körperlich „beschneiden“ („kastrieren“): sie wandte die nötige Wehrkraft (Aggression) nach innen, gegen sich selbst. Mein Jungianischer Analytiker sagte einmal, niemand gehe in einen helfenden Beruf, der oder die nicht zumindest einen leidenden Elternteil hatte.

Ich kann mich noch erinnern, dass ich in Laa, da zu klein, auf einem Schemel stehend am Sparherd gekocht habe, als meine Mutter kurzfristig im Spital war – mein Vater hatte „zwei linke Hände“ und war für alltägliche Haushaltsarbeiten ungeeignet. Da ich selbst seit meinem zehnten Lebensjahr unter chronischer Sinusitis litt (Nebenhöhlenentzündung, tiefenpsychologisch: ungeweinte Tränen), unkte meine Großmutter, als ich während des Jusstudiums zeitweilig bei ihr wohnte, ich möge das nur ja nie zugeben, sonst bekäme ich keinen

Mann, denn „Jeder hat Angst vor einer kranken Frau!". In ihrer Generation – sie war Jahrgang 1885 – ohne Sozialversicherung im heutigen Sinn war das auch meist eine finanzielle Katastrophe. Dass ich dann von einem kranken Mann geheiratet wurde, sah sie nicht – ihr gefiel nur sein schönes (aber auch dauernd behandlungsbedürftiges) Gebiss im Vergleich zu dem von Artur, meinem vormaligen Verlobten, der ja keinerlei elterliche Fürsorge genossen hatte. Für mich selbst war Krankheit aber nie ein Schreckgespenst – ich war an fremdes Leiden ja von klein auf gewohnt und auf Hilfe trainiert. Und eigenes durfte nicht sein.

Irgendwann berichtete mir meine Mutter, dass sie einmal versucht hatte, sich scheiden zu lassen und zur Beratung einen ehemaligen Mentor meines Vaters, Theophil Melicher (1890-1971), aufsuchte – einen Professor für Deutsche Rechtsgeschichte an der Universität Wien, bei dem ich später dann auch studiert habe, allerdings ohne Kenntnis dieser Verknüpfungen. In dessen Montag-Spät-Abends-Vorlesung saß ich oft allein gemeinsam mit Günther Geyer – und einem zweiten Günther, dessen Nachname ich vergessen habe und der in der Linzer Arbeiterkammer gelandet sein soll. Günther Geyer wurde später Generaldirektor der Wiener Städtischen Versicherung, nachdem ich im Ringturm meine ersten Berufserfahrungen als Angestellte machte.

Zu ihrem Versuch, der Kontrolle meines Vaters zu entkommen, sagte mir meine Mutter als er bereits tot war, sie hätte sich dann doch – wie viele Frauen damals in den 1950er Jahren – meinetwegen dafür entschieden, im Ehegefängnis auszuharren, weil sie sich nicht zugetraut hätte, mich allein meinen Begabungen gemäß fördern zu können. (Außerdem hätte sie, Jahrgang 1912, ja trotz ihrer erlernten Berufe als Grundschullehrerin wie auch Konzertpianistin mangels Praxis kaum einen Arbeitsplatz gefunden.)

Der einzige „Freigang" meiner Mutter war das winzige Espresso am Beginn der Neunkirchner Straße, in dem sie sich vormittags mit der Großmutter einer ehemaligen Klassenkameradin aus der Mädchenschule traf. Ob und welche andere Mütter dabei waren, weiß ich nicht. Mein erlaubter Fluchtpunkt war die diesem Espresso stadtauswärts nachfolgende Volksbuchhandlung, beide Lokalitäten an der Ostseite des Wr. Neustädter Rathauses, beide Orte von Tratsch und Klatsch und für uns Mutter und Tochter Orte der Zuflucht. Dazwischen war das Stoffgeschäft der Mutter von Joseph (Peter) Strelka, einem Literaturwisschafter, der ebenso wie Hans Gratzer und Michael

Haneke, aber auch Rudolf Buczolich und Peter Fritsch (als Schauspieler z. B. in der Serie „Kaisermühlen-Blues" nannte er sich Peter Fröhlich) von meinem Vater sehr gefördert wurde. Strelka (1927-2022) machte ab 1964 in den USA als Universitätsprofessor groß Karriere. Er bekam später noch große Bedeutung für mich.

Meine Mutter, die autodidaktisch fast alle Kleidung für sich und mich selbst nähte, war bei Frau Strelka oft Kundin wie auch in dem ebenfalls vorgelagerten oder anschließenden – so genau weiß ich das nicht mehr – Juweliergeschäft Beier, denn sie wusste sich das Werbebemühen meines Vaters „vergolden" zu lassen. (Mir gab sie einmal als „how to do" mit, der ungetreue Göttervater Zeus sei immer reuevoll zu seiner hantigen Ehefrau Hera zurückgekehrt, weil sie jeden Abend als Braut zu Bett gegangen und in der Früh als Jungfrau wieder aufgestanden sei. Da ich aber in der Knabenschule männlich sozialisiert wurde, fiel das bei mir erst spät auf fruchtbaren Boden, als nämlich die beiden Männer ziemlich dauerhaft in mein Leben traten, bei denen ich erkannte, dass ich sie wirklich geliebt und „im Herzen gespürt" habe: sie mich auch, und das bedeutet für mich: ihr gesamtes So-Sein wahrnehmen, aushalten, einatmen, integrieren. Eins werden – und sich wieder trennen ohne dabei Teile von sich selbst zu verlieren. Da war ich bei dem ersten, Gino, mit dem ich Jahre zuvor eine unvollkommene 14-Tage-Affaire hatte, 48, und beim anderen, den ich noch immer liebe, Dusan, 54 Jahre alt. Erst da erkannte ich: Als Frau muss man dem Mann „Raum" lassen (eine andere Form des Loslassens), sonst kann er einem nicht „entgegen wachsen" und „sich hingeben" (es ist ja der Mann der „gibt" – die Frau „nimmt").

Meine Mutter war dafür kein Vorbild. Sie war unnahbar – und vermutlich eine Asperger-Autistin[41]: interessiert hat sie eigentlich nur künstlerischer Ausdruck, nicht nur das stundenlange Klavierspiel, sondern sie war auch bildnerisch und schriftstellerisch begabt und sogar handwerklich, hat selbst Fauteuils tapeziert und getischlert und textil gewerkt, und Fleckerlteppiche oder Decken gewebt und wie Penelope in der Odysseus-Sage mit klein geschnittenen Wollresten abstrakt geflammte Teppiche geknüpft, wenn sie stundenlang das Mittagessen warm halten musste, während sie darauf wartete, dass mein Vaters aus der Schule heimkäme. Ihren Kochunmut habe ich von ihr geerbt. Nur wenn wir Gäste hatten, schuf sie mit Inbrunst kunstvoll dekorierte Sandwiches. Bei mir ist das genauso – nur dass ich mir so viel Berufs-

---

41 Benannt nach dem Wiener Kinderarzt Hans Asperger (1906 – 1980).

arbeit „aufhalse“ (was meine Halswirbelsäule ja auch beschädigt hat, seitdem ich die Familienerhalterpflichten übernehmen musste), dass ich dafür selten Zeit habe ... dafür jedoch meine Söhne gerne kochen und auch bewirten.

Mit Alleinsein habe ich kein Problem. Ich weiß zwar nicht, wie es mir als Kleinkind (im Vergleich zu Gleichaltrigen) damit ging, dass meine Mutter weitgehend abwesend war ... angeblich habe ich nie geweint oder protestiert, sondern mich meist mit mir selbst beschäftigt: Bücher (Großmutters Gartenlaube) und Filmzeitschriften (aus einem Karton unter ihrem Bett) angeschaut, kleine Gegenstände geordnet, unbeholfen gezeichnet.

Nur einige Jahre später – aber noch vor meinem Schuleintritt – soll ich während eines Sommeraufenthalts bei einem Großonkel (Sohn einer Schwester meiner mütterlichen Großmutter), Förster in Hinternaßwald im Höllental, meiner Mutter, die vis-à-vis des Forsthauses den Berg hinaufstapfte, übers Geröll nachgekrochen sein, und weil ich sie, klein wie ich war, nicht erreichen konnte, laut geweint haben „Mir bricht das Herz!“ Statt Mitgefühl bekam ich jedoch Spott und Hohn und die Verbreitung dieser ach so witzigen, in Wirklichkeit mitleidslosen, „Anekdote“ im gesamten Familienkreis meiner Großmutter.

Wie viele Menschen, vor allem Frauen, ähnliche Verletzungen erlitten haben, bekam ich bereits in der ersten von mir begründeten Familienberatungsstelle zu hören, das war 1975 in Wien Favoriten, und da war das noch kein öffentliches Thema. Es ist es auch heute noch nicht – man braucht nur manchen Politikern (männlich) im Parlament zuhören – und dem, was deren Sympathisant:innen (viele davon Akademiker:innen und in gehobenen Positionen) auf Facebook von sich geben. Wie der Volksmund so treffend formuliert: sie „spucken Gift und Galle“ und merken gar nicht, wie sehr sie sich damit disqualifizieren, aber auch selbst schädigen – sie müssen Gift und Galle ja zuerst in sich selbst produzieren ... aber das kennst Du, Judith, zwischenzeitlich selbst „in der Politik“, ja auch schon zur Genüge.

Weil meine Mutter die sportlichste in meiner „erlebten“ Familie war, traf sie Mitte der 1940er Jahre die Pflicht, zu den Verwandten ins Marchfeld hamstern zu pilgern. Ihrer trotz Hungersnot stark übergewichtigen Schwester Johanna (Tante Hansi) und meiner ebenfalls übergewichtige Großmutter waren die Fußmärsche nicht zumutbar; Hansis Ehemann Rudi hatte aus irgendwelchen Gründen den Kriegsdienst vermeiden können und ebenso die Beteiligung an Versorgungsarbeiten, denn das tat schon Tante Hansi indem sie meiner Mutter brutal die für mich Baby bestimmtem Trockenmilch-Lebensmittel-Marken wegnahm, um sie ihrem vier Jahre älteren und nicht mehr anspruchsberechtigten Sohn Helmut zukommen zu lassen.

Ich charakterisiere solche Ellenbogen-Menschen, die jenseits von Recht und Ordnung überall ihren Vorteil durchsetzen, mit „Ah da samma, ah da hamma!" (Hochdeutsch: „Obacht, da sind wir da, Obacht, da haben wir einen Anspruch!") Auch meine harmoniebeflissene Großmutter – Dauer-Appell „Nur kan Verdruss!" – unterwarf sich gleichfalls dem unwirschen Despotismus der älteren Tochter. Mein Vater fehlte – er war in britischer Kriegsgefangenschaft; seit wann, weiß ich nicht – meine Mutter hat mir nur erzählt, dass er, an Gelbsucht erkrankt, mit dem letzten Flugzeug aus Stalingrad ausgeflogen worden war. Auch wann er heimkehrte, entzieht sich meiner Kenntnis – und ebenso, wann wir nach Laa an der Thaya übersiedelten. Vermutlich war es zwei Jahre vor meinem Schuleintritt. Ich weiß nur, dass er, radikaler Sozialdemokrat, angeblich fuchsteufelswild war, dass meine Mutter mich – ohnedies erst im Alter von zwei Jahren – während seiner Abwesenheit auf massivem Druck ihrer Mutter und Schwiegermutter hatte römisch-katholisch taufen lassen: Die beiden Großmütter hatten ihr damals eingeredet, sie würde mich ohne den Beistand der Kirche nicht allein großziehen können.[42]

Da ihre Ehewohnung „ausgebombt" und daher unbewohnbar geworden war, lebte meine Mutter teilweise zuerst bei einer Schwester meiner Großmutter in Orth an der Donau, wo ich zur Welt kam, und danach teilweise bei einer anderen von deren drei Schwestern in Eckartsau, und zuletzt bei ihrer Mutter im vierten Wiener Gemeindebezirk, Am Mittersteig.

Dort setzen meine Erinnerungen an: Über meinem Gitterbett, das ich aus Platzgründen längere Zeit als üblich benutzen musste, war ein überdimensionales Plakat des Films „Das singende Haus" angebracht, denn mein aus der britischen Kriegsgefangenschaft zurückgekehrter Vater gab dem Wiener Regisseur Franz Antel (1913-2007) Englisch-Unterricht und hatte damit laut meiner Mutter einen Beitrag zu kindgerechter Wohnungsgestaltung liefern wollen: Das Bild des Hauses zeigte viele erleuchtete Fenster – und solche faszinieren mich heute

[42] All dies ausführlich beschrieben in meinem Buch „Als Pfarrerlehrling in Mistelbach. Ein multidisziplinäres Tagebuch", aaptos Verlag, Matzen 2017.

noch! Ich liebe es, bei nächtlichen Spaziergängen solche zu entdecken, bei denen man beobachten kann, wie sich andere Menschen „einrichten“ – auch ein Hinweis auf meine spätere endgültige Berufswahl.

Auch saß ich Am Mittersteig stundenlang allein auf den verbreiterten Fensterbrettern, unter denen Regale mit Türen davor eingebaut waren, und sah auf die Straße hinunter, beobachtete die Menschen, die beim Gemüsehändler vis-à-vis hinein- und hinausgingen, den Kohlenhändler bei Ein- und Ausladen, betrachtete auch die Stalinorgel, die linksseitig zu sehen war und der die Menschen aus dem Weg gingen. Diese Gewohnheit ist mir geblieben: ich beobachte ausdauernd, interessiert, intensiv – und zurückgezogen.

Auf der anderen Seite dieser Wohnung (im Mezzanin) sah man in den kahlen Hof hinunter (während es im Hof des Nachbarhauses einige große Bäume gab – aber da war eine hohe Mauer dazwischen), und dort war der Eingang zur Wohnung der Hausbesorgerin, die eine gut einjährige Tochter hatte, die im Hof herumstolperte und mit der ich gerne Kontakt gehabt hätte ... durfte ich aber nicht, weil deren Mutter eine „schlechte Person war“, nämlich Besuch von Besatzungssoldaten empfing.

Damals hatte ich noch keinen Begriff von schlecht – und besonders, was an Besuchen schlecht ein sollte, war mir nicht klar, denn bei uns Am Mittersteig gab es keine Besuche. Aber die Sehnsucht von damals, von „Fremden“[43] privat besucht oder – Steigerung! – sogar eingeladen zu werden, ist mir bis heute – und weitgehend unerfüllt – geblieben.

Später dann, in Wiener Neustadt, veranstaltete mein Vater im kleinsten Kreis literarische Mittwoch-Soireen, in denen er sein Wissen dozierte, weil er – im Gegenteil zu Laa an der Thaya – ein zu ihm passendes Publikum gefunden hatte: die Eltern des späteren Regisseurs und Schauspielhaus-Direktors Hans Gratzer, Vater Arzt; die Mutter des späteren AZ-Journalisten (und einige Zeit mit der Regisseurin und Performance-Künstlerin Mara Mattuschka verheirateten) Michel Mattuschka (*1945, sein bereits erwähnter Vater, Allgemeinmediziner, hatte kein Interesse an meines Vaters „Hof halten“,) und seiner Schwester Burgi, Sozialarbeiterin und in ihrer der Ehe mit dem Regisseur Dieter Berner auch Schauspielerin; das Ehepaar Wagner, der

[43] Damit meine ich Nicht-Familienangehörige oder beruflich Verbundene.

Vater Lateinprofessor, deren Tochter Renate, ein Jahr jünger als ich, später auch Psychoanalytikerin wurde. Auch Joseph Strelka war dabei ... wer noch, weiß ich nicht mehr. Ich erinnere mich, wie die jeweils sechs bis acht Kulturbeflissenen z. B. Jean Cocteaus „Bacchus“ mit verteilten Rollen lasen. Mit ihren Kindern hatte ich noch bis über die Jahrtausendwende Kontakt (sofern sie nicht vorher verstorben waren). Sehr dankbar bin ich heute noch Renate, die mir einst, als ich bei ihr in Linz logierte (bevor sie nach München übersiedelte), die Augen über den Alkohol-Abusus meiner (wie auch ihrer) Eltern eröffnete – denn dazu hatte ich einen „blinden Fleck“. Deswegen betone ich in meiner Arbeit so oft wie wichtig es ist, sich bewusst zu machen, dass wir ohne ein entsprechendes „Mem“ – in diesem Fall dem Begriff Alkoholmissbrauch – wahrnehmungsblockiert sind, was bedeutet, dass wir voll Unverständnis dafür, was uns widerfährt, keinerlei Selbststeuerung betreiben können.

> ***Exkurs:** Zum Begriff „Mem“*
> *Im Gegensatz zu der heute üblich gewordenen Verballhornung heißt es bei dem britischen Evolutionsbiologen und Oxfordprofessor Richard Dawkins (*1941), dem Schöpfer dieses neuen Begriffs: "Wir brauchten einen Namen für den neuen Replikator, ein Substantiv, das die Assoziation einer Einheit der kulturellen Vererbung vermittelt, oder eine Einheit der* Imitation. *Das Wort ‚Mimem‘ kommt von einer geeigneten griechischen Wurzel, aber ich suchte ein einsilbiges Wort, das ein wenig wie ‚Gen‘ klingt. Ich hoffe, meine klassisch gebildeten Freunde werden mir verzeihen, wenn ich Mimen zu* Mem *verkürze. Sollte es irgendjemandem ein Trost sein, so könnte er sich wahlweise vorstellen, dass es mit dem lateinischen ‚memoria‘ oder mit dem französischen Wort même verwandt ist.*[44]
>
> *Beispiele eines Memes sind Melodien, Gedanken, Schlagworte, Kleidermode, die Art, Töpfe zu machen oder Bögen zu*

[44] Ich zitiere diesen biographischen Bezug des Evolutionsbiologie-Professors Dawkins‘ deshalb, weil mir öfters der Vorwurf gemacht wurde, ich würde zu viel Persönliches in meiner „semiwissenschaftlichen“ Publizistik einbringen. Das mag für diejenigen stimmen, die sich an den Schriften aus dem 18. und 19. Jahrhundert orientieren, die als philosophisch-wissenschaftlich richtungsweisend anerkannt wurden (wie Kant oder Hegel). Ich aber orientiere mich an der soziologischen-kulturkritischen Literatur des 20. und gegenwärtigen Jahrhunderts – eben weil ich auf überheblich-elitäre „Macht durch Sprache“ verzichten will.

bauen. So wie Gene sich im Genpool vermehren, indem sie sich mit Hilfe von Spermien oder Eiern von Körper zu Körper fortbewegen, so verbreiten sich Meme im Mempool, indem sie von Gehirn zu Gehirn überspringen mit Hilfe eines Prozesses, den man im allgemeinen Sinn als Imitation bezeichnen kann. Wenn ein Wissenschaftler einen guten Gedanken hört oder liest, so gibt er ihn an seine Kollegen und Studenten weiter. Er erwähnt ihn in seinen Aufsätzen und Vorlesungen. Kommt der Gedanke an, so kann man sagen, dass er sich vermehrt, indem er sich von einem Gehirn zum anderen ausbreitet."[45] (Hervorhebungen im Original.)

Renate erzählte mir damals, dass sie und ihr jüngerer Bruder laufend die zahlreichen Doppler-Flaschen ihrer Eltern retournieren mussten – kein Wunder, dass sie in Folge „wahrnehmen" konnten, ja mussten. Meine Eltern hingegen tranken Whisky – in den typischen Gläsern, auf denen Markierungsstriche mit „Moderation is no virtue, extremism is no vice" darauf standen, daher fielen die jeweils dosierten Mengen nicht auf. Außerdem sah man diese „smarte" Form von Stimmungsaufhellung ohnedies in fast jedem amerikanischen Alltags-Spielfilm (Fernsehapparat hatte damals niemand in meinem Bekanntenkreis, das kam erst allgemein in den 1960er Jahren): Kaum kam ein Mann zu einem anderen ins Büro oder Appartement, schwenkte die Kamera zur wohlgefüllten Bar, und es wurden Drinks angeboten. „Product-Placement" heißt das heute. Auch bei meinem Ehemann – wie auch einigen anderen meiner Wegbegleiter – habe ich diese Problematik erst erkannt, als ich ausreichend psychotherapeutisch ausgebildet und erfahren war (etwa ab der Halbzeit unserer 40jährigen Ehe) und daher die Symptome des fortschreitenden Verlaufs bis Verfalls unübersehbar geworden waren, denn im Gegensatz zu meinem Vater war Reinhold nie aufbrausend oder aggressiv, sondern neigte eher zu depressivem Rückzug wie meine Mutter. Aber auch dazu mehr später, wenn ich den Erwerb meiner Krisenkompetenz schildere.

Dazu noch eine halblustige Episode: Als ich nach dem Tod meiner Mutter im Pensionistenheim, in das meine Eltern nach dem zweiten – gut rehabilitierten – Schlaganfall meines Vaters gezo-

---

[45] Richard Dawkins, Das egoistische Gen, Springer Verlag. Berlin Heidelberg New York 1978, S. 226 f.

gen waren, ihren Nachlass sichtete, fand ich ein großes Gurkenglas mit unzähligen der kleinen weißen Pferdchen, die beim White Horse Whisky dabei waren. Ich habe sie mir später, als mich mein Ehemann ausnahmsweise einmal zu einem Faschingsfest bei einem seiner Freunde mitnahm, mühselig auf einen schwarzen Pullover genäht und bin mit weißen hot pants und overknee Stiefeln erschienen um dieses Getränk darzustellen – nur hat das leider niemand kapiert.

Kontrollen, Grenzverletzungen, Ausgrenzungen

Fremd bin ich eingezogen,
Fremd zog ich wieder aus.
[-]
Ich kann zu meiner Reisen
Nicht wählen mit der Zeit:
Muss selbst den Weg mir weisen
In dieser Dunkelheit-
Wilhelm Müller[46]

Mein Vater ging nur beruflich oder paraberuflich außer Haus: in die Schule, in die Räume der Partei – in Laa war er SPÖ-Funktionär, vermutlich Gemeinderat, jedenfalls baute er dort seitens der Kinderfreunde die erste Leih-Bibliothek auf, und in Wiener Neustadt hielt er Bildungsveranstaltungen im Gewerkschaftshaus. Sonst gab es für ihn eine einzige „Konsum-Destination" – die Volksbuchhandlung. In die durfte auch ich gehen – denn von den beiden Verkaufsdamen erfuhr er ja, so glaubte er, alles was ich dort machte. Tatsächlich wurde ich aber von beiden „echt" aufgeklärt ... nicht nur so lieblich wie von meiner Mutter in der 4. Klasse Volksschule. Von sexueller Gewalt habe ich dabei aber auch nichts gehört.

Wollte ich – oder auch meine Mutter, die ihre Einkäufe und Kommunikationsbedürfnisse vormittags erledigte – nachmittags unsere Wohnung am Hauptplatz verlassen, mussten wir Rechenschaft ablegen, und meist wurde uns bewiesen, dass unsere Bedürfnisse unberechtigt seien. „Warum wollt ihr spazieren gehen?" nörgelte mein Vater meist, wenn meine Mutter mit mir ein paar Runden im Stadtpark drehen wollte. „Lest Adalbert Stifter – so schön wie er alle Natur beschrieben hat, kann man sie gar nicht sehen!" Ja – er nicht. Etwas Ähnliches hörte ich später vom Bruder eines Freundes meines Mannes – der Freund Musiker, dessen Bruder Grafiker: Als wir in deren Heimat Kroatien auf Besuch waren und uns der Musiker die Schönheiten seines Landes zeigen wollte, sagte der Grafiker nämlich „Ich bleib daheim – so schön, wie ich es mir vorstelle, kann es gar nicht sein!"

---

46 Aus „Gute Nacht" in den „Wanderliedern" von Wilhelm Müller (1794 – 1827), vertont von Franz Schubert in „Die Winterreise".

Bewerten

Schönheit nicht nur kognitiv zu „bewerten“, sondern emotional zu empfinden, habe ich erst spät „gelernt“. (Zur Erinnerung: „Lernen“ heißt in meiner Sprache, neue Wahrnehmungs- oder Handlungs-Neuronen wie auch komplexe Neurosignaturen zu bilden und nicht allein, sich Wissen und Handlungsweisen einzuprägen.) Nämlich dann, als „mein Herz aufging“ – und das war, als ich das erste Mal erleben durfte, wie es sich anfühlt, wenn frau von einem Mann wirklich geliebt, nicht nur begehrt wird – wenn seine Herzensenergie, nicht nur seine Sexualenergie, direkt ins Herz hinüberfließt und sich im ganzen Körper verteilt und, je nach Quantum, tage- und monatelang, ja sogar jahrelang wärmt und nährt und Sicherheit gibt.

Ich nahm einmal für EURAG[47] im Wiener Rathaus an einer Podiumsdiskussion über Depressionen teil, und mit dabei war auch der Psychiater Heinz Katschnig (*1942), der kritisierte, dass manche Witwen ewig trauerten statt sich einen neuen Partner zu suchen und wieder am Leben Teil zu haben. Ich warf daraufhin ein, dass dies nicht unbedingt „ewige Trauer“ sein müsse, sondern vielmehr „ewige Treue“ bedeuten können – dass manfrau nämlich noch immer so „voll“ der erlebten Liebe sein könne, sodass für eine neue ebenso innige Beziehung kein Raum mehr vorhanden sei – so wie in einem Handschuh kein Platz mehr für eine andere Hand sei – und so verstünde ich auch das biblische Wort vom „*ein* Fleisch werden“.

> ***Exkurs:*** *Bewerten ist eine Form, sich eine übergehobene Position anzumaßen – und sich gleichzeitig außerhalb von Rangordnungen zu platzieren. Ich war während meiner NLP-Ausbildung mit einem Kollegen befreundet, der, wann immer ich einfach aus Freude darüber von einem Erfolgserlebnis berichtete, sich wie ein erhabener Fürst zu einem „Sehr gut!“ herabließ. Das war aber kein echtes Lob, sondern es schwang jedes Mal auch Neid in seiner gepressten Stimme mit.*
>
> *Da ich damals auch meine personzentrierte Ausbildung absolvierte, hatte mir dort der Hinweis die Augen geöffnet, dass das übliche schnelle Loben keine authentische Anerken-*

[47] EURAG bedeutet Europäische Arbeitsgemeinschaft und ist ein 1994 eingetragener Verein mit dem Ziel der Verbesserung der Lebensqualität, Selbstbestimmung und Stärkung älterer Menschen und Solidarität zwischen den Generationen. https://eurag.at.

nung darstellt, sondern nur ein distanziertes Einordnen in der Zufriedenheitsskala anderer. Anerkennung findet statt, wenn man sein echtes innerstes Gefühl ausdrückt – und da genügt meist der ungekünstelte Gesichtsausdruck.

Wir alle „lernen" bei jeder Anleitung oder Zuwendung (also „von A bis Z") unbewusst auch die ebenso unbewussten Bewertungen der Anleitenden mit. Wenn beispielsweise eine pflegende Person bei Reinigen des Unterleibs eines Babys eine ablehnen Miene aufsetzt (weil der Geruch seine oder ihre Nase „beleidigt"), „lernt" das Kleinchen bereits, dass diese Körpergegend nicht akzeptiert wird.

*Möglicherweise sind deswegen so viele Menschen an den kommerziellen Angeboten zur Entschlüsselung von Körpersprache interessiert. Davon halte ich gar nichts. Auch wenn ich den genialen Pantomimen Samy Molcho (*1936) in dieser Kunst sehr anerkenne – was er als Körpersprach demonstriert bleibt doch nur, wie er bestimmte Stimmungen oder Geisteshaltungen darstellen würde.*

In dem Kultbuch „Der kleine Prinz" – ein Buch, das mein Vater übrigens als „kindisch" ablehnte, er konnte sich offensichtlich nicht „einfühlen" – wohingegen in der personzentrierten Ausbildung die folgende Passage immer wieder zitiert wurde (ich das Buch daher erst damals, 1986, gelesen habe) – erklärt der Fuchs dem kleinen Prinzen, wie Beziehung entsteht: indem man sich mit einem Lebewesen (!) vertraut macht: „Man kennt nur die Dinge, die man zähmt", aber nicht die, die man ungeduldig kauft; das setzt aber voraus, ihm jeden Tag einander etwas näher zu kommen – aber nicht zu reden, denn „Die Sprache ist die Quelle der Missverständnisse."[48] Und: „Man sieht nur mit dem Herzen gut. Das Wesentliche ist für die Augen unsichtbar.", und außerdem: „Du bist zeitlebens für das verantwortlich, was du dir vertraut gemacht hast."[49] So „lernt" man jemand „kennen" – und, ergänze ich: wenn Vertrauen besteht und man erkannt hat, wie man sein Herz öffnet (was ja auch bedeutet, seine Verletzlichkeit nicht mehr schützen zu müssen oder zu wollen), dann ist das auch der Zustand, den Jesus mit „Feindesliebe" (Mt 5,44) anspricht: ohne „verstock-

---

[48] Antoine de Saint-Exupéry, Der kleine Prinz (1945). Arche, Zürich 1983, S. 67.

[49] A. a. O., S. 72.

tes Herz" wie der Pharao (2 Mose 4,21 ff) , sondern einfühlsam und mitfühlend – solange man sich nicht wirklich verteidigen oder gewalttätige Personen einbremsen muss.

Bewerten ist eine innere Tätigkeit, die vorheriges Kontrollieren voraussetzt – vor allem sich selbst, und zwar in „Gedanken, Worten, Taten".[50] Das wird zwar beispielsweise im katholischen Katechismus verlangt, aber leider kaum „ganzheitlich" und salutogenetisch erklärt.

Eigentlich gehörte dies in den Schulunterricht – in den Körper hineinspüren und die fühlbare Emotion nicht gleich mit einem Gefühlswort zu verbinden sondern nachzuprüfen, ob nicht eine andere Benennung besser passt. Das dazu prädestinierte Lehrfach heißt jetzt aber nicht mehr „Leibeserziehung" sondern „Bewegung und Sport" und das umfasst damit eben ganz andere Ziele als Körper-Selbstbewusstsein.

Zur Erziehung des Leibes sollte es vor allem gehören, die Aufmerksamkeit (die eigene wie auch die derjenigen, um die man sich sorgt) auf den Atem zu lenken – und so langsam zu atmen und zu sprechen, dass man gleichzeitig mitdenken und mitfühlen kann, vor allem aber die hilfreichen Autosuggestionen ins Bewusstsein zu holen.

Bei Homer heißt es wiederholt, „kaum war das Wort dem Gehege seiner Zähne entflohen"; wenn man diesen antiken Dichter im Unterricht durchnimmt, wäre es eine passende Gelegenheit, darauf hinzuweisen, dass man das Wort, sobald es „von unten", vom „Bauch", „nach oben", in den Denkapparat hinaufgesaust ist, mit einigen tiefen Atemzügen stoppen und überprüfen sollte, bevor man es „hinab", d. h. aus dem Mund (oder gar aus den Fäusten) herauslässt. Und im Jakobus-Brief 3,5 heißt es: „So ist auch die Zunge ein kleines Glied und richtet große Dinge an. Siehe, ein kleines Feuer, welch einen Wald zündet's an!" Also auch hier: Sauerstoff raus!

Als ich in der vierten Klasse (Quarta) zwei Stunden Karzer absitzen musste und im Jahreszeugnis eine Drei in Betragen erhielt, wusste ich noch nicht, dass und wie man sich mittels variierter Atmung selbst

---

[50] Katechismus der katholischen Kirche Kompendium. Pattloch Verlag, München 2005, „Die Sünde", S. 143.

steuern kann. Ich hatte, damals Klassensprecherin, nach einem Ausflug, bereits zur Heimfahrt bereit im Autobus sitzend, die dort aufgestaute Hitze als „Verbrechen am Kind“ bezeichnet und nicht registriert, dass direkt unter dem Fenster neben meinem Sitz der Klassenvorstand lauschte und sich als Verbrecher verleumdet fühlte. Jahre später erfuhr ich, dass wieder einmal mein Vater auf strenger Bestrafung bestanden hatte – die Professoren hatten sich nur amüsiert über meine „Bewertung“ ausgetauscht.

Ärger waren die Folgen, als ich am Tag meiner mit Auszeichnung bestandenen Reifeprüfung im Kampf um die Berufswahl meine Abhängigkeit beklagte und meinen Vater wütend anfauchte, „Du hast schon gewusst, warum du ein Mädchen aus mir gemacht hast!“ [51] Die unmittelbare Folge war, dass er mich aus der elterlichen Wohnung verwies, mir die Schlüssel abnahm und ich verdattert am Gang stand. Meine Mutter war offenbar wie immer dem Tobenden gegenüber völlig hilflos. Da ich ja infolge der ständigen Kontrollen nur wenige, vor allem keine Personen in der Stadt kannte, die meinem Vater entgegen zu treten gewagt hätten (und von der Existenz eines Jugendamts auch keine Ahnung hatte), flüchtete ich in die bereits erwähnet Volksbuchhandlung – und dort erwies sich die eine der beiden Verkaufsdamen, die spätere SPÖ-Nationalratsabgeordnete Lona Murowatz (1919-2016) als echte Freundin, wie sich herausstellte. Die hatte, auch auf Grund dieser Funktion, einen größeren Überblick über das Leben und keine Angst vor meinem Vater (auch wenn er wohl der beste Kunde in ihrem Geschäft war).

Zuerst beruhigte sie mich, dann organisierte sie mir die nötigen Toilettesachen und Reservekleidung, vor allem aber ein Nachtlager bei meiner Wahltante, der Mutter von Michel und Burgi Mattuschka (deren Ehemann Sepp war in der NS-Zeit Anatomieprofessor gewesen, durfte nach dem Krieg nur mehr als Allgemeinmediziner ordinieren, malte jedoch als Spätberufener wunderbar starke Ölbilder, und mochte meinen „roten“ Vater ohnedies nicht sehr, mich dafür aber gern und ich ihn auch, seitdem er mich sofort richtig auf Polyarthritis diagnostiziert und geheilt hatte). Telefone waren damals noch nicht allgemein üblich – meine Eltern hatten beispielsweise keines, aber

---

51 Diese Richtung weisende Episode aus meinem Leben habe ich auch in meinem Buch „Königin!“, Kösel, München 2009, S. 46, wie auch in der total überarbeiteten Taschenbuchausgabe „Prinzesschen, Kämpferin ...Königin! Weibliche Kraft in allen Lebensphasen“, edition roesner, Krems/ Donau 2019, S. 41 f. festgehalten.

von der Buchhandlung weg konnte Lona Murowatz (damals noch Marek) wiederum Anna Czerny (1902-1992), die damals aktuelle SPÖ-Nationalratsabgeordnete des Wahlkreises, aktivieren, und die hatte am nächsten Tag schon einen Arbeitsplatz für mich in Aussicht – im Außenministerium in Wien, zwar nur als D-Vertragsbedienstete (als Maturantin hätte ich allerdings in B kommen müssen, aber ich hatte ja noch keinerlei Berufserfahrung außer den zwei Monaten Volontariat bei Gericht), als Schreibkraft, denn ich konnte (und kann noch immer) hervorragend stenographieren, Maschinschreiben weniger, weil das hatte ich mir zu diesem Anlass erst autodidaktisch beigebracht, dafür aber hatte ich umfangreiche, wenn auch nicht perfekte Sprach- oder besser Lesekenntnisse. (Außer im Französischen hatte ich bei meinem Vater auch ausreichend Grundkenntnisse in Italienisch sowie Dänisch und Schwedisch erworben, um mich verständigen zu können, Spanisch musste ich dann später innerhalb einer Woche in der Nationalbank lernen, aber da musste ich auch nur die Zeitungen lesen können und nicht sprechen.)

Die Folge dieses Bruchs in meiner Lebensplanung war, dass mir die beiden Abgeordneten rieten, Jus zu studieren, „denn das kann man in Abendkursen auch neben dem Beruf“ machen. Wohnen sollte ich bei meiner mütterlichen Großmutter und sogar Tante Hansi hielt damals zu mir – denn alle hatten massive Vorbehalte gegen meinen Vater, dessen geistige Kapazität sie zwar bewunderten, seinen Jähzorn und seine Herzenskälte bei gleichzeitiger romantischer Sentimentalität[52] (als Junglehrer hatte er den Spitznamen „Sadi“, wie mir meine Mutter einmal erzählte) aber fürchteten.

Als mein Vater erkennen musste, dass ich nicht „zu Kreuze kriechen“ würde und alle Helferinnen für mich intervenierten, zeigte er sich nach einigen Tagen „gütig“, und ich durfte wieder daheim einziehen. Er war auch bereit, mir das Jusstudium zu finanzieren. Das erklärt auch, weshalb ich mich in Bestzeit durchgestrebert habe – um nur ja schnell unabhängig zu werden (obwohl ich gerne noch das damalige Uni-Angebot, in nur vier Semestern zusätzlich Staatswissenschaften absolvieren zu können, ausgenützt hätte, aber das wollte er mir ohnedies nicht auch noch finanzieren – vermutlich aus Verbitterung, weil er sein postgraduales Medizinstudium wegen seiner Heirat abbrechen musste).

---

[52] Auf ihn passen die Zeilen aus dem Lied “Sensibel“ des Wiener Liedermachers Peter Cornelius (*1951) „Wir sind ja so sensibel – wenn’s um uns selber geht...“

Nach der plangemäß Ende des zweiten Semesters bestandenen Ersten Staatsprüfung wohnte ich ein Semester im Wiener Internationalen Studentenheim (heute „Viennabase 19“) in der Vegagasse in Döbling, dem 19. Wiener Gemeindebezirk. Vorher war ich überwiegend mit der Eisenbahn nach Wien gependelt, meist in Gesellschaft des Bildhauers Kurt Ingerl (1935-1999), der mich – wie vermutlich alle Frauen mit extrem schmaler Taille – bedrängte, mich von ihm abgipsen zu lassen. Er war der erste Fetischist, den ich kennen lernte – später als Psychoanalytikerin war ich daher schon mit den künstlerischen Aspekten dieser Paraphilien vertraut.

Im ersten Studienjahr hatte ich noch gelegentlich bei meiner Großmutter übernachtet, aber vor allem nicht in der kalten Jahreszeit, denn Tante Hansi hatte sie genötigt, ihre Küche-Zimmer-Kabinett, WC innen-Mezzanin-Wohnung Am Mittersteig (in der es sogar eine unter einem riesigen Arbeitsbrett versteckte Badewanne gab!) auf eine Küche-Zimmer, WC am Gang-Wohnung im ersten Stock ihres eigenen Wohnhauses in der Margaretenstraße zu tauschen. Es war ihr wohl lästig (und vermutlich ob ihrer Leibesfülle zu beschwerlich) geworden, regelmäßig die 500 m zu ihrer Mutter zu gehen.

Das Zimmer, in dem ich nunmehr schlafen musste, war nur mit einem winzigen Elektro-Heizer ausgestatte, und da es direkt über dem Eingang ins Hinterhaus – die Zweite Stiege – lag und die Eingangstür fast immer offen stand, lebte, lernte und schlief ich dort mit Schal, Haube und Handschuhen. Meine Großmutter schlief auf einem ziemlich wackeligen Feldbett direkt gegenüber des Öfchens, mit dem sie die schmale Küche beheizen konnte (und das jetzt als eventueller Not-Ofen bei mir in Matzen im Keller steht).

Warmwasser gab es hier keines – aber das kalte war wenigstens in der Wohnung. In Laa war nämlich der Wasserdruck so schwach, dass mein Vater täglich zwei- bis dreimal mal frühmorgens die benötigte Wassermenge mit Zinkkübeln – Plastik gab es damals noch nicht – aus dem Keller in den zweiten Stock herauftragen musste (und ebenso die Kohlen). Mir ist erst vor einigen Jahren klar geworden, dass ich deshalb nicht wie andere gewohnt bin, zum Essen zu trinken – wir mussten ja extrem Wasser sparen (auch mit dem Schmutzwasser als Toilettenspülung), vor allem auch, weil mein Vater, der „Herr des Wassers“, auf Grund seiner Polit-Aktivitäten ja oft erst spät abends heimkam. Dafür hatten wir unter der Dachschräge einen als Badezimmer vorgesehenen Raum – doch in der Badewanne lagerten wir unsere Erdäpfel. Im Vergleich dazu war unsere Wohnung in Wr. Neustadt der reine

Luxus – mit Warmwasser, allerdings nur einer Sitzbadewanne, und einem Elektrowandstrahler in der Küche. (Die Kohlen musste wieder mein Vater in den zweiten hinauftragen – allerdings nur aus unserem Abteil im Hof, und der „Hof“ war im ersten Stock angelegt worden, weil das ganze Erdgeschoss darunter vom Lebensmittelgeschäft des Hauseigentümers blockiert war. Das Holz zerkleinerte meine Mutter dort unten selbst. Das hätte mein Vater mit seinen „zwei linken Händen“ vermutlich nicht ohne Blut und Wunden geschafft.

Als meiner Mutter einmal in der Küche knapp neben diesem Elektrowandstrahler die Espresso-Maschine explodierte und die Wand rund um diesen herum dunkelbraun färbte, durfte ich mit einem Nagel ein Bild in die Mauer gravieren: eine Szene tanzender Menschen.

Ich habe in meiner Schulzeit überhaupt sehr viel gemalt und gezeichnet, auch mit Ölfarben, Tusche, Kreide und Rötel, später dann Türen und Möbel mit Bauernmalerei verschönert und mir die Bilder selbst gemalt, die ich für bestimmte Leerstellen haben wollte (und hatte dabei eine Gaugin- und eine Toulouse-Lautrec-Phase).

1957 durfte ich die Titelgeschichte über das kommende Wassermannzeitalter illustrieren, die mein Vater für die Neue Illustrierte Wochenschau verfasst hatte (erschienen am 16. Juni 1957). Seine journalistische Tätigkeit gab er erst Ende dieses Jahres auf, als sie sich steuerlich nachteilig bemerkbar machte. Nach der Veröffentlichung fragte der Schriftsteller Fritz Wöss (1920-2004) bei meinem Vater an, ob ich nicht dessen Buch über seine Stalingrad-Erfahrungen, „Hunde wollt ihr ewig leben?“, bebildern möchte. Wenn ich mich recht erinnere, ging es um eine Jugendausgabe. Leider erlaubte das mein Vater nicht – ich wäre damit ja ein Stückchen aus seinem Machtbereich herausgerutscht. (Bei der aktuellen Nachforschung nach Fritz Wöss bin ich in Wikipedia darauf gestoßen, dass er eigentlich Friedrich Weiss hieß, nach dem Krieg Jus studierte und Beamter im Wiener Stadtschulrat wurde[53] – möglicherweise hatten er und mein Vater sich sogar persönlich gekannt.)

Rückblickend wundert's mich nicht, dass ich so schüchtern oder gar verschreckt war, sodass meine Mutter mit mir nach Wien fuhr, und forsch vor mir her marschierend, für mich inskribieren musste. Glücklicherweise war offenbar parteiintern – vermutlich ausgehend von Karl Becker, einem ehemaligen Schüler meines Vaters und zu diesem Zeitpunkt Physikstudent im Endstadium (und später Bundesheer-Offi-

53 https://de.wikipedia.org/wiki/Fritz_Wöss (abgerufen am 22. 1. 2024).

zier), der schon den VSM (Verband Sozialistischer Mittelschüler) in Wr. Neustadt aufgebaut hatte – an den VSStÖ gemeldet worden, dass da eine VSM-lerin zu studieren begänne; es waren dann Günther Hofbauer (später Jurist im SPÖ-Parlamentsklub) und Peter Kreisky (der Sohn des späteren Bundeskanzlers, später Jurist in der Arbeiterkammer), beide gleich alt mit mir und daher in den gleichen Vorlesungen, die mich ansprachen und in das total verrauchte Verbandslokal in der Praterstraße im zweiten Wiener Gemeindebezirk einführten. Ich erinnere mich nur mehr daran, dass es dort Riesenbilder von Marx und Lenin (oder war es Che Guevara, bin mir nicht mehr sicher) gab – vom Fußboden bis zur Decke! So etwas hatte ich noch nie gesehen. Oft war ich dort aber nicht – und auch nicht in der Werdertorgasse, außer bei der legendären Vorstandswahl, bei der der rechte Flügel (unter Hannes Androsch, *1938, später Finanzminister und Vizekanzler) mit dem linken (unter Ferdinand Lacina, *1942 und später auch Finanzminister) so im Clinch lagen, dass irgendein Aktivist plötzlich die Sicherungen im Erdgeschoß herausgedreht hatte und wir im zweiten oder dritten Stock – jedenfalls hoch oben – im Dunkeln saßen und nicht wählen konnten. Ich erinnere mich noch an meine Angst beim Abstieg im unbekannten Treppenhaus – wie es sich mit der Wahl weiter verhielt, habe ich auch vergessen. Ich kannte ja niemand – und war auch politisch noch nicht „geweckt", hätte daher auch bei Diskussionen nicht mitreden können. Marx wurde erst später, im dritten Studienabschnitt zum Thema (in dem drei Semester Nationalökonomie unterrichtet wurden) – aber wirklich interessant wurde sein Denken für mich erst nach Abschluss meines Studiums, als ich 1969 von der Partei „eingefordert" wurde, und auch nur dadurch, dass damals Intellektuelle in der Jungen Generation in der SPÖ (vor allem der spätere Bundes- wie auch Nationalratsabgeordnete Albrecht K. Konecny (1942-2017), der mich unter seiner Vorsitzzeit zum Freidenkerbund Österreichs geholt hatte, und Herbert Krämer, bei den Frauen meine Altersgenossinnen Irmtraut Gössler[54] und Eva Kreisky) dominierten und konsequent und lustvoll sozialistische bzw. feministische Basisliteratur diskutierten. Davon später mehr beim Kampf um die Fristenlösung.

Für mich begann diese völlig neue Welt erst 1967 in meinem ersten Anstelllungsverhältnis in der Wr. Städtischen Versicherung und meiner parallel laufenden Kurzzeit-Liaison mit Peter Ulrich Lehner (Uli,

---

[54] So lautete ihr damaliger Ehename, später dann Leirer und gegenwärtig Karlsson.

1941-2019)[55], einem viel zu wenig gewürdigten SPÖ-Aktivisten und Publizisten, der mich zum „Arbeitskreis Mitbestimmung" der JG Wien brachte.

Daheim hätte ich die sozialistische Gesinnung meines Vaters bloß an seinen Tiraden gegen die Schwarzen, Politiker wie Pfaffen, erkennen können, denn öffentlich verhielt er sich freundlich distanziert, gab sich tolerant, vermutlich geschmeichelt, dass ihn der Pater Guardian des Kapuzinerklosters immer wieder als „Tat-Christ" lobte, und pflegte mit den schulisch unterrichtenden Geistlichen des Neuklosters respektvollen Umgang. Auch zum protestantischen Pfarrer-Ehepaar hielt er guten Kontakt – vor allem weil sie Dänen waren und er in der Konversation mit ihnen seine Sprachkenntnisse auffrischen oder auch demonstrieren konnte – er war nämlich mit seiner Schwester im Gefolge des Ersten Weltkriegs als „Wiener Barn" – „Wienerkind" – längere Zeit bei dem Kaufhausmagnaten Holger Pedersen in Bogense zur Pflege gewesen. Vielleicht ignorierte er aus Sympathie zum Protestantismus den dritten Pfeil im traditionellen sozialistischen Logo – dem Kreis mit drei Pfeile von rechts oben nach links unten: Gegen Faschismus, Klerikalismus und Kapitalismus. Sein Gegner war die katholische Kirche – insgeheim wohl eine späte Rache, weil ihn seine bigotte Mutter stets in Mitternachtsmetten geschleppt hatte. Was den Faschismus anbelangte, schwieg er sich aus wie viele seiner Altersgefährten, gab mir aber schon früh die Bücher von beispielsweise Iring Fetscher, Eugen Kogon, Werner Maser oder William L. Shirer[56] zu lesen, weil ihn störte, dass der Geschichtsunterricht damals (Mitte der 1950er bis Anfang der 1960er Jahre) mit dem Ersten Weltkrieg endete.

In die VSStÖ-Lokale muss ich jedenfalls von der Wohnung meiner Großmutter aus hingegangen sein, so wie ich auch von der Margaretenstraße aus zur Universität gegangen bin – wie später 2010-2015 im Theologiestudium, aber da eilte ich von meiner Praxis in der Weihburggasse, vis-à-vis vom Franziskanerkloster aus quer durch die Innenstadt.

---

55 Vgl. Peter Ulrich Lehner, ...eine Welt zu gewinnen. 120 Jahre Kommunistisches Manifest. Europa Verlag, Wien Frankfurt Zürich1968.

56 Alan Bullock über Hitler, Iring Fetscher über den Faschismus, Eugen Kogon über den SS-Staat, Werner Maser über Hitler, William L. Shirer über Aufstieg und Fall des Dritten Reichs, u. v. a. m.

Ich ging und gehe nach wie vor liebend gerne zu Fuß, bin aber im Prinzip eine Nesthockerin – dies schon deshalb, weil ich sehr viel lese und wenn nicht das, dann handarbeite, da gehört auch das Malen dazu, aber nicht nur als Kunst, sondern ich habe auch in all meinen Wohnstätten Fenster- und Türstöcke schwarz, petrol, grün und rot gestrichen, Türen oft mit Bauernmalerei verziert, und auf alte Möbel die Farbe aufgetragen, die für mich die einzig stimmige war etc., und überhaupt habe ich immer schon re- und upgecykelt, und all das hatte ich von meiner Mutter abgeschaut. Allerdings bin ich nicht so experimentierfreudig wie sie es war: So hatte sie in unserem „Damenzimmer" in Wr. Neustadt eine lindgrüne Wand, zwei schokoladenbraune, und eine schwarze und dazu dunkelbraune Vorhänge mit kleinen gelben Lilien drin (aus denen habe ich jüngst Fensterpolster überzogen). Ihre Inspiration dazu stammte aus unserem Italienurlaub im Sommer 1957, und sie war sehr stolz auf ihr Design – unsere Gäste hingegen waren schockiert; mir aber ist die Liebe zu toskanischen Farbgebungen geblieben – und auch die Neigung, sich schwer von Dingen zu trennen, die ich selbst gefertigt habe. Ich verarbeite sie immer wieder anders „neu". Ich bin ein „homo faber" – und auch meine 40jährige Ehe habe ich immer dann am beglückendsten empfunden, wenn mein Ehemann und ich gemeinsam gestaltet haben.

Dass ich 1963 überhaupt in das Studentenheim gekommen bin, verdanke ich Trude Ceipek, dem Vorbild meiner letzten Schuljahre, die ich sehr bewunderte, vor allem, weil sie sich mutig auf ihrem kleinen Damenfahrrad durch den aufkeimenden Neustädter Autoverkehr wagte. Sie war überhaupt sehr mutig. Ich erinnere mich, dass sie öfters Autostopp fuhr (obwohl sie als Tochter eines Bahn-Ingenieurs immer kostenfrei Bahn fahren konnte und dies auch gelegentlich ohne Erlaubnis und Wissen ihrer Eltern praktizierte) und auch mich einmal dazu drängte. Ich weiß noch genau, dass ich mich damals bebend mehr hinter als neben ihr am Stadtrands-Ende der Triester Straße mit meinen Gewissensbissen abquälte und mich dann im Auto auf der Hinterbank, einen meiner fliederfarbenen Stöckelschuhe in der Hand, darauf vorbereitete, dem Fahrer bei Bedarf meine „Waffe" auf den Kopf zu knallen.

Trudes Vater hatte jedenfalls für seine Tochter einen Heimplatz ergattert, damit sie schneller mit der Maturaschule fertig werden könne (sie wurde es nie) – und meinem Vater angeboten, auch mir diesen Zugang zu verschaffen. (Ich vermute rückblickend, dass beide Mitglieder im BSA – Bund Sozialistischer Akademiker – waren).

Für mich begann damit eine weitere Zeit des eisernen Sparens. Das hatte ich zwar bereits bei meiner Großmutter gelernt, die als Kriegerwitwe des ersten Tags des Ersten Weltkriegs nach bloß siebjähriger Ehe nur eine Winzig-Kriegerwitwenpension bezog, aber von meinem Vater immer finanziell unterstützt worden war. (So bezahlte er nicht nur ihr Heizmaterial sondern u. a. auch das Abonnement der Arbeiter Zeitung, die sie sich selbst immer laut vorlas, die Namen der US-amerikanischen Schauspieler:innen dabei genau so aussprach, wie sie geschrieben wurden, sodass ich lange nicht erkannte, von wem sie sprach bis zu „James De-an", da wurde es mir erst klar.)

Grenzen und Grenzverletzungen

Die monatliche Dotierung, die mir mein Vater nun zur eigenen Verwaltung übergab und mit der ich nicht nur meine Studien-Auslagen sondern auch die Kosten des Studentenheims (und Essen und Kleidung sowieso) bezahlen musste, reichte kaum um mich tagsüber zu ernähren, war ich doch meist den ganzen Tag an der Uni und durch meine Fußmärsche auch ziemlich hungrig. Da war ich sehr dankbar, dass ein gut zwei Generationen älterer Berufskollege meines Cousins Helmut – des Sohns von Tante Hansi – mich umwarb und zum Essen ausführte. Was ich erst viel später erfuhr, war, dass dieser Disponent beim Speditionsunternehmen Gebrüder Weiss, bei dem auch Tante Hansis Ehemann arbeitete und seinen nicht unproblematischen Sohn dort „untergebracht" hatte, Helmuts Schulden bezahlt hatte unter der Bedingung, mich kennen zu lernen. (Solch einen Deal gab es – angeblich – später noch einmal, 1968, zwischen meinem späteren Ehemann als aktivem „Käufer" und meinem Interimsfreund Malte Olschewski.)

Bei irgendeinem Souper machte mich der ältliche Spediteur betrunken – damals wusste ich noch nicht, dass ich auf Alkohol allergisch reagiere – und verfrachtete mich mitternächtlich in seine Wohnung im Rummelhof in Döbling – nämlich eigentlich die seiner Mutter. Ich erinnere mich noch, wie diese elegante Greisin, als sie mich frühmorgens halbschlafend im Bett ihres Sohnes entdeckte, diesen ausschimpfte, „Was willst du denn mit der? Die gehört ja noch in den Kindergarten!" (Was ja auch stimmte – denn großjährig wurde man damals mit 21 Jahren und ich war gerade erst 19 geworden) ... Und wieder: bei all der romantisch-lieblichen (Mutter) und skandinavisch-progressiven (Vater) Aufklärung daheim hatte mir niemand erklärt, dass Literatur wie etwa Schnitzlers „Fräulein Else“ Wirklichkeit abbildet, und dass Männer mit Macht dazu neigen, sich sexuelle Vorteile zu ergaunern.

> ***Exkurs:*** *Damals fehlten noch Hinweise auf die politische, die Macht-Komponente – und die fehlen heute vielfach noch immer. Deswegen ist #MeToo so wichtig, und dass Betroffene von sexueller Gewalt ihre Erfahrungen vor Publikum weitergeben dürfen – ohne dass (Mit)Schuldzuweisungen folgen – genauso wie Holocaust-Überlebende oder auch Gewalt-belastete Frauen, die vor den zunehmenden organisierten Vergewaltigungen flüchten oder die ihre Töchter vor Genitalverstümmelungen beschützen wollen.*
>
> *„Was ich nicht weiß, macht mich nicht heiß“, unkt der Volksmund. Hier – und vor allem hier! – braucht es die Hitze der Empörung – und zwar der Empörung vieler – nicht um einen Kampf oder Krieg zu führen, sondern damit klar ist, was Machtmissbrauch (egal von wem) seelisch anrichtet und dass die Folgen sich epigenetisch fortpflanzen, wenn sie nicht transformiert werden. Ich hoffe, dass meine Zeilen hier dazu beitragen können.*

Dennoch denke ich durchaus wohlgesonnen an Paul, so hieß er, zurück – er war ein Kind seiner Zeit wie ich eines meiner, hat mich in seinen bescheidenen Möglichkeiten unterstützt und gefördert (und mit meiner Gesellschaft in seinen Stamm-Restaurants sein Ego aufpoliert), und ich hatte ohnedies (lange noch) kein Gespür für meine Grenzen.

Meine Grenzen waren mir schon lange vorher zerstört worden, zuerst durch zwei Jugendliche in Laa, die mich Siebenjährige listig fragten, ob sie mir zeigen sollten, wie man Kinder macht und auf mein neugieriges fragen „Wie denn?“ gleich zur Tat schritten[57]. Begriffen,

---

[57] Die beiden gleichnamigen Burschen tauchten auch in meinem späteren Leben immer wieder auf: Die Eltern des Einen besuchten uns gelegentlich in Wiener Neustadt. Dem Internet entnahm ich später, dass er den gleichen Beamtenberuf wie sein Vater ergriffen hatte – und dazu „Hobbyschauspieler“ wurde. Der Andere studierte Architektur, passte mich zu Beginn meines Jus Studiums am Weg ins Audimax ab und wollte sich mit mir treffen – doch ich vertrieb ihn aggressiv mit dem Satz, „Ich wolle ihn nie wieder sehen“. Das blieb mir allerdings nicht erspart, da sein gleichnamiger Sohn, der ihm wie ein Zwilling ähnelte, später immer wieder als Werbeträger seiner Firma medial abgebildet war – ein Trigger. Denn wenn auch das konkrete Erlebnis kein Trauma verursachte – die Erkenntnis, wie sehr ich in meiner Unwissenheit und Unschuld manipuliert und in die Irre geführt worden war, verursacht mir heute noch Übelkeit.

was da eigentlich vor sich gegangen war, habe ich erst, als wir im Deutschunterricht im Gymnasium Schillers „Fiesko“[58] lasen, und ich meine Mutter fragte, was denn „Schändung“ bedeute und sie mir das erklärt. Betroffen erzählte ich ihr, was mir damals widerfahren war – und sie reagierte (ganz entgegen ihrer üblichen Reaktionen) sanft und tröstend „Das ist uns doch allen irgendwann passiert!“

Später, als ich 15 war, wurde ich von einem zwei Jahre älteren Schulkameraden heimtückisch vergewaltigt, aber wirklich gelungen dürfte es ihnen nicht sein, denn als ich meinen Erstgeborenen zur Welt brachte, amüsierte sich das Entbindungsteam, dass mein Hymen noch intakt war.

Doch wenn auch eine schonende Amnesie in beiden Fällen dafür sorgte, dass meine Erinnerungen in dichtem Nebel verschwammen, verankerte sich in mir seit dieser Vergewaltigung eine Geisteshaltung von „Ist eh schon alles Wurscht... auf einen mehr oder weniger kommt es nicht mehr an“ – und es waren auch mehr als ein paar mehr. Zuerst war ich zwar noch unachtsam, weil verunsichert. Auch hatten der Zeitgeist der 1960er Jahre mitsamt den neuen Rollenvorbildern infolge der Verfügbarkeit der ersten hormonellen Antikonzeptiva (Verhütungspillen) sowie Oswalt Kolles[59] Aufklärungsserien in den Illustrierten diese fehlende Selbstfürsorge massiv gefördert. Erst ab den 1970er Jahren wurde mir – durch die politische wie auch konkrete Arbeit „an der Basis“ in den von mir gegründeten Beratungseinrichtungen und damit die wöchentliche Konfrontation mit dem Leiden so vieler „angepasster“ Frauen (wie auch ich ja noch eine war!) und auch das Lesen gesellschaftskritischer Literatur zur Lage der Frauen – ansatzweise und rein intellektuell der selbstgefällige männliche Machtmissbrauch bewusst; meine eigene Betroffenheit erkannte ich aber erst in den Psychotherapieausbildungen emotional – und wirklich frei davon erst 1986, als ich gleichzeitig personzentrierte Gesprächspsychotherapie und NLP studierte: Da träumte ich, dass der Fußboden unseres Esszimmers in der Laxenburger Straße aufriss und im Raum darunter eine riesige Frauenstatue sichtbar wurde, deren Arme und Beine abgetrennt und neben ihr platziert waren, und plötzlich sausten diese Extremitäten zurück an die natürlichen Stellen des Rumpfes, und die Statue

---

58 „Die Verschwörung des Fiesko zu Genua“, erster Aufzug, zehnter Auftritt. In: Schillers Werke, Band I, Verlag Das Bergland-Buch, Salzburg 1951, S. 725 f.

59 Oswalt Kolle (1928 – 2010) war ein deutscher, später niederländischer auf Sex-Aufklärung spezialisierter Illustrierten-Journalist und Filmemacher.

wurde lebendig und streckte den linken Arm aus dem Loch im Boden heraus und in die Höhe – und schüttelte ihre Faust (und ich erwachte, denn als bereits diplomierte Psychoanalytikerin war mir die Bedeutung sofort gefühlsmäßig klar).

Im Studentenheim in der Vegagasse herrschte eine füllige Dame, (Qualifikation: Verwandtschaft mit einem Stadtrat, angeblich Franz Koci – oder Johann Mandl, genau weiß ich nicht mehr) und ein Musterbeispiel für all die gängigen Vorurteile von damals (1963): Strenge Trennung der Geschlechter in zwei einander gegenüber liegenden Gebäuden, im „Männerhaus" eine Beobachtungstheke, hinter dem „Portiere" (ebenfalls Studenten) die Aufzüge beobachteten, damit nur ja nicht das Verbot, einander auf den Zimmern zu besuchen, gebrochen würde. Wir durften uns nur in der Lobby zusammensetzen. Einer der Portiere lockte alle halbwegs attraktiven Bewohnerinnen in sein Winzerhäuschen in den Nussdorfer Weinbergen, #MeToo, und Trude schon vorher. Später, als Gymnasialprofessor, suizidierte sich der sehr körperbewusste Feschak nach einem Sportunfall, der ihn von dem Rollstuhl abhängig gemacht hatte, und den ihm seine anhänglich treue Schülerschaft zusammengespart hatte.

Ich allerdings hatte mich im Studentenheim zum ersten Mal richtig verliebt, in Artur, einen Wiener Werkstudenten, der an der Hochschule für Welthandel (heute Wirtschaftsuniversität) Bankfach studierte und als ehemaliger Absolvent des TGM dort eine volle Lehrverpflichtung hatte. Artur war nach dem frühen Tod seiner Mutter von seinem Vater in ein städtisches Kinderheim abgegeben worden (und hatte nach dessen zweiter Heirat nicht in die neue Familie zurück gedurft) und konnte deswegen als Heimkind mit sozialistischem Vater trotz seiner Berufstätigkeit das Privileg eines – eigentlich für Student:innen aus den Bundesländern oder dem Ausland vorgesehenen – geförderten Wohnplatzes genießen. Nichtsdestotrotz war er total von den konservativen Professoren der Hochschule indoktriniert, schwärmte für Friedrich August von Hayek (1899-1992) und zitierte sogar den – später von Ferdinand Lacina (*1942, 1986-1995 österreichischer Finanzminister) als unverbesserlichen Nationalsozialisten enttarnten und 1971 zwangspensionierten Geschichtsprofessor Taras Borodajkewycz (1902-1984, dessen Sohn Olaf wiederum, obwohl älter, mit mir in den gleichen Jus-Vorlesungen saß) – vor allem, um mich zu oder ärgern, wie ich annahm.

Auch in dieser Zeit konnte ich höchstens als „fünftes Rad am Wagen" mit laufen – bei Trude, wenn sie ihren Freund und dessen ebenfalls Medizin studierenden Mitbewohner besuchte, und ebenso bei Artur, der ein großer Kaffeehausgeher war (und vor allem gerne im Café Grillparzer – später „Blaustern“ – „Hof hielt“) und wegen seines Charmes und Witzes ein gesuchter Alleinunterhalter war.

Ich war wieder mal ein Fremdkörper – zu ernst, bereits zu „links“ für die „rechten“ Welthändler, zu scheu, vielleicht auch zu devot in meiner Dankbarkeit, wenn überhaupt jemand das Wort an mich richtete. Viele Jahre später, als ich schon Psychotherapeutin war, fragte ich meine Mutter, wieso mich mein Vater in dieser Zeit einmal zum einzigen Psychiater Wr. Neustadts (übrigens dem Vater des Regisseurs Georg Lhotzky, 1937-2016) geschickt hätte, und sie antwortete, weil mir Artur so arge Minderwertigkeitskomplexe eingeredet hätte – dabei war es umgekehrt, es war mein Vater, der mir meine jahrelange Sozialphobie anerzogen hatte. Lhotzky fand an mir nichts Behandlungsbedürftiges, verdächtigte mich aber später, ihm ein Fachbuch entwendet zu haben, denn offenbar war ich die einzige Patientin, der er einschlägiges Interesse zugetraut hatte – und tatsächlich hatte mein Vater dieses Buch in seiner Bibliothek (was ich bis dahin nicht wusste), konnte aber nachweisen, dass er es schon in den 1930er Jahren erworben hatte.

Für mich war das später dann in der psychoanalytischen Ausbildung und Supervision eine der vielen Episoden in meinem Leben, wie oft ich völlig unzutreffende Phantasien auslöste und ungerechtfertigt verleumdet wurde.

Und dann sprach mich einer der anderen Portiere im Studentenheim an, der aus Ghana kam, er fühle sich so diskriminiert, niemand spräche mit ihm und ob ich doch mit ihm einmal spazieren gehen möge und er bräuchte auch mehr Möglichkeiten anderes auf Deutsch zu sprechen als nur Alltagsworte. In einer caritativen Anwandlung sagte ich zu – naiv und ohne Misstrauen. Er lenkte die Schritte in den Türkenschanzpark – den ich gar nicht kannte – und dort auf eine hohe Stelle, unter der Züge vorbeifuhren, und dort überfiel er mich, drohte mich vor einen Zug zu schmeißen, würgte mich, zerriss mein Gewand und vergewaltigte mich. Wie ich, ins Heim zurück gekommen bin, weiß ich nicht – wieder dissoziierte ich, hörte nur die Zugsgeräusche, war aber sonst „außer mir“ (denn was eine Dissoziation ist, lernte ich erst als ich mich als Psychotherapeutin auf schwersttraumatisierte Menschen spezialisierte, und wie man dem begegnen kann, gehört zu meinen eigenentwickelten Methoden).

Exkurs: *Traumabewältigung*
In den vielen Seminaren „Wahrheitsfindung bei Vergewaltigung", die ich in den 1990er Jahren für das Innenministerium abgehalten habe, betraf eine der wiederkehrenden Fragen das Misstrauen der Kriminalbeamten (damals nur Männer), wieso die beschuldigenden Frauen erst mit großer Zeitverzögerung Anzeige erstatteten. Seit damals versuche ich, meine psychotherapeutischen Erfahrungen über die hier zu beobachtende Besonderheit in den Phasen der Traumabewältigung weiterzugeben: Nach der ersten beiden Phasen der „Lähmung" und des „Nicht-wahrhaben Wollens"(in der oft unbedacht Beweise vernichtet werden, weswegen Beistand und Begleitung hier so wichtig ist), folgen eine Rache- und eine Depressionsphase, und die wechseln sich oft über lange Zeiten ab, weil die Überlebenden infolge von Anwälten induzierten Medienberichten und folgender Alltagsunwissenheit ihrer Nächsten in ihrem subjektiven Erleben und Bewerten in Frage gestellt werden. Wenn „Rache"-Impulse auftauchen, wird genug Kraft für eine Anzeige spürbar – aber wenn davon abgeraten wird, wendet sich diese salutogene Wehrkraft gegen sich selbst. Diese sind jedoch für den Heilungsprozess unabdingbar, damit sich Schwäche und Stärke wieder in Balance einpendeln können.[60]

Als ich ins Heim zurückkehrte, sahen mich zwei Norwegerinnen, die ihre Zimmer gegenüber dem meinen hatten, und die erkannten, dass ich unter Schock stand, holten mich zu sich ins Zimmer und hielten mich in ihren Armen, bis ich wieder sprechen konnte – und ich machte *mir* Vorwürfe wegen meiner Gutgläubigkeit. Die beiden Norwegerinnen hingegen wertschätzten mein soziales Bemühen – und zogen eine scharfe Grenze zu Betrug, Ausnützung und Gewalt.

Im zweiten Studienabschnitt meines Jusstudiums stand ja bereits Strafrecht auf dem Lehrplan und der Lehrende, Roland Grassberger (1905-1991), hatte – blank jeder psychotherapeutischen Kenntnisse – den weitverbreiteten Mythos vom „Wackeln mit dem Nadelöhr, in das man nicht einfädeln könne" von sich gegeben, und dass man keine Frau gegen ihren Willen vergewaltigen könne. Die eine Norwegerin sagte mir dann, dass der Mann (ich weiß noch seinen Namen) es bei

[60] Vgl. Rotraud A. Perner, Das Schweigen der Hirten. Kirche und sexuelle Grenzüberschreitungen. edition roesner, Ma. Enzersdorf 2022, S. 106 ff.

ihr genau so probiert hätte wie bei mir – und sie sagte: „Aber ich bin um 20 cm größer als du und sportlich und viel stärker und habe Selbstverteidigung in der Schule gelernt – bei mir hatte er keine Chance!“

Artur war – wie auch seinerzeit Reimund, mein Freund im Jahr 1960, der meine Virginität immer respektiert hatte – entsetzt, nicht nur über die Tat sondern auch meine Verfassung, und meinte, ich sollte alles der Heimleitung melden. Das tat ich auch – und die eigenbetroffene Norwegerin ging mit, aber die Heimleiterin verlangte von mir nur, ich solle zur Polizei gehen – sie selbst sei dafür nicht zuständig; das aber wollte ich nicht (wie schon seinerzeit), zu groß war meine Angst vor der Tobsucht meines Vaters.

Außerdem hatte ich ja Beistand und Aussprachemöglichkeiten: zum ersten Mal musste ich nicht allein alles mit mir selbst ausmachen, ich wurde wahr-genommen in meiner Verletztheit, und meine Entscheidung, mich einfach „seelisch still“ zu halten, wurde respektiert. Auch von Artur, der ja den Afrikaner mehrfach zu Gesicht bekam, während ich ja nicht ins andere Haus (den anderen Flügel) hinüber gehen musste – bis Artur – es war Ende Jänner 1964 – an Grippe erkrankte und mich bitten ließ, ihm etwas zu essen zu besorgen, und das tat ich auch, und genau an diesem Tag hatte der ghanesische Portier Dienst, und obwohl ich der Meinung war, dass er nicht gesehen haben konnte, dass ich in den Lift im Burschenflügel hineinhuschte, stand er eine Viertelstunde später vor Arturs Tür und klopfte: „Aufmachen! Portier!“ Ich dachte zwar kurz daran, in den Bettzeugkasten zu kriechen und eine Decke über mich zu ziehen, *entschied* mich[61] dann aber, weil ja offensichtlich war, dass Artur krank und hoch fiebernd war, mich der Situation zu stellen. Sie war demütigend – an mehr kann ich mich wieder nicht mehr erinnern – nur dass Artur und ich vor die Heimleiterin zitiert wurden, und da erlebte ich das, was mich wirklich tief empört hat: Mir, die bereits die erste Staatsprüfung plangemäß bestanden hatte, warf die Majestät Hausleiterin – Hauptschulabsolventin – von oben herab, in dritter Person angesprochen, vor „Die wird ja nicht wirklich studiert haben!“ und stellte mich als unmoralisches Flittchen dar, während sie Artur, der, trotzdem er bereits im 5. Semester war, noch zu keiner einzigen Prüfung angetreten war, als fleißigen Studenten lobte (was zeigt, wie mir in meiner

---

[61] Auf die Kraft des Entscheidens werde ich noch öfter zurückkommen: sie ist wesentlicher Bestandteil von Resilienz.

Werteskala immer Berufliches an erster Stelle kam, und das sehe ich als Folge meiner männlichen Sozialisation). Mit sofortiger Wirkung des Heimes verwiesen wurden wir dennoch beide.

Das war **mein zweiter Sexskandal.**

Nun hatte Artur als teilweise Berufstätiger zumindest genug Geld für das Taxi, mit dem wir unsere Habseligkeiten zu meiner Großmutter verfrachteten. Außerdem gab es auf der Ersten Stiege dieses Hauses eine alte Frau, die ein Gangzimmer vermieten wollte, was für Artur auch Geldersparnis bedeutete (bis er dank seiner nie abgerissenen Protektion als arme Halbweise bald darauf ins neu erbaute Dr. Adolf-Schärf-Heim in der Brigittenau übersiedeln konnte). Ich aber bangte, wie ich dieses Debakel meinen Eltern mitteilen und deren Reaktion überleben würde. Aber wie schon nach dem Rausschmiss nach meiner Matura fiel mir wieder eine passende Helferperson ein: Dr. Joseph (Peter) Strelka – einer der wenigen Menschen, die mein Vater wirklich wertschätzte.

Also fuhr ich nach Mödling, wo Strelka damals mit seiner zweiten Ehefrau lebte, und schilderte ihm meine Situation. Artur begleitete mich. Strelka ließ sich meinen Vater ans Telefon holen, erklärte und beschwichtigte und schuf damit Öffentlichkeit – mein Vater stand also quasi unter Beobachtung, wie menschlich er sich verhalten würde – und außerdem hatte Peter Strelka Artur als verantwortungsbereiten Intellektuellen erkannt und derart meinem Vater geschildert, sodass der ihn daraufhin aufforderte, sich bei ihm in Wr. Neustadt vorzustellen (und von diesem Zeitpunkt an unterließ Artur dann auch seine neoliberalen Stänkereien). Und danach verlobten wir uns. (Es gibt sogar noch Fotos von mir aus dieser Zeit mit Verlobungsring.)

Berufungen und Berufe

Ja, mach nur einen Plan,
Sei nur ein großes Licht!
Und mach dann noch 'nen zweiten Plan
Gehn tun sie beide nicht.
Bert Brecht[62]

Als Vorschulkind wollte ich Balletttänzerin werden – so begeistert war ich von den Filmen, in die mich meine Mutter in das russische Kulturhaus Scala, damals ein Kino, mitgenommen hatte: Moira Shearer in „Die roten Schuhe" und „Hoffmanns Erzählungen" (übrigens meine Lieblingsoper), später dann in Wr. Neustadt, das ja in der russischen Besatzungszone lag, Galina Ulanowa in zahlreichen russischen Ballettfilmen – das waren meine großen Vorbilder; an der Kunstakademie zu studieren, wie ich später in Erwägung zog, nachdem ich meine Ballettausbildung abbrechen musste, wurde mir sofort verboten, als meine dritte Tante Hansi (Johanna Sturm-Ehrenfest), die ich der Unterscheidung halber Tante Lilli nannte (obwohl deren Schwester Liesl schon Elisabeth hieß, aber die lernte ich nie kennen), davon erzählte, wie „locker" (aus der Sicht meiner Eltern: unmoralisch) es dort zuging.

Aber wie die Historie – und das Märchen vom Dornröschen – zeigt: Verbote bringen keine Lösung. Und wie mein Leben zeigt: Überstrenge Kontrolle schon gar nicht.

Nachdem ich mein Jusstudium im Juni 1966 mit dem Absolutorium (das dann einige Jahre später in Magisterium umbenannt wurde) beendet hatte, musste sich meine Mutter der längst überfälligen Brustkrebs-Operation unterziehen und wie schon bei ihren früheren Operationen (einmal sogar schon in meiner Volksschulzeit) übernahm ich die Haushaltspflichten. Promoviert habe ich dann 1967 (zur Zeit des israelischen 6-Tage-Kriegs).

Dass ich doch nicht wie ursprünglich beabsichtigt, „eine gerechte Richterin" werden würde, hatte sich nach meiner kurzen Zeit bei allen Abteilungen des Wr. Neustädter Bezirks- und Kreisgerichts herauskristallisiert – der Tonfall, mit dem dort mit den Parteien umgegangen wurde, hatte mich zutiefst verschreckt und auch empört. Meine Eltern

---

62 Bertolt Brecht, Die Dreigroschenoper. Suhrkamp Verlag, Berlin 1955/58 30.Tausend, S. 89 (Lied von der Unzulänglichkeit menschlichen Strebens).

wollten natürlich, dass ich in Wr. Neustadt bleiben sollte – und da bot sich nach meiner Vorsprache bei dem – diesmal ÖVP-Nationalratsabgeordneten – Josef Ofenböck (1915-1975) eine Arbeitsmöglichkeit in der Wirtschaftskammer, aber nicht als Juristin, und außerdem hatte mich Artur überzeugt, mich doch in Wien zu bewerben. Also marschierte ich wieder einmal gutgläubig zuversichtlich aufs Arbeitsamt im fünften Wiener Gemeindebezirk, um zu erfahren, dass es – im Widerspruch zu den Ankündigungen im Gymnasium – für Frauen wie mich keine Jobs gäbe.

Dass ich mich in Wien auch in der Stadtverwaltung, in Ministerien oder Körperschaften des öffentlichen Rechts bewerben könne, sagten mir die Berater – alle männlich – nicht.

Also klapperte ich die vorgeschlagenen Firmen mit Fremdsprachenbedarf ab, aber da ich ja keine Handelsakademie absolviert und daher keine Ahnung von Wirtschaftskorrespondenz hatte, erkannte ich bald, dass der Vater meiner Studienkollegin Uli (eigentlich Juliana), ein Manager aus dem Mautner Markhof-Imperium, vermutlich Recht gehabt hatte, seiner Tochter vor Studienbeginn eine einjährige Sekretärinnen-Ausbildung aufzuzwingen.

In meiner Verzweiflung suchte ich daher wieder die Damen aus der Volksbuchhandlung auf, und die rieten mir, mich doch an den Landesparteiobmann der SPÖ Niederösterreich, Ernst Winkler (1899-1976), zu wenden. Den kannte ich flüchtig, weil er einige Male meinen Vater besucht hatte. Also rief ihn Lona Murowatz (1919-2016, später, ab 1968 SPÖ-Abgeordnete zum Nationalrat) aus der Volksbuchhandlung an und bat um einen Termin für mich – ich war wieder einmal zu schüchtern; eine Woche später besuchte ich ihn bereits in seinem Büro in der Grillparzerstraße – und hatte eine Woche darauf bereits fünf Adressen um mich vorstellen zu gehen: beim Pressedienst der Stadt Wien, beim Österreichischen Creditinstitut (ÖCI), bei der Zentralsparkasse der Gemeinde Wien, bei Stefan Wirlandner (1905-1981, einem hochverdienten Freiheitskämpfer und Vater einer meiner Studienkolleginnen, die dann auch in der Wiener Städtischen heimatlich wurde) im Direktorium der Oesterreichischen Nationalbank (OeNB), wo man ab März 1968 eine Karenzvertretung für die volkswirtschaftliche Referentin für die skandinavischen Ländern suchte (wozu mir der Bankfach studierende Artur voll Ehrfurcht zuredete), ich aber bis zu ihrer Mutterschutzfrist warten musste, sowie bei der Wiener Städtischen Versicherung – und bei der begann ich ab September 1967 als Autoschadenshaftpflichtreferentin zu arbeiten (und trat wie erwartet voll Dankbarkeit der SPÖ bei).

Ein wahres Abenteuer! Denn ich hatte damals noch keinen Führerschein.

Wie immer lernwillig besuchte ich sofort die Fahrschule am Schlickplatz – und brach mitten drin ab, weil mich der Fahrlehrer, sofern er sich in den Fahrstunden nicht nur zu seinen vorgenommenen Besorgungen chauffieren ließ, mit obszönen Bemerkungen und Hand-Greif-lichkeiten belästigte. Eine andere Widerstandsform als Rückzug hatte ich noch nicht kennengelernt.

Was ich rückblickend auf das halbe Jahr in der Städtischen als vorbildlich betonen möchte – denn das habe ich sobald nicht wieder erlebt: Ich wurde von der Kollegin, in deren Zimmer ich meinen Schreibtisch zugewiesen bekam, Helga Tichy, wirklich gut eingeschult, so gut, dass ich mich, voll mit ihr identifiziert, einmal sogar am Telefon mit ihrem Namen meldete (und erschrak – sie aber lachte nur freundlich, sie hatte die Fehlhandlung als unbewusstes Kompliment erkannt). Außerdem gab es jeden Mittwoch zu Arbeitsbeginn eine ganze Stunde, in der uns einer der Direktoren die wichtigsten aktuellen Gerichtsentscheidungen referierte und erklärte.

Von manchen Arbeitskollegen (männlich) wurde ich ab und zu, wie man in Wien sagt, „am Schmäh gehalten" – das waren aber alles nette Scherze. (In den 1990er Jahren, als ich sehr viel für die Allgemeine Unfallversicherungsanstalt (AUVA) arbeitete, erfuhr ich von ganz anderen, heftigeren Initiationsriten, für Berufsanfänger:innen – Ärzt:innen mitgemeint.)

Nicht nett war hingen, dass ich das erste Mal Stalking[63] – das Wort und den Begriff gab es damals aber noch nicht – erlebte: Nachdem ich mich Ende des Jahres von Artur getrennt hatte und mit Uli Lehner befreundet hatte, wurde ich immer wieder intern von einem Mann angerufen, der sich als Uli Lehner meldete und mich sexuell belästigte. Ich erkannte natürlich an der Stimme und den lüsternen Inhalten, dass das nicht mein neuer Freund sein konnte; wie ich erst viel später von Uli erfuhr, dürfte es ein blinder Mann in der Telefonzentrale gewesen sein, der durch Mithören auskundschaftete, wer ein passendes Opfer für seinen Ecoutismus wäre. Dieser belästigte mich auch noch im folgenden Jahr an meinem neuen Arbeitsplatz in der Nationalbank – aber nachdem ich den Namen meines Ehemannes angenommen hatte, konnte ich wahrheitsgemäß sagen, als er „die Frau

[63] Unter Stalking – zu Deutsch: jagen, verfolgen, versteht man das beharrliche Verfolgen einer Person, das deren Lebensgestaltung unzumutbar beeinträchtigt.

Dr. Kratochwill“ am Telefon verlangte: „Die gibt es bei uns nicht mehr!“ Ich kannte ja seine Stimme. Und damit war endlich Schluss (bis ich und meine Kolleginnen Ähnliches in der von uns gegründeten „Ersten Wiener Sexualberatungsstelle“ wieder erlebten – und im Unterricht für Mitarbeiterinnen der Telefonseelsorge erfuhr ich von denen Gleichartiges).

So konnte ich nach den gedemütigten „Opfern“ der verbal-brutalen Richter am Kreisgericht Wiener Neustadt auch in der Wiener Städtischen neben den um ihre Totalschäden Trauernden („Das war er – garagengepflegt...“) meine ersten Erfahrungen mit „leidenden“ Menschen sammeln.

Als ich am 1. März 1968 (ohne den mir zustehenden Urlaub konsumiert zu haben – ich hatte und habe noch immer keine Vorstellungen oder Sehnsüchte nach Urlauben) in die Volkswirtschaftliche Abteilung der Oesterreichischen Nationalbank eintrat, war der Platz, den Artur in meinem Leben eingenommen hatte, leer geworden, und das kam so:

Nachdem ich im Herbst 1967 selbsterhaltungsfähig geworden war, bekam ich ein unerwartetes Erbe ausbezahlt: Mein väterlicher Großvater hatte für diesen Zeitpunkt – ich war ja sein einziges Enkelkind – 30.000 Schilling, das war damals richtig viel Geld, angespart, und die wollte ich in eine eigene Wohnung investieren. Wieder half mir Ernst Winkler, den ich „Landpomeranze“ in meiner Orientierungslosigkeit und Unwissenheit um Auskünfte gebeten hatte, und so konnte ich eine vom Vormieter-Ehepaar klug teilmöblierte 2-Zimmer-Genossenschafts-Wohnung in Kaisermühlen erwerben und die Einbauten ablösen. Von dort kam ich mit der Straßenbahn, die damals noch über die (aus der Monarchie stammende alte) Reichsbrücke fuhr, direkt zum Ringturm – aber nicht mehr in den 20. Bezirk, wo das Dr. Adolf-Schärf-Studentenheim lag, in dem sich der neoliberale „arme Arbeiterstudent“ Artur einquartiert hatte.

Da ich von meiner Mutter auch das innenarchitektonische Talent geerbt habe, war mir die Einrichtung meiner ersten Wohnung wichtiger als meine nunmehr knappe Zeit in Arturs bevorzugten Caféhäusern zu verbringen – aber wir scheinen laut meinem damaligen Kalender noch viel ins Kino gegangen zu sein – bis Anfang November 1967. Allein hätte ich wohl das gemütliche Lesen im kuscheligen Bett bevorzugt.

Es wird vermutlich im November gewesen sein, dass ich dort einzog, denn danach habe ich lange keine Kinobesuche mehr in meinem

Kalender vermerkt. Ab diesem Monat machten wir in der Haftpflichtabteilung täglich zwei Überstunden, um die Akten-Rückstände bis zu den Feiertagen aufzuarbeiten, daher kam ich spät heim, daher dauerte es lange bis ich Artur zu mir einladen wollte – und zwar an einem Freitag. Er sagte mir jedoch (am Gang-Telefon im Schärf-Heim, wo dann nur abgehoben wurde, wenn zufällig jemand das Läuten hörte), er sei krank und ich möge verzeihen, dass er nicht kommen könne. Und wie schon damals in der Vegagasse, bekam ich einen caritativen Anfall, stopfte ein bisschen Essen in eine Tasche, rief mir ein Taxi und fuhr zu ihm – dachte ich. Er war aber nicht da. Seine Gang-Nachbarn druckten herum, sie wüssten nicht, wo er sei – aber einer gestattete mir, in seinem Zimmer (genau vis-à-vis von Arturs) zu warten (weil er mit einem anderen Kollegen im Haus verabredet war) und als er gegen Mitternacht zurückkam, hatte ich ein wenig gedöst und wechselte in die Gemeinschaftsküche am Ende des Ganges. Arturs Zimmer lang schräg gegenüber und in meinem Blickfeld.

Um etwa 3 h morgens hörte ich dann Schritte und Arturs Stimme „Du musst ganz leise sein!“ und ich trat in den Türstock, sah ihn im Abendanzug mit einem sehr jungen Mädchen in Ballkleid und Chinchilla-Bolero, und dann sagte ich ganz ruhig: „Guten Abend!“ und es riss ihn und er stotterte etwas wie „Wo kommst Du denn her?“ und ich sagte ganz freundlich „Von daheim! Ich wollte dem armen Kranken etwas zu essen bringen ...“, und dann sagte ich so ungefähr „Und ich nehme jetzt alle meine Sachen mit, die ich Dir gegeben habe“, und dann packte ich die Töpfe und was es sonst noch von mir gab, Handtücher etc., ein; ich hatte dem armen Werkstudenten, der sich kein Geschirr leisten konnte / wollte, auf diese Weise zu einem „kleinen Voraus“ verholfen – und den nahm ich jetzt zurück, und gab ihm umgekehrt meinen Verlobungsring, und forderte ihn auf, mir ein Taxi zu rufen. Das junge Mädchen (seine spätere Ehefrau – er hatte Intellekt (mich) gegen Geld (sie) getauscht) stand stumm aber sichtlich peinlich berührt draußen am Gang. Als ich dann schwer bepackt zum Aufzug ging, eilte mir Artur beschwichtigend nach, ich müsse doch verstehen – das Mädchen sei erst achtzehn, für sie sei die Situation eine Überforderung, aber ich sei doch so stark, ich könne so eine „Nebensächlichkeit“ doch verkraften ... aber in mir war etwas zerbrochen. Ich war ganz ruhig – und eiskalt – und wiederholte nur meinen Satz, er möge mir ein Taxi rufen.

Und dann stand ich draußen auf der Adalbert-Stifter-Straße und wartete. Dunkel war es, kalt – und einsam. Dort, nächst der Brigittenauer Lände, gab es keine Wohnhäuser mehr, keine Geschäfte, niemand auf der Straße. Und dann hat sich meiner Brust ein Schrei entpresst, der nicht aufhören wollen – und da kam gleich noch einiges Altes mit herauf, über das ich – wie meine Mutter bei meinem Vater – nobel hinweggesehen hatte statt es sofort abzustellen ... und dann kam ein bzw. das Taxi, und ich beendete meine Selbstbefreiung, richtete mich auf und sagte mir: „Das also ist jetzt das Ende gewesen – und das soll es auch bleiben.“ (Du kennst sowas ja auch, Judith – das sind die echten Wachstumsschübe!)

Und genau das sagte ich auch Artur, als er mich am Montag im Büro anrief und einen „Sprechtermin“ wollte.

Persönlichen Kontakt hatte ich erst gut fünf Jahre später wieder, als er mir, einige Male als Babysitter meiner kleinen Söhnen aushalf. Da war er (mit Schnauzbart und Dauerwellen) auf Jason King[64] gestylt, hatte sich die provozierte Scheidung von der jungen Erbin von damals vergolden lassen, und wieder einige Zeit später verunglückte er tödlich, als er alkoholisiert in seinem Sportwagen mit einer Straßenlaterne vor dem Parlament kollidierte.

Da sich meine Lebensplanung so abrupt verändert hatte, gedachte ich der Worte von Simon Wedenig „Neue Lage!“ und überlegte, was ich mit dem neuen Freiraum anfangen wollte. Ich rief gleich am Samstag meine Studienkollegin Uli (Juliana) an, und die lud mich ein, einige Tage später mit ihrer Freundespartie zum Juristenball mitzukommen. Unter diesen war Dieter, ein Kärntner Kellner, der seine Sommereinkünfte sparte, um sie im Winter in Wien in amouröse Abenteuer zu investieren. Durch Dieter, der sich gerne im Glanz seiner Journalisten-Freunde sonnte und deren Berufsidentität „ausborgte“, lernte ich Reinhold kennen (meinen späteren Ehemann) und Malte (der dann dessen Trauzeuge war).[65]

Es war wohl Dieter, der mich Mitte März zu einer Party in Lilienfeld mitnahm, vermutlich damit die Männer nicht in der Überzahl wären. Dort traf ich nicht nur Niko Lehner (*1939) wieder, einen, recht unorthodoxen Studienkollegen und stadtbekannten Partytiger,

---

[64] Jason King hieß die Hauptfigur der gleichnamigen britischen Fernsehserie in den 1970er Jahren und war ein hypermodisch gestylter Krimiautor (dargestellt von Peter Wyngarde), der selbst laufend in Kriminalfälle verwickelt wird.

[65] Mehr über Dieter in meinem Beitrag “1968 – Wanderin zwischen den Welten“ in: „1968 Roll over and over again ... 50 Jahre + Anthologie im Kunstband“, edition roesner, Krems/ Donau 2018, S. 99 ff.

der, zwar älter als ich, genau deshalb erst später sein Studieren beendete, daher vermute ich, dass er damals noch nicht Rechtsanwalt war, und meinen späteren Ehemann Reinhold. Den hatte ich zwar bereits vorher einmal im Funkhaus kennen gelernt – er arbeitete damals für Radio Wien – und er war mir unsympathisch gewesen. In Lilienfeld kamen wir beim Tanzen darauf, dass wir die gleichen Bücher liebten, die kaum jemand in unserem Umfeld kannte, z. B. Hermann Kasacks „Die Stadt hinter dem Strom“, Erich Kästners „Fabian“ oder „Die andere Seite“ von Alfred Kubin. Überhaupt waren all die jungen Männer in dieser Clique Lesemuffel. Dieter schlief sogar einmal im Lehnstuhl ein, als ich ihm „Itzi Pitzi“ von Gustav Meyrink, einem meiner Lieblingsschriftsteller, vorlesen wollte.

Reinhold zog bereits im April bei mir ein – vor allem deswegen, weil er seine Garconnière in der Nordmanngasse in Floridsdorf, dem 21. Wiener Gemeindebezirk, seinem ORF-Kollegen Berndt Ender zur Verfügung stellen wollte, als der plötzlich obdachlos war (keine Ahnung weshalb – ich war damals so berufsorientiert, dass nicht einmal die nachfragenswerte Phantasie, ob er von einer Frau ausquartiert worden war, Raum in meinem Denken hatte), und ich freute mich, hilfreich zu sein. Außerdem bekam ich viel Lob für meine Art der Alltagsorganisation (die ich von meiner „ökonomisch agierenden“ Mutter gelernt hatte – sie wollte ja ihre Pflichten schnell erledigen, damit sie mehr Zeit zum Klavierspielen gewann). Und dass er mir in seiner täglichen Kolumne auf Radio Wien seine Bearbeitung des von mir so nebenbei erwähnten (deutlich geringer bemessenen) Frauen-Gehaltsschemas in der OeNB zu einem Kommentar „Bestimmt in der OeNB der Betriebsarzt mittels Chromosomentest das Einkommen?“ widmete, hat mir auch geschmeichelt. (Von der Bank aus war nach dieser Sendung vehement nach der „undichten Stelle“ gesucht worden, erzählte er mir später, aber auf mich unscheinbare kleine Referentin fiel kein Verdacht. Bei der nächsten Betriebsratswahl wurden die Frauen dann ins Männerschema übernommen – meiner Erinnerung nach übrigens ein Verdienst des sozialistischen[66] Fraktionsführers Franz Vranitzky – mit dem ich später einmal das Zimmer teilte, er hatte Nordamerika, ich hatte Südamerika und die iberische Halbinsel und meine Freundinnen sagten: er konnte Englisch, sie konnte Englisch und Spanisch. Die Überführung erfolgte aber nicht

---

66 Die SPÖ hieß damals noch Sozialistische Partei Österreichs. Es war Vranitzky, der später, als er Parteivorsitzender geworden war, den Namen auf Sozialdemokratische Partei ändern ließ (um sich deutlicher vom sowjetischen Kommunismus abzugrenzen).

Stufe gleich Stufe, sondern nur in die erste Stufe, wie wenn Frauen gerade erst eingetreten wären, zumindest für diejenigen noch nicht lange im Haus Befindlichen – will ich doch hoffen.)

Reinholds latente Depressivität erkannte ich, mangels Fachwissen damals noch nicht und hielt sein Aufleben am Abend entsprechend dem ungerecht bösen Sprichwort „Am Abend wird der Faule fleißig“ für eine schlechte Angewohnheit auf Grund seiner häufigen Nachrichten-Spätdienste. Ich kann mich noch gut erinnern, wie er, wenn er im ORF Frühdienst hatte, schlaftrunken ohne mein fürsorgliches Frühstück (was ihn vielleicht aufgemuntert hätte) in noch nächtlicher Dunkelheit die Stiegen hinunter taumelte um rechtzeitig vom Chauffeur abgeholt zu werden. Rechtzeitig hieß bei ihm: Man geht in letzter Minute ins Studio und „auf Sendung“ – einer der späteren Konfliktpunkte bei Theater- und Kinobesuchen, denn ich – aus meiner Studentinnenzeit auf Eisenbahnabhängigkeit trainiert – war gewohnt, frühzeitig am Bahnhof zu sein: es könnte sich ja auf dem Weg dorthin eine Verzögerung ergeben.

Auch darauf gründet sich meine **Resilienz**: bei Widerstand nicht gleich die Nerven zu verlieren, sondern nach alternativen Möglichkeiten zu suchen und eine **Entscheidung** zu treffen.

So erlebte ich einmal in Wr. Neustadt auf dem Weg von unserer Wohnung am Hauptplatz zum Bahnhof einen unvorhergesehenen Wolkenguss, und urplötzlich erreichten die Wassermassen Mitte der Herzog-Leopold-Straße meine Kniehöhe. Was tun? Umkehren? In das Haus vom Kino/Stadttheater flüchten, das vielleicht eine Nachmittagsvorstellung und daher offene Türen hätte? Oder in ein Geschäft? Ich entscheid mich für meine Vorlesung in Wien, schob meinen Bleistift-Rock hoch hinauf (bis zu der Scham-Grenze, damit man meinen Slip nicht sah, sehr wohl aber die Strapse – Strumpfhosen gab es damals noch nicht), zog meine Stöckelschuhe und Nylonstrümpfe aus und setzte trotz der ablehnenden oder amüsierten Blicke der ohnedies nur wenigen Passant:innen meinen Weg unbeirrt fort. Am Bahnhof war dann die Unterführung gesperrt, aber die Bediensteten geleiteten uns sicher über die Gleise zum (verspäteten) Zug.

Und dann kam der 1. Mai (1968), ein Mittwoch. Ich war noch nie auf einem Aufmarsch dabei gewesen, aber für Reinhold, Sohn eines sehr links stehenden Knittelfelder Eisenbahners, war es von klein auf Selbstverständlichkeit. Dort lernte ich seine Freunde kennen, vor allem Erwin Rauscher und Otto Fielhauer. Ob auch Günter Poidinger dabei war, Mitbewohner in Reinholds erster Ehe, weiß ich nicht mehr.

Am Freitag fuhr ich zu meinen Eltern, weil Reinhold am Samstag seinen in Bälde kommenden Geburtstag bei dem Grafiker Jörg Hietzgern (1940-2023) in Rossatz feiern wollte. Als ich Sonntag abend heimkehrte, war er nicht da, kam auch Montag nicht, nicht Dienstag und nicht die anderen Tage. Ende der Woche erfuhr ich von den Hietzgerns, dass er bei seinem Perner-Jubel-Fest (seine eigene Bezeichnung) eine Frau wieder getroffen hatte, die schon lange erfolglos auf seiner Trophäenwunschliste gestanden und die seinem Begehren endlich nachgegeben hatte. Irgendwann in dieser Woche holte er untertags stillheimlich seine Sachen von mir ab – aber den Schlüssel behielt er. Als ich dies bemerkte, rief ich seinen Klagenfurter Schulkollegen Malte Olschweski (1940-2022) an, der mir eigentlich immer schon besser gefallen hatte, ließ mich von ihm „trösten" und wies ihn an, dem Reinhold zu sagen, meinen Wohnungsschlüssel könne er jetzt gleich an ihn weitergeben.

Die Outlaw-Idealisten

Der Malte war damals im Abrüstungsstadium vom Bundesheer, daher nicht andauernd anwesend, und wenn, dann im Anbeterkreis rund um den schulfrustrierten Zeichenprofessor Otto Mühl, später Muehl (1925-2013) im Café Savoy, wo dieser Hof hielt. Wie schon bei Reinhold im Zwölf Apostelkeller lief ich wieder quasi wie ein fünftes Rad am Wagen mit und lernte zumindest noch den Göttweiger Keller und das Café Hawelka kennen und dabei eben auch Günther Brus (1938-2024), Robert Klemmer (1938-1971) und Rudolf Schwarzkogler (1940-1969), auch Joe Berger (1939-1991), der einzige, der mich wahrnahm und immer nett zu mir war, die anderen übersahen mich – ich war zwar meist die einzige Frau in den Runden (außer gelegentlich Elfie Riess-Hietzgern, aber die war ja auch eine Künstlerin), aber halt bieder, und auch keine Anbeterin (das war ich nie, von niemandem!), sondern von deren Ideen für eine Kulturrevolution eher befremdet. (Erst später, als ich in systemischer Paar- und Sexualtherapie ausgebildet war und wusste, wie häufig vergiftende Gebote und Verbote von den Älteren an die Jüngeren weitergegeben werden, erkannte daher die psychologische Treffsicherheit einer Zeichnung von Otto Mühl, auf der man eine Großfamilie sah, bei der von jeder Person ein Schlauch voll Exkrementen vom After aus in den Mund einer anderen hinein führte. Er selbst gab seinen psychischen Unrat allerdings auch an seine „Jünger“ und deren Kinder weiter, wie man seit seiner Verurteilung wegen „Sittlichkeitsdelikten, Unzucht mit Minderjährigen bis hin zur Vergewaltigung, Verstößen gegen das Suchgiftgesetz und Zeugenbeeinflussung zu sieben Jahren Haft“, „die er vollständige verbüßte“[67] weiß.)

Malte, Sohn eines evangelischen Pfarrers, gefiel sich als Adlatus der „Übervaterfigur“ Mühl und stellte sich ihm – entgegen meiner mehrfachen Proteste – als der „Vermummter“ bei dem geplanten Happening „Kunst und Revolution“ im Neuen Institutsgebäude der Universität Wien zur Verfügung. Ich war an diesem 7. Juni 1968 im Hörsaal 1 des Neuen Institutsgebäudes nicht dabei – meine eigenen zaghaften Protestimpulse (wider meinen Vater) hatten sich mit der eigenen Wohnung und beruflichen Selbständigkeit verflüchtigt. Nach dem Skandal um diese sogenannte „Uni-Ferkelei“ (Günter Brus hatte auf der Bühne onaniert, defäziert und sich mit seinen Exkrementen eingerieben während Otto Mühl den in WC-Papier eingewickelten Malte auspeitschte) versteckte sich Malte bei mir – aus Angst vor Enttarnung und der Amtsgewalt von Polizei und Universität: Er fürchtete, man könnte ihm sein Doktorat aberkennen.

Vortags, am 6. Juni 1968 war der US-amerikanische Justizminister Robert Kennedy (geb. 1925) nach einem Schuss-Attentat zu Tode gekommen, und die Kollegenschaft in der Nationalbank drängte mich, über meine Journalistenkontakte vom ORF aktuellste Informationen einzuholen. Also rief ich Reinhold Perner im ORF an und referierte danach die neuesten Reaktionen in den USA und den anderen großen Wirtschaftsnationen im Auslandsbüro. Meinem 1968er Kalender entnehme ich, dass mich Perner schon am 20. Juni zu einem Konzert von Odetta einlud und von da an begann, mich wieder heftig zu umwerben[68] – mehr als zuvor – und zu bedrängen, ihn zu heiraten. Nach seinen Angaben hatte er Maltes Schulden bezahlt, damit er von mir

[67] Aus Arno Frank, Zum Tod Otto Muehls. Die Enthemmung der Kunst. www.spiegel.de, 27. 5. 2013, abgerufen am 17. 1. 2024.)

[68] So schwamm er einmal in der Alten Donau ausgehend von seine Garconnière in der Nordmanngasse in Floridsdorf (21. Bezirk) die lange Strecke zu mir nach Kaisermühlen (22. Bezirk) und stand plötzlich barfuß in tropfnasser Badehose vor meiner Wohnungstür – und das hat mir natürlich sehr geschmeichelt.

abließ – aber vermutlich war das journalistisches Fabulieren. Malte hatte nämlich eine Flamme in Polen, für die er mir einmal eine Handtasche abschnorrte, eine dunkelblaue, die ich so gar nicht hergeben wollte, blaue Lederaccessoires waren damals nämlich nicht leicht zu bekommen – aber seinen daraufhin einsetzenden Klassenkampfparolen gegenüber war ich – noch – sprachlos. Irgendwann heiratete er sie auch, aber diese Ehe hielt nicht lange, denn kaum in Österreich, verließ sie ihn zugunsten eines ihrer Landsleute.

So wie ich – „die fade Juristin", wie mich Reinhold nach dem ersten Kennenlernen dem Dieter gegenüber bezeichnet hatte, „und was soll an der dran sein?", was mir der damals sofort wieder gesteckt hatte – mich vergeblich bemüht hatte, Malte von seinem Masochisten-Trip abzuhalten, gelang es mir auch nicht, Reinhold (wie auch sein diesbezügliches Vorbild Berndt) das Knobeln, Wetten und Flippern auszureden. Ende Juli gab ich es auf.

Dann kam ich drauf, dass Reinhold in der Wohngemeinschaft in der Zedlitzgasse – nach deren Inhaber Przsiborsky „Café Przsib" genannt – in eine Marihuana-Höhle eingezogen war. Witzigerweise wohnte damals vorübergehend auch Herbert Leirer dort, der spätere juristische Leiter der Bewährungshilfe (heute Verein Neustart) und zweiter Ehemann von Irmtraut Gössler – und ein zweiter Bernd: Bernd Burchardt, ebenso wie Reinhold beim ORF beschäftigt, aber auch Schauspieler, wenn ich mich recht erinnere, bei Conny Hannes Meier (*1931) und seinen „Komödianten am Börseplatz".

Dieser Bernd war derjenige, der die Rauschmittel beschaffte – und der später „verrückt" wurde: So tauchte er irgendwann – ich war jedenfalls schon Mandatarin der SPÖ – abends vor unserer Wohnungstür auf und behauptete, er käme im Auftrag des schwedischen Ministerpräsidenten Olof Palme (1927 - ermordet 1986) um eine neue Regierungsbildung vorzubereiten, und Reinhold solle das Propagandaministerium übernehmen und ich das Gesundheitsministerium. (Pikanterweise rief mich Jahre später, 1994, Johanna Dohnal mit der gleichen Anfrage an, als die Nachfolge von Michael Ausserwinkler innerparteilich zur Debatte stand, aber ich sagte sofort ab: erstens war mir klar, dass man nur an meiner zwischenzeitlich entstandenen medialen Präsenz und Anerkennung interessiert war, ich zweitens ohne die „Hausmacht" einer Gewerkschaft, Kammer oder sonstiger Back Offices auf verlorenen Posten stehen würde und – nach der 1992er Verleumdungskampagne durch Ernest Borneman (dazu später mehr) – politische und sonstige Gegner in meinem Privatleben herumschnüffeln und schon irgendetwas Skandalisierbares finden würden. Das sagte ich Johanna – und die gab mir völlig Recht.)

Bernd Burchardt geriet später in die Polizeiberichterstattung, als er in einem Kärntner Hotel im Wahn einen Kellner erstach; als ich das in der Zeitung las, vermutete ich einen paranoiden Schub als Folge seines u. a. auch LSD-Konsums. Möglicherweise findet sich in meinem ungeordneten Zeitungs-Archiv noch Näheres – im Internet wurde ich nicht fündig; es stehen aber noch etliche ungeöffnete Übersiedlungskartons bei mir auf dem Dachboden.

Im August 1968 beendete die Invasion der Roten Armee den Prager Frühling; Reinholds Kollegen- und Freundeskreis erweiterte sich durch tschechische Flüchtlinge, und der Ernst der Lage im Nachbarland brachte das schicke Kokettieren mit Tabubrüchen weitgehend zum Verschwinden – glaubte ich. Denn als mein ehemaliger Schulkollege Erwin Melchardt – und wie sich herausstellte, auch Freund von Reinhold und Redakteur bei der Kronenzeitung – vermutlich am 17. August heiratete, verwöhnte Reinhold ihn und seine nunmehr Angetraute u. a. mit Tee inklusive Haschisch, und das stammte wiederum von Bernd Burchardt. (Ich selbst leb(t)e ohne besondere Motivation drogenfrei, Alkohol inklusive, neige allerdings auch nicht zu depressiven Anwandlungen – und dass es sich bei mir dabei um eine von mehreren Nahrungsmittelunverträglichkeiten handelt, erfuhr ich auch erst nach der Jahrtausendwende. Als ich Jahre später, am 23. März 1993 von Gesundheitsminister Michael Ausserwinkler (*1957) meinen ersten Orden, das Silberne Ehrenzeichen der Republik Österreich, für die Gestaltung der Psychosozialen Versorgung Österreichs erhielt – gemeinsam mit meinen Kollegen Heiner Bartuska für die Psycholog:innen, Alfred Pritz für die Psychotherapeut:innen und eben ich für die Lebens- und Sozialberater:innen, gab es nur Sekt (und Orangensaft, doch auch auf Orangen reagiere ich allergisch) zu trinken, und als ich mich daher weigerte, mit dem Gesundheitsminister anzustoßen und vergebens um Mineralwasser bat, erklärte ich ihm keck: „Ich halte mich an die Empfehlungen meines Gesundheitsministers und lebe daher drogenfrei!")

Meinem Kalender entnehme ich, dass es Freitag der 23. August 1968 war, als zwei Kriminalbeamte in meiner Wohnung in Kaisermühlen (22. Wiener Gemeindebezirk) auftauchten – angeblich mit einem Hausdurchsuchungsbefehl (gezeigt hat man ihn mir nicht – ich war aber auch zu schockiert um daran zu denken, ihn zu verlangen).

Von ihnen erfuhren wir, dass Erwin Melchardt nach seiner Hochzeitsfeier übel geworden war und er ein Spital aufgesucht und dort all seine Tages-Konsumationen im Sinne von „Rauschgift ist Gift – Hilfe, ich bin vergiftet!" angegeben hatte. Für mich – „der faden Juristin" – ein massiver Schock, hatte ich doch immer gegen Reinholds „Giftlerei" opponiert, außerdem war er gar nicht bei mir gemeldet ... Was mich aber am meisten empört hatte, war, dass die Kriminalbeamten, als sie in meinem Sekretär meinen ererbten Schmuck entdeckten, sich nicht verkneifen konnten, mir angesichts dessen höhnisch unter die Nase zu reiben, „Na, der Herr Redakteur scheint ja sehr großzügig zu sein!" Von political correctness war damals eben noch lange keine Rede!

Tags darauf hörten wir aus dem „Café Przsib" (und von Bernd Burchardt, der ja auch dort wohnte), dass beim Auftauchen der Polizei die frische Lieferung eines Blocks afghanischen Haschischs auf dem Gemeinschaftstisch lag und von den Männern schnell ins Perner-Zimmer verlagert wurde und in Blitzeseile wieder zurück, als klar war, dass genau dessen Zimmer durchsucht werden sollte. Reinhold nahm das alles heiter (vielleicht war er wieder eingeraucht – ich hatte damals noch keinerlei Sensibilität für psychische Auffälligkeiten). Ich aber nicht. Es gab da einiges, was ich – gleich meiner Mutter – resigniert hinnahm, denn dass es auch andere Möglichkeiten gegeben hätte, war mir nie vermittelt worden – und selbst wenn, hätte ich das konkrete „how to do"[69] nicht gewusst.

Das kam alles erst Ende der 1970er Jahre, als ich im Berufswechsel zur Psychotherapeutin die vorgeschriebenen Eigentherapien absolvierte.

Die Macht der Medien

Am 27. August wurde Reinhold dann von ORF-Generalintendant Gerd Bacher (1925-2015) – ohne persönlichen Kontakt – fristlos entlassen, Begründung: ein ORF-Redakteur dürfe nicht einmal in die Nähe eines Drogen-Verdachts geraten. Reinholds Freunde interpretierten dies hingegen als willkommenen Anlass, einen sozialistischen Kandidaten im Landesstudio Wien für die kommende Betriebsratswahl zu beseitigen.

---

69 Wie wesentlich die Frage „Wie konkret?" ist, erkannte ich erst 1986 in meiner NLP-Ausbildung.

Für mich war klar, dass ich meinen „Verehrer“ in einer Situation des sozialen Absturzes nicht im Stich lasse (weil ich immer an die Seite derer trete, die abschätzig oder entwertend behandelt werden; ich habe so etwas zu oft selbst erlebt und meine, man kann sich allenfalls sachlich distanzieren oder auch Konsequenzen herbeiführen, aber es muss klar sein, dass es nur um das konkrete Verhalten geht, das kritisiert wird, aber nicht um den „fehlerhaften“ Menschen, dem die Chance zur Verbesserung zusteht – die er oder sie ja auch braucht).

Reinhold zog also wieder bei mir ein – und beruflich zog er fast Zug um Zug ins Wiener Rathaus: Vizebürgermeister und Finanzstadtrat Felix Slavik kannte ihn ja von vielen Interviews und wusste um Reinholds Kreativität – er sagte immer „Genialität“ – die ihm, dem ehemaligen Werkzeugmacher, fehlte und holte ihn quasi als sein „Rumpelstilzchen“, damit er so wie diese Märchengestalt aus dem „Verwaltungs-Stroh“ medial attraktives „Gold mache“.

So bekam ich verspätet doch noch Einblick in die Arbeit des Pressedienstes der Stadt Wien, der mir ja von Ernst Winkler auch als Berufsoption vermittelt worden war – und muss rückblickend sagen: dort hätte ich meine Begabungen (wie vor allem die, andere Menschen – in diesem Fall Politiker- und Beamtenschaft zu unterstützen und zu fördern) eher entfalten können als in einer Versicherung oder Bank. Aber das hatte ich damals noch lange nicht erkannt – und zu dieser Erkenntnis verhalf mir unter anderem auch Felix Slavik.

Am 14. Oktober 1968 hatte es Reinhold Perner dann doch geschafft, mich zum Standesamt zu bringen – und an diesem Tag erlebte ich wieder einmal Gewalt – und verstand sie nicht: Da sein Trauzeuge[70], unser nunmehr beider guter Freund Malte Olschweski, noch nicht wie ausgemacht bei uns zum Frühstück erschienen war und wir in meiner Wohnung noch kein Telefon hatten, war ich – noch in Jeans und Karohemd – zum Telefonhäuschen vor dem Goethe-Hof geeilt, um Malte zu erinnern, und während ich mit ihm telefonierte, hatte ich meinen linken Fuß auf die Kette gestellt, die die Tür zuzog, wenn vergessen wurde, sie zu schließen. Diese Tür wurde plötzlich aufgerissen und ein älterer Mann trat meinen Fuß zu Boden und beschimpfte mich aufs Gröbste, was mir – die „schmückenden Beiworte“ weiß ich nicht mehr – einfiele, Staatseigentum zu „beschädigen“.

---

[70] Mein Trauzeuge war mein Vater.

So etwas Ähnliches war mir bereits einmal als bahnfahrender Studentin passiert, als mir wiederum ein älterer Mann (im Beisein seiner Gattin) im Zug nach Wien das Bein herabriss, das ich über das andere gelegt hatte, um besser in mein Skriptum hineinschreiben zu können. Sein Frau hatte weggesehen und geschwiegen, auch als der Schaffner kam und ich mich bei ihm beklagen wollte. Als ich das später meinem Vater erzählte, schrieb der einen Leserbrief an die Tageszeitung Kurier mit dem Titel „Sind junge Frauen Freiwild?“, der nicht veröffentlicht, jedoch beantwortet wurde und zwar mit der Behauptung, der Mann hätte einen Blindenausweis gehabt, daher könne das alles nicht stimmen, denn er hätte mich ja gar nicht sehen können. Auch später wurde ich mehrmals öffentlich körperlich attackiert, auch als ich sichtbar schwanger mit meinem Erstgeborenen auf dem Schoß in der Straßenbahn meinen Sitzplatz nicht freimachen wollte oder kurz danach vor dem Kaufhaus Tlapa, diesmal mit meinem Erstgeborenen im Kinderwagen in die Auslage schauend, einem älteren Ehepaar im Weg war. Fast immer bekam ich arge Bezeichnungen zu hören, was von Kindern zu halten sei, die schon selber Kinder hätten und was die wohl für Eltern haben müssten, und dass die – nämlich ich – ins Erziehungsheim gehörten etc. etc. Das ärgste Erlebnis hatte ich in der Zeit, als ich als Universitätsprofessorin an der Donau Universität angestellt war: Da brüllte mich der für die Psychotherapie zuständige Abteilungsleiter im Beisein der für mich (und die Ganzheitsmedizin) zuständigen Abteilungsleiterin Andrea Zauner-Dungl (*1961) und des uns allen übergeordneten Departmentsleiters Dieter Falkenhagen (1942-2015) nieder, weil er mein konzipiertes Masterstudium „Gesprächsmedizin“ verhindern wollte, Argument: der Name wäre ident mit Psychotherapie – was aber weder der Anspruch noch die Konzeption dieser von mir entwickelten und bereits im Rahmen meiner Lehrtätigkeit an der Wiener Internationalen Akademie für Ganzheitsmedizin (GaMed)[71] vorgestellten Methode war bzw. ist. Er fragte ja nicht sachlich nach Inhalt, Unterschieden oder eventuell Gleichartigem, sondern wollte offensichtlich nur *mich* einschüchtern ... oder er hatte zu wenig Selbstkontrolle über seine allfälligen Konkurrenzängste wie auch sein Wutpotenzial (aber Gestalttherapeuten sind eben auch viel leidenschaftlicher als „abstinente“ Psychoanalytiker). Und wieder waren alle anderen Anwesenden – ich auch – in Schockstarre und schwiegen befremdet. Das schien er aber dann doch erkannt zu haben, denn er lud mich abschlie-

---

71 www.gamed.or.at

ßend auf einen Kaffee ein – und dort sagte ich ihm unter vier Augen, dass ich sein Verhalten skandalös und gesundheitsschädlich finde und eines Psychiaters und Psychotherapeuten unwürdig, und dass ich, auch als Berufs-Ältere, mehr Respekt einfordere. Da fragte er erstmals nach meinem historischen Alter und entschuldigte sich – er hatte mich für viel jünger eingeschätzt, und ich replizierte, egal wie alt jemand ist, niemand hat das Recht, andere demütigend zu behandeln.

Unwürdige Behandlung findet sich immer wieder auch in der medialen Sensationsberichterstattung – und das geschah auch im „Fall Perner" (diesmal Reinhold). Vielleicht war es nur ein Manöver um vom hauseigenen Redakteur Melchardt abzulenken, dass die – damals noch nur Sekretärin der Kronenzeitung – Eva Deissen (1947-2010) laufend überall nachzufragen begann, wie es denn im „Fall Perner" stünde und sich mit ihren Berichten die ersten journalistischen Sporen verdiente. Reinhold wurde jedenfalls sogleich die Namenstafel an der Bürotür abmontiert – obwohl der Strafprozess erst, glaube ich[72], im November stattfand, denn da waren wir bereits verheiratet (aber sein Arbeitsauftrag blieb ihm erhalten – so anständig war man im Wiener Rathaus). In diesem Prozess hatte Reinholds Anwalt Ingo Ubl, ebenso einer seiner Kärntner Schulkollegen, auch mich als Zeugin namhaft gemacht. Der Richter verzichtete auf meine Aussage – vermutlich, weil er dachte, ich würde vom Zeugnisentschlagungsrecht naher Angehöriger Gebrauch machen oder jedenfalls für meinen nunmehr Ehemann verteidigende Aussagen von mir geben. Nichts davon war meine Absicht – ich hätte wahrheitsgemäß die Quelle Bernd Burchardt genannt. Ich pflege nicht zu lügen – denn auch wenn ich gelegentlich scherze, ich hätte meine Lebensportion Lügen bereits als Mandatarin einer politischen Partei verbraucht, ist dies als Satire zu verstehen – so wichtig war ich nie, dass ich etwa als „Geheimnisträgerin" in solch eine Notlage gekommen wäre. Ganz im Gegenteil hatte ich nur immer wieder die Herausforderung zu bewältigen, die Phantasien, Verleumdungen und Lügen anderer abzuwehren.

---

72 Obwohl ich weiß, dass ich die Unterlagen sehr wohl in Besitz habe, konnte ich sie beim Durchforsten meines Archivs nicht finden – weiß daher auch nicht, ob das Strafausmaß stimmt und muss mich auf mein Gedächtnis verlassen. Ich habe aber in Erinnerung, dass ich sie vor einigen Jahren in Händen hatte, weil mir da auffiel, dass der urteilende Richter Udo Jesionek war, und ich ihn daraufhin bei nächster Gelegenheit angesprochen habe, dass ich sehr wohl ausgesagt und die Namen der „Beschaffer" genannt hätte – und er bestätigte mir meine Annahme, dass er vermutet hatte, die Ehefrau würde sich der Aussage entschlagen.

Der Richter wollte vermutlich erwarteten Verlust an unergiebiger Zeit einsparen – so aber sparte er nur an der Wahrheitsfindung.

Reinhold wurde zu zwei Monaten Haft bedingt auf drei Jahre verurteilt – seine zweite Vorstrafe. Die erste hatte er als Lenker auf Grund eines Autounfalls bekommen, bei dem sein bester Freund am Beifahrersitz, ebenfalls Journalist und auch Klassenkamerad aus dem Klagenfurter Realgymnasium, Erwin Rauscher (später Pressereferent von Leopold Gratz), mit dem Gesicht in die Windschutzscheibe geprallt war und etliche Schnittverletzungen davongetragen hatte. So hatte Reinhold mir das erzählt und mein volles Mitgefühl erweckt – die Frage einer allfälligen Alkoholisierung kam mir naiven Abstinenzlerin überhaupt nicht in den Sinn, weil ich dazu (wie auch zu vielen anderen menschlichen Abgründen) ja noch keinerlei Resonanz besaß. Das habe ich dann später als Psychoanalytikerin umfassend nachholen können – daher meine Spezialisierung auf Formen von Gewalt und anderen „sozial unerwünschten Verhaltensweisen"[73].

Für die in Kaisermühlen über uns im 3. Stock wohnende Nachbarin zählten dazu auch die Töne, aus denen sie schloss, dass sich unter ihr eine Orgie abspielte (was aber nicht stimmte) – jedenfalls stellte sie mich schroff zur Rede, was mir den einfalle, ihre halbwüchsige Tochter zu „verderben" – durch den Heizungsschacht höre man ja „alles" ... Seltsamerweise hörte ich jedoch nichts aus dem darunter liegenden Stockwerk, war auch ganz verdattert, was sie denn zu hören vermeinte – und verstummte verwirrt. Wenige Tage nach unserer Heirat reichte es ihr wiederum nicht, nur mit dem Besen auf dem Fußboden herumzutrommeln. Wutentbrannt stürmte sie wieder herunter und läutete Sturm – aber diesmal öffnete Reinhold (im Bademantel) und setzte ihr eine deutliche Grenze: „Lassen Sie meine Ehefrau in Ruhe!" Jetzt war sie verdattert, erzählte er mir gleich darauf, sie hätte nur gestottert „Oh – Sie sind verheiratet...?" und aus war es mit den Unterstellungen und Protesten.

Rückblickend stelle ich fest, dass ich damals noch überhaupt kein Sensorium für solche Machtanmaßungen mit Hilfe behaupteter sozialer Spielregeln besaß: Meine Eltern informierten sich zwar über sozialkritische Positionen, diskutierten darüber auch mit ihren Gästen, blieben aber in der untätigen Beobachterdistanz; im Jusstudium waren nur die gesetzlichen Umbrüche der fernen Vergangenheit der Rede wert, und ebenso nur „neutral" und mit Betonung auf die zugehörigen Forma-

---

73 Meine Formulierung z. B. in meinem Buch „Menschenjagd", wieder veröffentlich in „So a Hetz!", S. 88.

litäten referiert worden, doch ohne die zugrundeliegenden politische Bestrebungen zu thematisieren; und auch von meinen politisch aktiven Kommiliton:innen wie Günther Hofbauer, Peter Kreisky oder Erich Schmidt (1943-2019), (dem späteren Wirtschaftsstaatssekretär bzw. -minister) hatte ich nichts derartiges mitbekommen – und das spöttische Geschimpfe auf die bürgerliche Kleinfamilie der Protestkünstler rund um Otto Mühl war so unargumentiert und unsachlich, dass zumindest für mich der potenzielle Wahrheitsgehalt durch diese Form zugedeckt war.

Erst knapp zwanzig Jahre später – in meinen Eigentherapien (und in der Mühe, solche im Zuge der Arbeit am Psychotherapiegesetz vom 7. Juni 1990 für alle unterschiedlichen Methoden – vor allem die Verhaltenstherapie – verpflichtend vorzuschreiben) – wurde mir dieser „Ausschluss der Unwissenden“ bewusst, denn auch dort wurde nicht im Klartext erklärt, höchstens diskutiert wie bei den Personzentrierten, auf welche Weise und weshalb Therapie „funktioniert“: Man musste von selbst draufkommen. Die Klärung geschah dann dialogisch am konkreten Beispiel in der Supervision – oder auch nicht.

> ***Exkurs:*** *Wenn man noch keine „Wahrnehmungs-Nervenzelle“ gebildet und versprachlicht hat, „spürt“ man möglicherweise Verwirrung und Unverständnis, aber man „weiß“ es noch nicht. Diesen Mangel an Benennung, der Kommunikation behindert oder sogar unmöglich macht, zu beheben, ist mir ein ganz wichtiges Anliegen – eben weil ich dieses „Unwissend-gehalten-Werden“ so lange schmerzlich erlebt, aber auch unbedacht weitergegeben habe. Ich erinnere mich mit Dankbarkeit an meine spätere Mitarbeiterin Birgit, die mir sagte, „Wie soll ich Dich unterstützen, wenn Du mir nicht die Informationen gibst, damit ich mitdenken kann?“*
>
> *Deswegen finde ich auch den Begriff „Mem“ so sinnvoll, weil mit ihm die Abgrenzung erklärt werden kann, wie man durch Propagierung* einer *Erklärung (von meist vielen möglichen) verdeutlichen kann, was man meint – oder aber verschleiern bzw. manipulieren. Mein Musterbeispiel ist der Begriff „Femizid“ mit der unreflektierten aber gängigen Erklärung „getötet, weil sie Frauen sind“*[74] *– und die ist unwahr. Nur in Indien werden häu-*

[74] S. https://www.neos.eu/glossar/femizid: „Tötungsdelikte an Frauen und Mädchen auf Grund ihres Geschlechts“ (abgerufen am 22. 1. 2024) Mein Dauerprotest lautet: Mord bleibt Mord – egal an wem und in welcher Form, Kurz-Wort-Spezialisierungen auf z. B. Kindesmord, Frauenmord, Feme-Mord, politischer Mord etc. spaltet nur in

fig weibliche Föten abgetrieben, weil sie unerwünscht sind. Der konkrete Ausdruck ist entweder „Intimizid" – die Tötung von Intimpartner:innen (Wilfried Rasch[75]) oder „Hinrichtung", denn da ist der Straf- oder Beseitigungszweck inbegriffen.

1968 wurde mit Slogans wie „Unter den Talaren – Muff von 1000 Jahren" nicht nur die NS-Staatsraison, sondern auch die „konventionelle" d. h. auf angeblichem Mehrheitswillen beruhende Moral in Frage gestellt – eine Moral, mit der alternatives Denken wie auch Leben verächtlich gemacht und untersagt wurde. Aber das geschah vor allem in Frankreich und Deutschland und an den Universitäten – in Österreich gab es kaum eine Vordenkerschaft und auch keine universitären Leitfiguren. Norbert Leser (1933-2014) etwa, war außer seinen Studenten nur wenigen sozialistischen Insidern ein Begriff, und das heimische „fahrende Volk" (Künstler und Journalisten samt ihren weiblichen wie auch männlichen Groupies, denn die wenigen eigenständigen Frauen konnten sich nur schwer eigenen Raum schaffen – und das auch meist nur über den Umweg übers Ausland) bramarbasierte lieber im Zwölf Apostelkeller oder Café Hawelka, und hatten die Faust, falls geballt, gut versteckt in der Hosentasche.

Mein politisches Engagement war noch allein auf den Arbeitskreis Mitbestimmung beschränkt und schrumpfte mit der Heirat analog zu meinem Zeitbudget. Ich war und bin eine Nesthockerin mit großem Wärmebedürfnis (als August-Geborene fühle ich mich erst ab Temperaturen über 28 Grad wohl), und meine wahren Freunde – Bücher – hielten mich erfreulicherweise meist ab, die lange Anreise von Kaisermühlen in die Innenstadt oder noch weiter weg anzutreten (außer wenn ich „mitgenommen" wurde und das war selten der Fall, denn als „Politikerknecht" war Reinhold zeitlich ohnedies unkontrollierbar, und Mobiltelefone gab es damals noch nicht).

Im April 1969 gab es in Wien Landtagswahlen, und Reinhold gehörte zu den „Spindoktoren"[76] (den Begriff gab es aber damals auch noch nicht), die als Parteimitglieder ihr Freizeit dem Wahlkampf

„Lager" s. mein Pascal-Zitat (S. 35, Fußnote 34): was für die einen Dramatisierung bedeutet, ist für die anderen Anlass zu Hohn oder Verharmlosung.

75 Wilfried Rasch, Tötung des Intimpartners (1964, Reprint). Edition Das Narrenschiff in Psychiatrie-Verlag, Bonn 1995.

76 Vgl. Edith Meinhardt/ Ulla Schmid, Spind Doktoren. Die hohe Schule der politischen Manipulation. Czernin Verlag, Wien 2000.

widmeten; als dieser erfolgreich vorbei war, luden Bürgermeister Bruno Marek und sein Vizebürgermeister Felix Slavik die wesentlichen Helfer am 19. Mai zu einem Abendessen in das Lokal „Zu ebener Erd und im ersten Stock", und da durfte ich ausnahmsweise einmal mitkommen. Ob andere Gattinnen dabei waren, weiß ich nicht mehr – im optischen Gedächtnis habe ich keine.

Nach meinen Notizen war da vor allem Karl Damisch von der Zentralsparkasse der Stadt Wien federführend, und wie ich merkte, mit meinem Ehemann gut Freund, ebenso wie Kurt Heindl (*1936), der mir sehr imponierte, weil er eine Zeit hindurch auch Fahrdienstleiter bei der Bundesbahn war, und wesentliche diplomatische Funktionen erreicht hatte; der Schauspieler Fritz Muliar (1909-2009) war dabei, der spätere Bundestheatermanager Robert Jungbluth (1928-2009) und der, wie ich erfuhr, „freundlich mal dieser, mal jener" politischen Partei zugeneigte Kurt Diemann (1923-2009), der Anatomieprofessor und Gemeinderat Alfred Gisel (1911-2012) und die „graue Eminenz", der SPÖ-Bildungssekretär Otto Staininger (1934-2022).

Ich erinnere mich noch gut, wie amüsiert ich war, als die beiden „alten Herren" Bruno Marek (1900-1991) und Felix Slavik (1912-1980) zu fortgeschrittener Stunde mitsammen das Kinderfreunde-Lied „Wir sind jung, die Welt steht offen ..." zu singen begannen. Und dann sagte Slavik quer über den Tisch zu meinem neben mir sitzenden Mann: „Schick Deine Frau in die Partei – solche Frauen brauchen wir!"

Nun hatte ich zwar bereits vor meiner Heirat mit dem SPÖ-Sektionslokal in Kaisermühlen Kontakt aufgenommen – weil mir das Ernst Winkler geraten hatte. Mein Kampfgeist war noch lange nicht erweckt – es war eher meine Sehnsucht nach Sozialkontakten, die mich extremen Morgenmenschen motivierten, abends die Geborgenheit meines Bücher-Reichs zu verlassen – denn mein Blick auf die Ungerechtigkeiten gegenüber Frauen begann erst mit Rotraud Schubert, die ich dort flüchtig kennen lernte und die mich später zur AUF (Aktion Unabhängiger Frauen) mitnahm (und die ich später einmal mit der Paradebuchfrau Rotraut Schöberl verwechselte und stur auf meinem Irrtum bestand – wofür ich mir hier in aller Form entschuldigen möchte).

In der Sektion waren die Genossen immer nett zu mir, einer, Maler und Anstreicher, half uns bei der Adaptierung der Ehewohnung in Favoriten, einem anderen, Schneidermeister, konnte ich eine Geschäftsübernahme anbahnen, als sich der Vater einer Nationalbank-

Kollegin zur Ruhe setzen wollte. Von Politik oder Schulungsveranstaltungen erfuhr ich nichts – es ging dort eher familiär-sozial zu (wie im VSM in Wr. Neustadt), Unterstützung für die Bezirkspartei und Planung eigener Festlichkeiten, dies aber vor allem nur, um dort im Jahresbericht aufzuscheinen.

Glücklicherweise hatte ich da noch keine Delegierungen zu Sitzungen oder Schulungen über die Frauenorganisation hinaus – denn sonst hätte ich wohl den Donaustädter Bezirksrat getroffen, der Personalchef in der Nationalbank war und mich immer wieder sexuell belästigt bzw. zu erpressen versucht hatte. Ich hatte mich damals an die Gewerkschaft der Privatangestellten wenden müssen, damit er in seinen Grenzüberschreitungen gestoppt werde, und da gab es eine Frauensekretärin, Helga Stubianek (*1936), die sich lange vor #MeToo an die Seite der Frauen stellte – im Gegensatz zu Hertha Firnberg, die mir anlässlich der Arbeit am Parteiprogramm 1978, als ich das Thema für den Resolutions-Katalog einbringen wollte, mit „Das ist ja nur *Dein* Problem!" über den Mund fuhr – und so blieb ich, der Zeit weit voraus, wieder einmal allein inmitten einer schweigenden Mehrheit.

Später, als Beraterin und Psychotherapeutin, erfuhr ich dann von vielen Genossinnen, wie zahlreich sie sexuell attackiert worden waren ... und von immer den Gleichen ... jedoch hatte ich mich da bereits parteipolitisch „neutralisiert" und der teilnehmenden Sozialforschung Vorrang gegeben und publizierte zu deren Formen und Folgen (und dafür erhielt ich 2005 das Goldene Ehrenzeichen der Republik). Aber in meiner letzten Partei-Rede (im Rahmen der Wiener Frauenkonferenz 1987) forderte ich – wie nachmals immer wieder – Ausbildung der Lehrkräfte zwecks Weitergabe von Übungen in Selbstverteidigung für Frauen im schulischen Turnunterricht. Ich hatte da nämlich bereits (1984) eine solche absolviert und war seitdem weder auf der Straße noch sonst wo in der bisher erlebten Form sexuell oder sozial attackiert worden (sehr wohl in anderen Formen, nämlich medial und einmal physisch, aber dazu komme ich noch). Offensichtlich hatte die Methode WenDo meine Denkweise und damit synchron meine Körpersprache verändert.

Heute will ich dringlich anregen, dass die Berufsverbände diese Ausbildung allen Frauen, die allein Spät- oder Nachtdienste z. B. in Lokalen, Tankstellen, Trafiken absolvieren, anzuraten und anzubieten – aber auch Frauen in Bildungs-, Gesundheits- und Sozialberufen, denn dort muss man ja oft abweisende Mitteilungen machen, und muss zunehmend mit Gewaltantworten rechnen.

Im Herbst 1969 konnte ich mit Hilfe der günstigen Konditionen, die mir als Nationalbank-Angestellter zur Verfügung standen, ein ehemaliges Architekten-Wohnbüro am Beginn der Laxenburger Straße erwerben, und Reinhold und ich begannen dieses Schritt für Schritt, Zimmer für Zimmer, in Besitz zu nehmen. Eine schöne Zeit: unsere Ehe war immer am besten, wenn wir gemeinsam gestalteten, egal ob es ein Heim war, eine Zeitung, ein Projekt ... Nur wenn er, studierter Deutsch-Turn-Professor, aus mir eine Sportlerin machen wollte, gab es beiderseitige Enttäuschungen. Irgendwo in meinem Archiv gibt es einen Cartoon von Elisabeth Kmölniger (1947-2018) – ich werde ihn beim Ordnen meiner noch ungeöffneten Übersiedlungskisten aus 2003 schon noch finden –, da liegen ein Henderl und ein Hirsch nebeneinander im Bett, und dann sagt das Henderl „Los – verführ mich!“ und der Hirsch macht „Röhr!!!“, und im nächsten Bild schaut dann das Henderl beleidigt. So ähnlich ging es Reinhold mit mir, wenn er mich zum Tennis-Spielen verführen oder mir Radfahren beibringen wollte.

Bereits vorher hatten wir nach einer größeren Wohnung gesucht und auch eine Ecke Argentinierstraße / Wohllebengasse gefunden, die mir sehr gefiel – aber mein Vater war nicht bereit, für den zur Bezahlung der Ablöse nötigen Kredit zu bürgen. Mich hat das sehr gekränkt. Dass er auf Grund seiner Biographie als Sohn eines kleinen tschechischen Schneidermeisters, der seine Anstellung verloren hatte als er Kinder bekam (weil generell „geschicktes“ Zuschneiden zwecks Stoffgewinn zur Einkleidung der Kinder unterstellt wurde), nicht unternehmerisch denken wollte oder konnte, habe ich auch erst erahnt, als sich (im Rahmen meiner Ausbildung nach Carl Rogers) mein vorher mangelhaftes Empathievermögen gesteigert hatte.

Als ich meine Söhne geboren hatte, 1972 und 1974, war ich dann froh, sie dort nicht über die zwar großzügig breite, aber doch gewendelte Treppe in den dritten Stock schleppen zu müssen – und musste sie in der Laxenburger Straße in den siebenten tragen, wenn der Aufzug kaputt war. Ebenso bedauerte ich die nunmehr entgangene Nähe zur evangelischen Schule am Karlsplatz. Und noch später, als ich dann regelmäßige Rundfunkmitarbeiterin geworden war, bedauerte ich, nicht einfach die Argentinierstraße überqueren zu müssen ... bis ich erkannte, dass solche „Schade, dass“-Gedanken weder meine Gesundheit fördern noch die derjenigen, denen ich sie präsentiere und mich daher entschied, sie sofort zu stoppen, wenn sie sich in meinem „Denkstudio“ breit machen wollen.

Eigentlich wollte ich meine sehr geliebte mütterliche Großmutter in der Laxenburger Straße mit aufnehmen – Platz wäre genug gewesen, und sie war auch dazu bereit, denn Tante Hansi hatte sie im Herbst gegen ihren Willen das Pflegeheim Baumgarten verfrachtet, weil sie vermehrt in ihrem Feriendomizil im steirischen Übelbach leben und frei von Fürsorgepflichten sein wollte. Omi starb am 18. Dezember 1969, 84 Jahre alt, zwar stark übergewichtig aber geistig und körperlich unbeeinträchtigt, an Lungenentzündung: Sie hatte sich offenbar absichtlich jede Nacht nur im Nachthemd der kalten Winterluft ausgesetzt[77].

Zum Trauern blieb mir wenig Zeit, jedoch viel zum Ärgern über die Machtherrlichkeit Tante Hansis. Wieder einmal waren ihr Pflichten lästig – wie die Wohnung der Verblichenen für die Räumung vorzubereiten – daher meinte sie, da sich ihre „kleine" Schwester (meine Mutter in Wr. Neustadt, zwar vier Jahre jünger aber gut zwanzig Zentimeter größer und schlank) „nie" um Omi gekümmert hätte, wäre es nunmehr nur gerecht und meine Pflicht, dafür die Ersatzperson zu stellen. Da ich dieser Logik (noch) nichts entgegen zu stellen wusste, unterwarf ich mich – durfte aber wenigstens einige kleinerer Erinnerungsstücke behalten, nicht aber die altmodische Küchenkredenz, die ich gerne für meine neue Wohnung gehabt hätte wie auch einen kleinen Kleiderschrank, denn aus den beiden hatte die listige Tante, kaum war ich abwesend, Brennholz gemacht.

Seit damals hatte ich keinerlei Kontakt mehr zu ihr und erfuhr nur von meiner Mutter wie auch meinem Ehemann, dass man mir im letzten Trimenon meiner Schwangerschaft mit meinem Erstgeborenen verheimlichen wollte, dass Hansis Sohn Helmut während ihres gewohnt monatelangen Ferienaufenthalts in Übelbach in der elterlichen Wohnung einem Herzschlag erlegen war. Der Nachbarin war das tagelanges Wasser-Rauschen aufgefallen, und die von ihr gerufene Feuerwehr hatte den 32jährigen tot in der Badewanne hockend vorgefunden ... und das heiße Wasser floss und floss ... Und wiederum hat mich diese besserwisserische Dominanz gestört, die darin liegt, dass andere glaubten, mich schonen zu müssen (und damit vielleicht ihre insgeheimen Aggressionen mir gegenüber abwehrten). So wird man – diesmal ich – als nervenschwach definiert, und das ist genau jenes selbsterhöhende Verhalten, mit dem der Erwerb von **Resilienz** behindert wird. Zur **Resilienz** gehört nämlich, dass man seine aufkeimende bzw. wachsende Stärke spürt und wertschätzt.

---

77 Ich habe ihr mein Buch „Pflegen ohne auszubrennen", aaptos 2022, gewidmet.

Die Kreisky-Jahre

„Aber noch etwas anderes macht das Bedürfnis ‚dazuzugehören' so überwältigend stark, nämlich die Tatsache, dass der Mensch sich seiner selbst bewusst ist, dass er die Fähigkeit zu denken hat, wodurch er sich selbst als einer individuellen Größe bewusst wird, von der Natur und von anderen Menschen unterschieden."
Erich Fromm[78]

Von nunmehr Favoriten, dem zehnten Wiener Gemeindebezirk, „in die Partei", nämlich in die Donaustadt (den zweiundzwanzigsten Bezirk nördlich der Donau) zu fahren, war damals, als es noch keine U-Bahn gab, wie man in Wien sagt, „a brader Weg" (hochdeutsch: ein breiter, d. h. lang dauernder Weg). Transdanubien, wie die PR-Abteilung des Rathauses die damals noch teilweise sehr ländlichen Gebiete jenseits der Donau benannt wissen wollte, war noch keine „Marke", sondern eher Anlass, auf die dort Wohnenden herabzusehen. Oft hörte ich, „Wer im Süden geboren ist, geht nicht in den Norden". Dementsprechend war es mir gar nicht so leicht, parteimäßig den Bezirk zu wechseln.

Der damalige Favoritner Bezirksparteisekretär Hans Ludwig (1932-2000, Vater der späteren Gemeinderätin und Ehefrau des Kurzzeit-Bundeskanzlers Werner Faymann, Martina Faymann-Ludwig, die ich oft als ernst beobachtendes Vor- und Volksschulkind erlebt hatte), warnte mich gleich, als ich mich vorstellen kam: Der Parteigründer und Arzt Viktor Adler (1852-1918) hätte gesagt, Akademiker müsse man dreimal wegschicken, und erst wenn sie dann noch immer mitarbeiten wollten, dürfe man sie das mal probeweise lassen. Er hatte Recht – und er war hilfreich, auch als er mich kurz darauf mahnte: „Sei mittelmäßig! Du bekommst sonst nur Ablehnung!" Wie wenn das bewusst steuerbar wäre!

Meine „Zulassung" dauerte also – aber wirklich als *die* Person akzeptiert, die ich tatsächlich war – scheu, zögerlich, anpassungsbereit und dennoch gleichzeitig auch couragiert, risikobereit und widerständig – war ich wohl nie. Erst im Zuge meiner psychoanalytischen Eigentherapie (ab 1982) wurde mir klar, dass meine Ideen gar nicht erwünscht waren – sondern nur meine Begabungen als unbezahlte Volksrednerin und Ghostwriterin für sprachlose Spitzenfunktionäre nützlich – heute würde man sagen: ausbeutbar – sein sollten.

[78] Die Furcht vor der Freiheit (1941). (Ullstein, Frankfurt/ M., 1983) S. 26

Kultur als Programm

Damals brach eine Stimmung auf, die uns wissenschaftlich fundierte Junge hoch motivierte, nicht nur „ein Stück des Weges“[79] mit Bruno Kreisky zu gehen, sondern mitzubauen an einer besseren, gerechteren Welt. Es waren ja viele Forderungen der Sozialdemokratinnen aus der Ersten Republik noch nicht verwirklicht – vor allem die gegen Verweigerung von Bildungs- und Gesundheitschancen für Arbeiterkinder und gegen Diskriminierung von Frauen.

Mein Ehemann war für den Nationalratswahlkampf 1970 vom Rathaus für einige Monate an „die Löwelstraße“ (den Sitz der SPÖ-Bundesparteizentrale direkt hinter dem Burgtheater) „ausgeliehen“; dort lernte ich Ing. Erich Dorn kennen, einen ehemaligen ORF-Techniker, und Herbert Brantl (Name hoffentlich richtig geschrieben, meiner Erinnerung nach der Chefredakteur des sozialistischen Monatsmagazins „Heute – Politik Wirtschaft Kultur“, leider fand ich nichts über ihn im Internet), die beide die großen Wahlkampflinien konzipierten. Auch wenn ich nur gelegentliche stille Zuhörerin war, habe ich viel von ihnen gelernt und fand etliches wieder, was ich von Major Wedenig schon in der Theorie angedeutet, aber nicht in der praktischen Anwendung kennen gelernt hatte. Dabei gab es einen Unterschied: Was dieser an möglichen Vernichtungsstrategien, tatsächlichen, todernst-ethisch zu überdenken gegeben hatte, erlebte ich bei jenen vielfach als spielerische Lust, den „Schwarzen“ etwas auszuwischen.

Das passte zu den gewohnten Hasstiraden meines Vaters (und den „drei Pfeilen“: gegen Faschismus, Klerikalismus und Kapitalismus).

Eine der Aufgaben, meines von klein auf sozialistisch indoktrinierten Ehemannes bestand darin, sendungsfertige Interviews mit (weniger ideologiefirmen) prominenten Unterstützern des Kanzlerkandidaten Bruno Kreisky zu produzieren. In meinem Kalender habe ich dazu am 14. 3. 1970 die Namen Dorn, Heindl, Hofbauer, Iversen, Poidinger, Staininger, Stacher, Böhm vermerkt – offensichtlich begleitete ich ihn zu einer Kontakt-Safari und hatte mir die Namen der Personen notiert, die mir dabei begegnet waren. Wenige Tage später „borgte“ sich Karlheinz Böhm (1928-2014) unsere (halbleere) Wohnung aus, um seine möglichen künftigen Stakeholder (vermute ich) einladen zu können. Wenn ich mich recht entsinne, spielte oder filmte er damals in

[79] So der Haupt- Wahlslogan im zweiten Nationalratswahlkampf Bruno Kreiskys 1975.

Wien und hatte vom Management des Theaters in der Josefstadt in dessen unmittelbarer Nähe ein winziges Logis zur Verfügung gestellt bekommen (wie später oft auch mein Onkel Romuald Pekny). Es war jedenfalls der 27. März 1970, ein Freitag, an dem er nachmittags Berge von Fressalien anliefern ließ oder selbst vorbei brachte, so genau weiß ich das nicht mehr, und die (sicher nicht von mir) auf den uns überlassenen Zeichentischen unseres Wohnungsvorgängers, die wir bereits auf halbe Höhe hatten niederer machen lassen – dekorativ arrangiert wurden.

Unsere Wohnung war einrichtungsmäßig noch in einem rudimentären Zustand, war sie doch über dreimal so groß wie meine vorherige in Kaisermühlen und wir wollten uns erst einwohnen bevor wir zusätzliche Möbel anschaffen würden. Sitzgelegenheiten hatten wir aber bereits genug, halt bunt zusammengewürfelte, hingegen aber noch keine passenden Beleuchtungskörper, daher hatten wir die arg zu hellen Architektenlampen durch viele Kerzen ersetzt – aber da nur Männer gekommen waren, machte ich mir keinen Gastgeberinnenstress – das war (und ist auch heute noch) keine meiner Routine-Rollen. Ich hatte dies nicht vereinbart, fühlte mich daher auch nicht verantwortlich.

Zur **Resilienz** gehört es auch, sich nicht unnötig Scham- oder Schuldgefühle machen zu lassen, schon gar nicht „vorauseilend“. Wenn später kritisiert wird, können immer die Beweggründe erklärt werden, weshalb man/frau sich so *entschieden* hat – wenn man reden darf.

Da ich aus meiner Jugend bereits an Schauspieler-, Schriftsteller- und Priester-Gäste etc. gewohnt war und daher Prominenten gegenüber nie in Bewunderung geschrumpft bin, versuchte ich nur für den (mir vorher unbekannten) einbeinigen Regisseur und Schauspieler Walter Davy (1924-2003) die bequemste Sitzgelegenheit zu verteidigen. Von den anderen, beispielsweise Ernst Wolfgang Marboe (1938-2012), Wolfgang Lesowsky (1942-2010) hatte ich zu dieser Zeit noch keinerlei Ahnung, auch kein Interesse, das war nicht meine Liga; nur hinsichtlich des damals erst „Nachwuchs-Schauspielers“ Heinz Marecek (*1945) fiel mir auf, dass alle Männer mit einem besonderen Gesichtsausdruck (den ich später als „lüstern“ deutete) bedauerten, dass er seine Ehefrau, „eine Negerin“, wie sie sagten, nicht mitgebracht hatte – Julia Migenes (*1949); von der wusste ich aber aus der Zeitung, dass sie „nur“ eine Latina war, und fand den unverhohlenen Rassismus und Sexismus befremdlich. Außerdem tauchte in mir dazu die Phantasie auf, er wäre vermutlich nur ihretwegen eingeladen worden ... denn auch wenn ich nur ab und zu ins Zimmer trat um nach dem Rechten zu sehen, schienen alle nur Marboe zu umbuhlen. (Und wie recht ich mit dieser Annahme hatte, zeigte sich mir erst zwanzig Jahre später.)

Am nachfolgenden Tag – Samstag – erschien dann plötzlich Karlheinz Böhm mit seiner damaligen Frau Barbara Lass (1940-1995), um die Reste der Speisen abzuholen – was ich recht kleinlich fand, sie vermutlich auch, denn die beiden begannen darüber unverblümt vor uns zu streiten, bis er das Wortgefecht mit „Beenden wir jetzt aber gefälligst das Virginia-Woolf-Spielen!“ abbrach.

Irgendwie hat mir dieser Streit aber imponiert, weil er auf Augenhöhe stattfand, nicht so überheblich von oben herab, wie meine beiden Tanten immer auf mich losgegangen waren – oder später „Größen“ wie die oberste Gewerkschaftsfrau Irmgard Schmidtleitner oder der Psychologe (!) Rudolf Zucha vom BSA, Personen, mit denen ich keinerlei biographische Verbindung hatte, und die mich, für mich unverständlicherweise, vor Publikum rüde mit Unterstellungen attackierten, die mehr über deren offensichtlich konkurrenzmotivierte Phantasietätigkeit aussagten als über meine Realität, die sie ja gar nicht kannten. Zucha korrigierte sich Jahre später öffentlich, nachdem er mich am Podium der Villacher Paracelsus-Akademie (deren Konzept ich aus Dankbarkeit für die Verleihung des Paracelsus-Ringes als erster Frau erstellt hatte) diskutieren erlebt hatte, und das rechne ich ihm hoch an – so etwas ist selten.

Jahre später „öffneten sich mir die Augen“, als der Med-Uni-Dozent Ludwig Reiter (*1938) – unser wissenschaftliche Leiter der von mir gemeinsam mit dem Sozialarbeiter Werner Neubauer (Leiter der Ehe- und Familienberatungsstellen der Stadt Wien) gegründeten Wiener Sexualberatungsstellen und einer der (psychiatrischen) Psychotherapeuten, welche die Systemische Paar- und Familientherapie in Österreich heimisch machten[80], erklärte, als ich in der Team-Supervision wieder eine solche aus meiner Sicht völlig unverständliche Attacke thematisierte,: „So etwas ergibt sich, wenn jemand in dem einen ‚System‘ hoch angesehen ist und in einem anderen ‚System‘ überhaupt nicht.“ Ich ergänze: und vermutlich die unbewusste Angst wirkt, es könnte Konkurrenz in ihr „System“ sprich Revier eindringen.

Das kennen wohl alle „Zugereisten“.

Mein weiteres Leben zeigt jedoch, dass ich – zuerst unbewusst spontan, später bewusst und bestmöglich geplant, wohl wissend, dass immer auch Zweit- und Dritt-Pläne notwendig sind – immer wenn

---

[80] Die anderen waren Harry Merl und das Ehepaar Katschnig.

man mich irgendwo „vertreiben" wollte, mich nicht hinunterdrängen ließ, sondern einen Platz seitlich oder eine Stufe höher erklommen habe (samt dem Erlernen der dort erforderlichen Kompetenzen. Mir ist die Lust am Lernen[81] immer noch nicht vergangen!).

Rückblickend war Reiters „Diagnose" völlig zutreffend für das, was sich in den 1970er Jahren abspielte: Nach Ende des Zweiten Weltkriegs war noch mehr oder weniger das „alte" System zurückgekehrt, eines, in dem Vorrang der Älteren bzw. Statushöheren, Höflichkeit und alles, was man als humanistische Bildung bezeichnete, als devotes Verhalten vorausgesetzt und respektiert wurde ... und plötzlich begannen andere Systembildungen zu entstehen und zu wachsen: in der Kunst, in der Wissenschaft, sogar im Vatikan (Johannes XXIII!) ... Die Respektsabstände verkürzten sich, die Grenzen zwischen den Sozialschichten wurden durchlässiger, es fanden sich neue „strategische Partnerschaften" – und all das, weil auch die Kommunikation egalitärer geworden war – eine Folge des zunehmenden Psychobooms[82].

Zu dieser Zeit war nun mein Ehemann fest im „System" der Wahlkampf-Spindoktoren verankert, saß mit den anderen Mit- und Vordenkern in irgendwelchen Lokalen und manchmal kam ich nach und hörte schweigend zu, wie all die Aufstiegswilligen von ihren Anbiederungserfolge berichteten (um gleichzeitig Naheverhältnisse zu den vermuteten Zugangspersonen im Dunstkreis der maßgeblichen Entscheidungsträgern aufzubauen) und wie genau sie dies machten. Ob die damals konzipierte K-Gesellschaft (K wie Kultur) dann wirklich das Licht der Beamtenwelt erblickte, entzieht sich meiner Kenntnis; aber dass sie vor allem gegründet wurde, um einander wechselseitig zu promoten und für Jobs, Titel und Orden einzureichen, war unüberhörbar – und für mich später, im neuen Jahrtausend, Erinnerung, Vorbild und Anstoß, verdiente aber ignorierte Frauen und manchmal auch „diverse" Männer für TV-Interviews, Orden und Straßenbezeichnungen vorzuschlagen.

Die Proponenten der K-Gesellschaft waren z. B. Theatermanager wie Bernd Gallob oder Filmemacher wie Antonis Lepeniotis (1932-2004), dessen Film „Alkeste oder die Bedeutung, Protektion zu haben" ich ziemlich dilettantisch fand, der aber vom Inhaltlichen her

---

[81] Vgl. mein Buch „Ich will wissen – Lust und Lernen", Löcker Verlag, Wien 1998.

[82] Vgl. Rotraud A. Perner, Der erschöpfte Mensch (2012, Residenz Verlag). Taschenbuchausgabe aaptos Verlag, Matzen 2015/20232, S. 92 ff.

gelobt wurde, vor allem weil er die griechische Militärjunta kritisierte. All deren Namen waren mir trotz meiner regelmäßige Zeitungslektüre vorher nie aufgefallen, und dass sie rund um die Arena 70 mehr Chancen als bisher bekamen, fand ich sehr anständig, denn es sollte nicht nur „der Markt“ (oder, s. o., individuelle Protektion) entscheiden, wer und was das Licht der Öffentlichkeit erblicken darf, es sind doch alles auch „Zeit-Zeugnisse“. (Später, als Psychotherapeutin, bekam ich ungeahnte Einsichten, mit welchen #MeToo“-Strategien auch Ausstellungstermine in Galerien oder Nominierungen für Starts bei Sport-Ereignissen junktimiert wurden; den Begriff der „Besetzungs-Couch“ beim Film kannte ich natürlich aus den Gesprächen der – oft eifersüchtigen – Künstlerrunden bei meinen Eltern – aber dass es das sogar in der Wiener Staatsoper geben sollte, überraschte mich doch sehr.)

Das war wesentlicher Teil der Kulturpolitik von Bruno Kreisky: auch noch nicht so bekannten Künstlern und ihren Managern Zeit und Raum zur Verfügung zu stellen, und die Vorgänger der (später als Spindoktoren bezeichneten) Verbindungsleute aus Parteizentrale wie auch Stadtratsbüros waren die Ansprechpartner. Damals wurde Projekte erfunden wie die Möglichkeit, sich Kunstwerke für Büro oder daheim auszuborgen oder interessante Personen aus Kunst und Wissenschaft analog den Tupper-Partys nach Hause einzuladen – man musste nur eine bestimmte Anzahl von dazu Eingeladenen garantieren (und bewirten). Und es gab elitäre Konzerte für die breite Masse der Partei-Funktionäre um sie an Hochkultur zu gewöhnen: So habe ich eines vom 10. Juni 1970 im Wiener Konzerthaus notiert, bei dem Leonhard Bernstein Beethovens Klavierkonzert Nr. 1 in C Dur sowie die Coriolan-Ouvertüre dirigierte (und das Publikum peinlicherweise bereits nach dem ersten Satz zu applaudieren begann). Nachher gab es offenbar einen Empfang, denn ich habe mir dazu die Namen derer notiert, mit denen ich offenbar Small Talk geführt hatte: Peter Hoffer, Hans Janitschek (1934-2008), ein guter Freund meines Ehemannes, der uns immer wieder privat besuchte, wenn er aus den USA nach Wien gekommen war, ebenso wie Erich Sokol (1933-2003) aus Reinholds AZ-Zeiten (und 1998 Unterstützer meines Projekts „Gewaltfreie Steiermark“), Max Eissler (1929-2002) vom Landesstudio Wien, Ricardo Estarriol (1937-2021) von La Vanguardia, Lajos Ruff (1930-2023) – viele davon Personen, mit denen ich später dann selbst beruflich zu tun bekam.

Irgendwie musste sich meine gelegentliche Präsenz an übergeordneten Stellen auch zur SPÖ Donaustadt durchgesprochen haben, denn ich bekam plötzlich von dort den Auftrag, für die damalige Frauenvorsitzende Maria Hirschler (1910-1986), die ihr Mandat nicht „aus Altersgründen“ (sie wurde damals bald sechzig Jahre alt) zurücklegen wollte, als Botschafterin der Bezirks-Frauen deren Solidaritätsbrief für den Verbleib Hirschlers dem Wiener Parteivorsitzenden Felix Slavik zu überbringen. Dass ich auf meine Terminanfrage für Samstag, 13. 6., 10 h ins Bürgermeisterbüro gebeten wurde, hatte mich nicht misstrauisch gemacht – hätte es aber sollen. #MeToo war damals noch lange kein Thema, und die einschlägigen Gerüchte waren mir nicht bekannt – daher gestaltete sich die Begegnung dementsprechend überraschend und für mich hoch stressend. Als „der Fürst“ mich mit den Worten „Du willst doch Deinem Mann nicht schaden!“ gefügig machen wollte, rutschte es mir voll Angst spontan heraus, „Mir aber auch nicht!“ – und das dürfte ihn ernüchtert haben, denn aus der Zwickmühle (nämlich: Wie immer frau es macht, ist es falsch) entwickelte sich daraufhin eine echte Freundschaft. Ich bekam Anerkennung für meine Kreativität, meine Bewertungen und vor allem meinen Mut zum Widerspruch, wenn ich – was dann oft der Fall war – um Einschätzungen und Rat gefragt wurde. Und ich erhielt viele Informationen aus der Geschichte des „Roten Wien“. Die Wut darüber, dass mich die Genossinnen offensichtlich mit unredlicher Absicht zum „Fürsten“ geschickt hatten, spürte ich jedoch erst in meiner ersten, der Freud'schen Psychoanalyse – über zehn Jahre später. (Und deswegen ist mir die Information über die Phasen der Traumabewältigung so wichtig – damit die „Unbetroffenen“ nicht höhnisch ätzen „Jetzt kommen'S erst daher ...“, und deswegen habe ich diese in den 1990er Jahren in vielen Seminaren „Wahrheitsfindung nach Vergewaltigung“ an Kriminalbeamte – damals nur Männer – weitergegeben.)

Maria Hirschler aber verlor ihr Landtagsmandat – es bekam ein Mann, und der war älter als sie.

Politik lernen

Die JG (Junge Generation in der SPÖ) in Favoriten hatte laufend Werbung für zentral veranstalte Seminare gemacht – beispielsweise für Autogenes Training, Gruppendynamik, Kreativität, Rhetorik, Schnell-Lesen – und ich besuchte sie alle, irgendjemand nahm mich schon mit nach Lindabrunn oder Laxenburg, denn nach dem übergriffigen Fahrlehrer in meiner Zeit in der Städtischen Versicherung sah ich Nesthockerin keine Notwendigkeit mehr, selbst Autofahren zu lernen.

In diesen Seminaren wurden die Teilnehmer:innen mit Psychotechniken auf ihre Eignung für als Funktionär:innen oder Mandatar:innen abgetestet – aber das wurde natürlich nicht gesagt, das wurde mir erst klar, als ich selbst in den Vorstand gewählt wurde. Ich erinnere mich, dass ich bei solch einer Aufgabe die meisten Punkte hinsichtlich „Führung aus Kompetenz“ bekam – die zweite Frau im Team, Evelyn Stoll, allerdings die meisten betreffs „Führung aus Beliebtheit“. Als ich das dann meinem Ehemann erzählte, meinte er, ich sei eben nicht „weiblich“ genug, das mache Angst. Da fiel mir der Appell zur Mittelmäßigkeit wieder ein, und ich begann, mich mit meinen Ideen zurückzuhalten – um dann nach etlichen Testaufgaben oft erstaunt zu erfahren, dass meine kollektiv abgelehnten Lösungsvorschläge zwar extremes Minderheitenprogramm, aber die vorgesehen richtigen waren.

Als ich Mitte der 1980er Jahre, bereits Psychoanalytikerin, zusätzlich systemische Ausbildungen absolvierte, wurde mir klar, wie mit solchen „Mythen“ sprich Glaubenssätzen, Menschen die „erwünschte“ Richtung suggeriert wird. Da es mir als Eigenbrötlerin nie wichtig war, mich den Entscheidungsträger:innen anzubiedern, vor allem, weil ich erwartete, „geholt“ zu werden, wenn man mich brauchte, gehörte ich nie und nirgendwo zu einem „inneren Kreis“ dazu.

Erst als mein Arbeits-Stil durch meine Mitarbeit im ORF landesweit erlebbar war, wurde meine multidisziplinäre Kompetenz wahrgenommen und den präventiven Abwertungen meiner „Mitbewerber:innen (wie sie heute zwischen den politischen Parteien alltagsüblich geworden sind) protestierend widersprochen. Deswegen war ich ja Erwin Lanc so dankbar, als er mir erzählte, man bedauere, mich einfach davonziehen lassen zu haben. Ich sagte daraufhin zu Erwin, man hätte ja versuchen können, mich zurückzuholen oder zu kontaktieren, wenn man etwas von mir wollte – so wie es der niederösterreichischen SPÖ-Vorsitzende Sepp Leitner (*1972) gemacht hatte, der mich vor der Landtagswahl 2009 in sein Büro im Landhaus einlud und fragte, ob ich mir vorstellen könnte, die SPÖ im Wahlkampf zu unterstützen. Ich hatte damals geantwortet: Grundsätzlich ja – vorausgesetzt, es gibt etwas, das ich für unterstützenswert hielte. Und dann fragte er, was so etwas sein könnte, und ich sagte wie aus der Pistole geschossen: die Vereinheitlichung aller Krankenkassen, und er reagierte sichtlich entsetzt und meinte, das sei in der Partei nicht durchzubringen, und ich bedauerte, mir sei das ohnedies klar – man brauche ja viele Spitzenpositionen für „die eigenen Leute“ (Personen des Vertrauens – so wie ich es im Klub der Mandatare in Favoriten oft gehört hatte, wenn Personalentscheidungen diskutiert wurde – und was ich auch ganz in Ordnung finde; ich arbeite ja auch lieber mit Personen zusammen, denen ich vertraue – auch mit dem Risiko, dass sie sich hinterher manchmal als illoyal oder sogar infam erweisen), und da sagte Leitner lakonisch „Das können aber auch nur *Sie* sagen!“ Das Gespräch verlief danach ergebnislos im Sand. Mir wäre zwar lieber gewesen, „meine“ Partei hätte mich als Expertin engagieren wollen und nicht nur als „lebendes Plakat“ zur Wahlwerbung ... aber aus mir unerfindlichen Gründen wurde und wird meine multidisziplinäre Kompetenz beharrlich ignoriert. Die Phantasien anderer kann man nicht verhindern – außer sie legen sie offen.

In Wien „durfte“ ich nur ein einziges Mal gemeinsam mit Hugo Pepper (1920-2011) ein Rhetorik-Seminar leiten, aber da er dabei wegen seines autoritären Auftretens viel Kritik erhielt (ich aber viel Zustimmung) blieb es auch bei dieser Solitude. Umso erfreuter war ich, als ich für 5. und 6. Dezember 2000, vermutlich von Peter B. Fischer (Train Trust), der sehr viel für die SPÖ arbeitete (die im Gegensatz zu anderen politischen Parteien noch immer meine multidisziplinären Kompetenzen beharrlich ignoriert hat), angefragt wurde, ob ich den Presseleuten in der Bundesparteileitung Einblicke in die Technik des NLP[83] geben könnte und dieses Angebot sofort dankbar annahm. Diese Methode wurde damals allerdings heftig abgelehnt: So zu „manipulieren“ wär doch unethisch! (Wie wenn es nicht „Naturtalente“ gäbe, die das ohnedies könnten!) Mir ging es aber darum, die Methode erkennbar zu machen, damit sie abwehrbar wird! Seit dem Wahljahr 2017 und dem Motto des SPÖ-Wahlkampfberaters Tal Silberstein [84] zum politischen Gegner: „Wir müssen ihn von einem sauberen in einen schmutzigen Kandidaten verwandeln.“ hatte sich diese

---

[83] NLP – Neurolinguistisches Programmieren – ist eine Zusammenfassung von Methoden aus der systemischen, Gestalt- und Hypnotherapie auf kommunikationswissenschaftlicher Basis vgl. Peter Schütz u. a., NLPt – Theorie und Praxis der Neuro-Linguistischen Psychotherapie. Junfermann Verlag, Paderborn 2001. (Dass Methoden des NLP auch für Verkaufstrainings – auch von politischen Parteien – genutzt wird, lässt sich nicht verhindern.)

[84] Das Zitat von Tal Silberstein (*1969) stammt aus wikipedia: https://de.wikipedia.org/wiki/Tal_Silberstein (abgerufen am 22. 1. 2024)

ethische Bewertung allerdings erkennbar verflüchtigt. Auf den nächsten Wahlkampfstil bin ich daher schon sehr neugierig.

Das sehe ich auch einen wesentlichen Vorteil, wenn man NLP gelernt hat: man sollte damit, so man diese Kompetenz erworben hat, auf klandestine Inhalte in den unbedachten Alltagsformulierungen aufmerksam werden – und sie im dialogischen Gespräch mildernd oder verschärfend umformulieren können (so wie die letzte Fee im Märchen vom „Dornröschen").[85] Seit meiner NLP-Ausbildung ist es mir besonderes Anliegen, diese Manipulationen wo immer möglich aufzuzeigen – vor allem, wenn sie von Medien (auch den sogenannten seriösen) unreflektiert übernommen wurden. Da ich aber im März 2023 meine regelmäßigen „Briefe gegen Gewalt" eingestellt habe[86], fehlt nunmehr mir dazu die Plattform.

Für mich zählt der Missbrauch von Psycho-Techniken – nicht nur aus dem NLP in der Parteipolitik sondern auch aus dem Werk C. G. Jungs in esoterischen Schulen – zu dem Versuch, so schnell wie möglich „mehr" zu werden – wissender als andere und damit siegreicher nach dem Motto „Wissen ist Macht" anstatt „wissender als gestern" um die „selbstverschuldete Unmündigkeit" (d. i. „des Unvermögens, sich seines Verstandes ohne Leitung eines anderen zu bedienen", Immanuel Kant, 1724-1804) zu überwinden. In den 1970er Jahren gab es noch kein NLP[87], sondern es war der Psychologe Milo Beran, der vom damaligen Wiener JG-Sekretär das Schulungsmonopol anvertraut bekommen hatte. Mit letzterem hatte ich ein unangenehmes Erlebnis – vielleicht experimentell witzig gemeint oder aber wirklich traditionelles

---

85 Vgl. mein Buch „Sprechen ohne zu verletzen", aatps Verlag, Matzen 2022.

86 Diese Briefe waren eine Basis meiner Mentalitätsforschungen, die ich 2023 für ein Buch aufbereiten und veröffentlichen wollte. Leider wurde mein diesbezügliches Förderansuchen von inkompetenten Beamten abgewiesen (siehe den Dekadenbericht 2013 – 2023 meines Institut für Stressprophylaxe & Salutogenese auf www. salutogenese.or.at). Sie sind alle auf www.haltgewalt.at nachzulesen.

87 Ich habe meine NLP-Ausbildung auf Empfehlung des Schulpsychologen Gottfried Banner begonnen (um einen meiner Söhne bei der Überwindung seiner MCD besser fördern zu können) und 1986 abgeschlossen. Im Gegensatz zu den meisten meiner Mitstudierenden konnte ich alle Interventionsformen umgehend in meiner wöchentlichen Arbeit in der von mir 1975 als „flankierende Maßnahme zur Fristenlösung" gegründeten Familienberatungsstelle Favoriten immer gleich praktisch und höchst erfolgreich erproben und bin seitdem eine fundierte Befürworterin dieses Zuganges, der erst spät als Fortbildung für Psychotherapeut:innen vom Gesundheitsministerium empfohlen und heute (auch dank eines Gutachtens von mir) als eigenständige Psychotherapieschule anerkannt wurde.

Erstnachtsrecht[88] einfordernd, mich jedenfalls total überfordernd – als er mir eröffnete, ich müsse entweder mit dem Obmann oder dem Sekretär (ihm) schlafen. Ich war jedenfalls schockiert und bat meinen Ehemann um Abwehrhilfe gegen die mehrfach wiederholte Bedrängnis – und die war dann auch erfolgreich und wir konnten gut zusammenarbeiten. Jahre später, als dieser Funktionär Volkshilfe-Sekretär und ich bereits selbständige Psychotherapeutin war, fragte ich bei ihm an, weil ich dort gerne supervidiert hätte, und da kam dann die unerfreuliche „Retourkutsche": Er sagte mir, „Wenn Du Arbeit suchst, bewirb Dich doch beim Nachtboten" – einer Sexgazette mit Prostitutionsangeboten. Die kosmische Gerechtigkeit sorgte allerdings bald darauf für Ausgleich der mir zugefügten Demütigung, als sein (durchaus anerkennungswerter) self-made Aufstieg durch ein Strafverfahren wegen Untreue zumindest mit einer erstinstanzlichen Verurteilung gebremst wurde.[89]

Erfreulich waren hingen die „Bildungsreisen" der JG Wien: Trotz meiner Reisescheu war ich – wieder mal als einzige Frau – von 29. Juli bis 7. August1971 mit einigen Vorstands-Kollegen bei den Jusos in einem vermutlich Gewerkschaftsheim in Malente (Schleswig-Holstein). Ich erinnere mich gerne an die intensiven Marxismus-Debatten zwischen dem kunst-affinen Verbund-Betriebsrat Norbert Nischkauer (1941-2011) und dem Arbeiterkammer-Wirtschaftsexperten Herbert Krämer, die anderen Wiener Genossen sind meinem Gedächtnis entschwunden, und an einen Besuch am 1. August bei dem ehemaligen Jusos-Vorsitzenden Björn Engholm (*1939, damals Bundestagsabgeordneter und später Bildungsminister) in Lübeck. Da hat mir sehr imponiert, dass dieser – im Gegensatz zu der österreichischen Usance, dass Mandatare alle Gäste auf eigene Kosten frei halten – uns vorab und frei von der Leber weg informierte, er würde bei dem nun vorgesehenen Lokalbesuch nur für einen seiner eigenen Genossen bezahlen, weil der als einkommensloser Student sonst nicht mitkommen könne, aber nicht für uns österreichischen Gäste.

---

88 Mehr über das historische Erstnachtsrecht unter https://de.wikipedia.org/wiki-/ius_primae_noctis.

89 Zitiert in: https://www.derstandard.at/story/1415059/tassilo-broesigke-ist-tot (abgerufen am 22. 1. 2024). Wie das Verfahren letztlich ausging, konnte ich im Internet nicht registrieren, vermutlich für den Beschuldigten günstig, denn das wäre ja medial „keine G'schicht" mehr gewesen (wie ich aus eigener bitterer Erfahrung weiß).

Es sind ja oft die fehlenden Modelle, wie man etwas sagen könnte, die peinliche Situationen, sprich Gefühle heraufbeschwören – und leider viel zu oft auf Dauer verankern.

Solch ein hilfreiches Modell lieferte mir der Kollege, der später meine „große" Ehekrise 1981 auslöste. Als wir uns nach deren Ende wieder einmal in einer Pizzeria zu Mittag trafen, fragte ich ihn nach dem Essen (hoffnungsvoll) „Bin ich eingeladen?" und er sagte sanft und freundlich „Nein", und damit war alles klar (wenn auch enttäuschend, denn damals war ich noch sehr schmal bei Kasse).

Ich habe mir auch so eine wie ich meine hilfreiche Form der Ablehnung zurechtgelegt: Wenn ich man mir präventiv Schuldgefühle machen will, damit ich gegen meinen Willen irgendwo mittue, denke ich demonstrativ nach und sage dann: „Das möchte *ich nicht unterstützen". („Möchte", weil es sanfter klingt als „will" und mir mehr Raum lässt, meine Ansicht vielleicht noch zu ändern – auch wenn uns in den frauenspezifischen Trainings unter der Frauensekretärin Johanna Dohnal (1938-2010) eingetrichtert wurde, wir sollten nicht so vage formulieren, sondern immer mit „ich will"!) Wenn man mich aber unnötig, nur um selbst als mächtig dazustehen, unter Druck setzen will, sage ich „Aber* gerne *komme ich Ihnen / Dir da entgegen!"*

Anfang Jänner 1972 war ich ein zweites Mal – und diesmal in Begleitung meines Ehemannes, weil der dort Schifahren wollte – mit der Wiener JG auf Schulung bei den Jusos, diesmal im bayrischen Obersdorf im Kreis von Gewerkschaftern aus dem Ruhrgebiet, die gerade an einem Mitbestimmungsmodell arbeiteten und als Hauptreferent den polnischen Universitätsdozenten Wladimir Knobelsdorf aus Katowice eingeladen hatten, aber diesmal wurde nicht so politisch diskutiert wie in Malente.

Ohne die Einbindung in die Gruppe bzw. Begleitung meines Ehemannes wäre ich Nesthockerin wohl nie ins Ausland gefahren; 1972 hätte mich die Nationalbank sogar im September für einen Monat zum Banco de Espana schicken wollen, aber dieser „Kelch ging an mir vorbei" – dank meiner ersten geglückten Schwangerschaft.

Emanzipation lernen

1970 pendelte ich anfangs politisch noch zwischen SPÖ Donaustadt, Arbeitskreis Mitbestimmung und JG Favoriten hin und her – in der Donaustadt war mir niemand von der JG begegnet – und vom Arbeitskreis „Emanzipation der Frau“ der JG Wien, in den ich als nunmehr „Alibi-Frau“ im Vorstand der JG Favoriten hinein „beordert“ worden war (und von dem ich vorher nie etwas erfahren hatte). Bald darauf, kam noch das Neue Institutsgebäude der Universität Wien dazu, denn es hatte sich durch das „Ausleihen“ der kompetentesten Wirtschaftswissenschafter der OeNB ans Büro des Finanzministers der Regierung Kreisky 1 (Hannes Androsch) kein Mann und schon gar keine Frau außer eben mir gefunden, bereit das Nationalbankstipendium am Institut für Höhere Studien in Anspruch zu nehmen. Zur Auswahl standen Ökonomie, Politologie und Soziologie, und ich entschied mich für letzteres, weil ich davon am wenigsten Ahnung hatte – allerdings war mein ambitionierter Start bald zu Ende, weil mich das tägliche Erbrechen meine ganze erste Schwangerschaft hindurch körperlich schwächte – nicht aber energetisch: ich stand nämlich noch in der Februar- und Märzkälte auf vielen Wiener Märkten, diskutierte und sammelte Unterschriften für die Abschaffung der Abtreibungs-Strafbarkeit – ein Multitasking der anderen Art.

Im Arbeitskreis Emanzipation der Frau fand ich mich wieder einmal in der Position des „fünften Rads am Wagen“. Während es im Arbeitskreis Mitbestimmung dem Namen und damit auch Motto entsprechend partizipativ zuging, weil das Ziel, immer allen Betroffenen Rede- und Mitgestaltung nicht nur zu ermöglichen sondern auch proaktiv nahezubringen, besonders mir als einziger Frau zugutekam, dominierte im Arbeitskreis Emanzipation der Frau das Kampfgeschehen, extern wir auch intern, und da traf es mich als „die Letzte“, nämlich zuletzt Gekommene aber auch Nachzüglerin im Geiste.[90]

Als ich dazu kam, wurde die Basis-Literatur der in Österreich erst bescheiden wachsenden Frauenbewegung jeweils auf eine der Genossinnen aufgeteilt, die den Inhalt bei der jeweils nächsten Sitzung refe-

---

[90] Dazu kam noch, dass der ehemalige Mitbewohner in der ersten Ehe meines Ehemannes, und ebenso Arbeiter-Zeitungs-Redakteur wie er, Günter Poidinger, als er von meinen ersten emanzipatorischen Gehversuchen in der SPÖ erfuhr, gleich eine Story daraus bastelte („Kein Heimchen für das Lesebuch“, Arbeiter Zeitung, 31. August 1971), und das schadete mir bei den Genossinnen, die sich ja zu Recht erfahrener und wichtiger fühlten.

rieren sollte. Ich bekam „Frauenbefreiung und sexuelle Revolution" von Shulamith Firestone[91] zugeteilt; ich kann mich noch gut erinnern, wie ich, nachdem ich einen Satz zitierte, in dem der Begriff Devianz vorkam, von Eva Kreisky (vormals Zgraja), der Ehefrau von Peter Kreisky und so wie er ehemalig semestergleich im Jusstudium, zu dessen Erklärung aufgefordert wurde. Abgesehen davon, dass ich ihn nur aus der lateinischen Sprachwurzel her hätte übersetzen müssen („Abweichung"), war ich von ihrem Tonfall schockiert (was sich daran beweist, dass mir diese Lappalie noch immer gedanklich präsent ist) und fühlte mich von der vermutlichen Besserwisserin „verhört" bzw. „examiniert". Diese, mir unverständliche, distanzierte Kälte spürte ich sogar noch vor wenigen Jahren, als ich – zwischenzeitlich auch im Jusstudium lehrend – ihr gelegentlich im Aufzug des Hauses Schenkengasse begegnete und sie meinen angesetzte Gruß durch Wegdrehen des Kopfes verunmöglichte.

Bei den Sitzungen der AUF (Aktion Unabhängiger Frauen) ging es anders zu, fördernder: wenn eine etwas nicht wusste oder wagte, wurde sie solidarisch gestützt, beiseite genommen, informiert, zum Sprechen ermutigt. Allerdings waren wir dort auch eine viel größere Anzahl. Und es gab keinerlei Karriereaussichten. Und lange auch keine dauerhafte Bleibe. Die Sitzungen fanden mal da, mal dort statt, bei befreundeten Organisationen erst in der Johannesgasse (da habe ich den Namen vergessen), später in der Schottengasse beim Internationalen Zivildienst (IZD), und endlich in einem Kellerlokal in der Tendlergasse – ein Parallelprozess zu dem fehlenden „Ein Zimmer für sich allein" (Virginia Woolf) und der traditionellen Beschränkung des Aktionsradius der „drinnen waltenden züchtigen"[92] Hausfrau auf Küche und, wenn vorhanden, Gemüsegarten. Ich kann mich noch gut erinnern, wie in den Frauenzeitschriften der 1960/70er Jahre propagiert wurde, dass und wie sich die Durchschnittsfrau einen „unauffälligen" Arbeitsplatz in der Wohnung – zum Briefeschreiben! oder zum Nähen – gestalten könnte: mit ausklappbarer Arbeitsfläche in einem Kasten, etwa im Schlafzimmer ....

Die wortführenden Ruth Aspöck (*1947), Erica Fischer (*1943) und später dann auch Freda Meissner-Blau (1927-2015) hatten einen

---

91 Shulamith Firestone, Frauenbefreiung und sexuelle Revolution (1970). Fischer Taschenbuch Verlag, Frankfurt/ Main 19752.

92 Vgl. Friedrich Schiller, Das Lied von der Glocke. In: Friedrich Schiller Sämtliche Gedichte, Zweiter Teil, dtv Gesamtausgabe 2, München 1965, S. 190.

offeneren Zugang zu den Neuankommenden – oder sie waren weniger misstrauisch. Oder ergebnisoffener. Sie wussten jedenfalls, dass sie nur mit einer Quantität von vielen Frauen Aufmerksamkeit und Achtung in den jeweiligen Öffentlichkeiten erzielen konnten, sie verfügten ja über keinerlei Sitze in etablierten Gremien oder Zugang zu den Entscheidungsträgern (damals noch fast nur männlichen – Hertha Firnberg wurde von Marianne Bargil abgeschirmt). Und es wurde weniger theoretisiert, sondern mehr auf Demonstrationen hingearbeitet.

Der Kampf um die Fristenlösung

Es war wohl in der Bundesfrauenkonferenz am 9. Juni 1970, der ersten, zu der ich – noch von der SPÖ Donaustadt – delegiert war, in der die Vertreterin des VSStÖ, Irmtraut Gössler, mit einer flammenden Rede und dem Slogan „Mein Bauch gehört mir!" die Straffreiheit von Abtreibungen forderte – ganz im Gefolge der Pionierinnen der Arbeiterbewegung. Ich sehe sie noch deutlich vor meinem geistigen Auge, weit entfernt (denn den Delegierten waren die Sitzplätze traditionell nach den Bezirks-Zahlen geordnet zugewiesen worden, die Donaustadt war als vorletzter von 24 – denn Rudolfsheim – Fünfhaus wurde als zwei eigenständige Bezirke wahrgenommen – daher ganz hinten) am Podium, eine mädchenhaft zarte Frau in einem minikurzen Hemdblusenkleid, rot, vermutlich aus Jersey, mit ganz kurzen Haaren und einer riesengroßen Brille.

Im Arbeitskreis Emanzipation der Frau traf ich sie wieder – und da bildete sich 1971 das „Aktionskomitee zur Abschaffung des § 144 StG" (Strafbarkeit von Abtreibung): Es wurde von Eva Kreisky, Irmtraut Gössler (heute Karlsson), Helga Tichy, Renate (Reni) Obadalek, Gertrude Edlinger und noch ein paar Aktivistinnen gegründet, und ich tat als Alibifrau der JG Wien auch mit. Wir bereiteten Unterschriftslisten und uns darauf vor, auf Wiener Märkten Unterschriften zu sammeln und dieses Anliegen zu bewerben bzw. zu verteidigen.

Ende 1971 ging die damalige Wiener Frauensekretärin Schella Hanzlik (1912-2005) in Pension, und da ich als nunmehr gewählte einzige Frau im Vorstand der JG Wien ins Wiener Frauenkomitee kooptiert war, war ich bei der Sitzung anwesend, in der über deren Nachfolge beraten wurde. Zur Auswahl standen die „rassig" aussehende und als kampflustig und „bissig" eingeschätzte Gewerkschafterin und spätere Vizepräsidentin des ÖGB Hilde Sailer (*1931) und die bis dahin unauffällige und lieblich aussehende Penzinger Bezirksrätin Johanna Dohnal. Maria Hlawka (1914-2005) – die damalige Favoritner wie auch Wiener Frauenvorsitzende – plädierte erfolgreich für Johanna, denn (Zitat!) „die wird dem Slavik besser gefallen". Aha, dachte ich damals – wieder eine „Jungfrauenopfer" für den „Fürsten", denn der hatte ja die Verfügungsmacht über die Finanzen. Es kam aber ganz anders. Wie frau sich halt täuschen kann!

Als Johanna Dohnal 1972 das Frauensekretariat übernahm, übernahm sie auch die Forderung nach Straffreiheit für all die Frauen, die sich – zumeist unter massivem Druck – zu einer Abtreibung entschlossen hatten. Wie das alles geschah, weiß ich nicht, da ich ja nur zu den offiziellen Sitzungen eingeladen war. (Solange Gertrude Wondrack (1920-1971) bzw. Anna Demuth (1921-2021) die Bundesfrauensekretärinnen waren, wurde ich hingegen schon zu gelegentlichen Brainstormings im Büro der Bundesfrauenvorsitzenden eingeladen und hatte dort bereits Anneliese Albrecht (1921-2018), Franziska Fast (1925-2003), Johanna Dohnal (1939-2010), Hilde Sailer und deren kongeniale Kollegin Gabrielle Traxler (1942-2015) kennen und wertschätzen gelernt.) Besonders die Gewerkschafterinnen habe ich immer als extrem frauenfreundlich, hilfreich und korrekt erlebt. Nachdem ich 1973 in Favoriten in die Bezirksvertretung gewählt und für den Landtag kandidiert wurde (und nach der Geburt meines ersten Sohnes Ende Oktober 1972 bei der nächsten Wahl nicht mehr für den Vorstand der JG Wien kandidiert hatte), bekam ich aber keine derartigen Einladungen mehr – zu den offiziellen Sitzungen hätte ich das ja verstanden, denn da war man ja delegiert, aber auch nicht zu den parteiöffentlichen Informations- und Fortbildungsveranstaltungen. Ich vermutete damals, ich wäre Hertha Firnberg, die ja auch Favoritnerin war und ihrer „Adjutantin" Marianne Bargil (1934-2016), der Ehefrau des Bezirksrats und ehemaligen Wien-gebürtigen israelischen Diplomaten Menachem Bargil, der mich im Gegensatz zu ihr sehr wertschätzte, „zu nahe" – oder „nicht nahe genug" auf parteiübliche Weise, sprich devot – gekommen, aber es war mir auch egal).

Aus meiner Favoritner Frosch-Perspektive waren wir als damals größter Wiener Gemeindebezirk ein „Staat im Staat" und Außenbeziehungen nur den Obersten erlaubt. Das war nicht nur in der SPÖ so: Auch die spätere Umwelt-, Frauen- und Gesundheitsministerin der ÖVP, Maria Rauch-Kallat (*1949), in Favoriten wohnhaft, damals wie ich noch sogenannte „Nachwuchs-Hoffnung", bekam ihr erstes Mandat für den Wiener Landtag (trotzdem sie bereits über die Bezirksgrenzen hinaus in der Förderung von Frauen und Menschen mit „anderen" – sozial konstruierten – Behinderungen aktiv und erfolgreich war) nur über Döbling, was für die Mutter zweier halbwüchsigen Töchter zusätzlichen Anreise-Zeitverlust bedeutete. Die ehemalige Hauptschullehrerin (für u.a. auch Russisch!) sollte den weniger profilierten und fleißigen Kollegen offenbar auch nicht zu nahe platziert sein – es wären ja sonst die geistigen Größenunterschiede zu sehr ins Auge gesprungen.

Was Johanna Dohnal sehr innovativ und geschickt ins Szene setzte, war – ganz im Gefolge der Strategien von Bruno Kreisky – der Aufbau von „ausstrahlenden" Netzwerken: waren es bei Kreisky beispielsweise Wissenschaftler wie Egon Matzner (1938-2003) oder Herbert Tieber (1942-1990), waren es bei Dohnal die IHS-Absolventinnen Irmtraut Gössler und Eva Kreisky, vor allem aber die – zumindest mir – vorher noch nicht präsente – Psychologin Frigga Lucchinetti, von der vermutlich die Idee der flächendeckenden Frauen-Selbstbewusstsein-Seminare stammte[93]. Sie war öfters privat bei mir, sprühte nur so vor Ideen, doch leider hatte ich sie nach einem Zeitungsartikel, dass sie durch einen Bandscheibenvorfall wieder gehen lernen müsse, aus den Augen verloren.

Johanna Dohnal sah voraus, dass es in der Partei Widerstand gegen das Ansinnen der Beseitigung des § 144 StG geben würde. Aus heutiger Sicht wohl verständlich, wenn man

- an das Fruchtbarkeitsgebot in 1 Mose 1, 28 „seid fruchtbar und mehret euch" denkt, das ich in meiner theologischen Masterarbeit[94] auch als alternativ mit „seid kreativ und fördert einander" übersetzbar ausgewiesen habe,
- und an die Notwendigkeit vieler loyaler Familienangehörigen zur Verteidigung in nomadischen Kulturen wie zur Zeit des 1. Buch Mose – und diese Loyalität wurde dem „gemeinsamen Blut" unterstellt (und nicht der Beziehung) und die damit zusammenhängende Kontrolle der praktizierten (und oft ver-

[93] In meinem 1981er Kalender habe ich unter ihren Namen vermerkt: Material zur Sexuellen Belästigung am Arbeitsplatz – offenbar war wiederum sie es, die mich als erste auf das Thema aufmerksam gemacht hat.

[94] „Sexuelle Reformation – Freiheit und Verantwortung", LIT Verlag, Berlin Münster Wien 2017.

leugneten) Sexualität der Frau, der diese entweder ganz abgesprochen oder als überschießend verteufelt und daher unterdrückungsbedürftig definiert wurde,

- weiters an die erst späten medizinischen Erkenntnisse über den riskanten Prozess von Befruchtung, Einnistung und Abstoßung (Abortus) im ersten Trimenon,
- und an die enttarnbar gewordenen Konstruktionen sozialer Mythen zur Kontrolle unerwünschten Verhaltens und Sicherung der eigenen Dominanz,
- und als nunmehr NLP-Geschulte sehe ich den Ursprung dieser Mythenbildung auch darin, dass die „Zygote“[95] permanent als „Kind“ bezeichnet und damit der Mythos von der Kindsmörderin aufgebaut wurde. Ähnliches kann man heute beobachten, wie z. B. mit politisch propagierten Formulierungen aus „Asylwerbern“ „Asylanten“ gemacht werden, aus „Haftinsassen“ „Häftlinge“, als „Klima-Aktivisten“ „Klimakleber“ und aus „Frauenmorden“ „Femizide“ (laut Wikipedia „ermordet, weil sie Frauen sind“ statt „hingerichtet, weil sie sich nicht unterwerfen“ – und das trifft auch andere, unabhängig vom Geschlecht).[96]

Die penible Durchforstung und Verbreitung der diesbezüglichen Gegenliteratur ist wohl primär Irmtraut Karlsson zu verdanken: nicht nur die berühmte Aussage des deutschen Justizministers der Ersten Republik Deutschlands, Gustav Radbruch (1878-1949), „Es ist noch nie eine reiche Frau wegen § 218 vor dem Kadi gestanden“, sondern vor allem die Lehre des (hl.) Thomas von Aquin (1225-1274), dass die „Beseelung“ des männlichen Fötus in der 12., des weiblichen aber erst in der 14. Woche stattfindet.

All dies zu wissen, war denjenigen vorbehalten, die an den polar besetzten Enqueten teilnehmen durften (als Aktionskomitee-Unterstützerin gehörte ich auch dazu), aber Johanna Dohnal sorgte dafür, dass viele Funktionärinnen nicht hilflos der katholischen wie männlichen Abwehrfront gegenüberstehen sollten. Ich erinnere mich noch gut an eine Schulung im Bildungszentrum Lindabrunn, in der wir – immer wieder den Standort in zwei Reihen wechselnd – einmal pro und dann wieder contra Strafbarkeit, Fristenlösung und auch völlige

[95] Zygote: befruchtete Eizelle.

[96] In diesem Zusammenhang empfehle ich auch das Buch „War das jetzt rassistisch? 22 Antirassismus-Tipps für den Alltag“, herausgegeben von Black Voices, aus dem Leykam Verlag, Wien Graz Berlin 2022.

Straffreiheit der Abtreibung disputieren – und gleichzeitig im Brainstorming zum Finden neuer Argumente auf das höchstpersönliche „Copyright" verzichten mussten; genau das fand ich genial, weil es die schulisch und familiär erlernten Konkurrenzhaltungen auflöste, uns zusammen schmiedete und Respekt vor geistiger Arbeit vermittelte (was ja noch keine Tradition in der Arbeiterbewegung aufwies – diese entstand erst, als Kreisky das Ziel „Mehr Arbeiterkinder an höhere Schulen" erfolgreich vorangetrieben hatte).

Ich weiß nicht mehr, welche „Wiener Konferenz" es war, vielleicht die am 17. September 1973, in der wir Frauen wie in einer Stafette uns nach je einem Zwischenredner zu Wort meldeten (also oft erst als dritte, vierte danach ans Rednerpult treten konnten), und mit „ich beziehe mich auf meine Vorrednerin" die Argumente der Jeweiligen fortführten und mit neuen unterstützten – und diese Kettenbildung hob unsere Stimmung in lichte Höhen, wir hatten quasi Hoch-Zeit!

Heute, als Psychotherapeutin unter anderem auch mit Gruppendynamik wohlvertraut, finde ich diese unbewusste Taktik genial: da wir ja wie üblich nicht beieinander, sondern nach Bezirken getrennt saßen, bildeten wir auf diese Weise ein gedankliches wie auch energetisches breit aufgespanntes „Spinnennetz" mit identischem Inhalt und Ziel. Da sich, mangels echtem Interesse und sachlichem Verständnis auch keine gleich vorbereiteten Kontraredner (sondern nur ein paar auf Harmonie mit dem politischen Gegner bedachten Angsthasen) fanden, blieb dieses „Netz" unbeeinträchtigt.

Das Gleiche veranstalteten wir an dem legendären Villacher Parteitag rund um den 17. April 1972 (vorher 2 Tage Bundesfrauenkonferenz, nachher noch 2 Tage Gesamtparteitag). Ich war damals im dritten Monat schwanger und musste immer wieder (zum Erbrechen) zu den Toiletten in den Keller rennen und bekam – erstmals in meinem Leben! – echtes Mitgefühl all der Frauen, die das auch kannten. Die Fotos, die es von damals von mir gibt – am Rednerpult vor dem Mikrophon und im Plenum vor meiner Freundin Helene Klaar (*1948, heute *die* feministische Rechtsanwältin, die trotz der vielen Ungerechtigkeiten ihren Humor nicht verloren hat) – wurden zwischen zwei solcher „Tiefgänge" gemacht.

Anderthalb Jahre später (laut meinem Kalender vermutlich am 10. September 1973) – die Fristenlösung war noch immer nicht beschlossen – organisierte ich dann selbst eine Petitionsüberreichung an die Wiener Parteiobleute vor den – noch nicht abgebrannten – Sofiensälen im 3. Bezirk, gemeinsam mit allen mir bekannten Freundinnen, die bereit waren, ihre Kinder mitzubringen, und da trug ich, wie man auf einem Foto sehen kann, bereits meinen Erstgeborenen im Tragebeutel umgeschnallt.

Während all dieser Bemühungen, das Leid ungewollt geschwängerter Frauen von der zusätzlichen Strafdrohung zu befreien, agierten fundamentalistische Aktivisten und Aktivistinnen der in der katholischen Kirche beheimateten „Aktion Leben" mit Angstmache und unwahren Unterstellungen von drohender zügelloser sexueller Begierlichkeit – bei den Frauen. Sachliche Auseinandersetzung schien unmöglich. Zusätzlich berichteten mir einige Freundinnen, wie demütigend und absichtlich schmerzbereitend die Curettagen nach einem Schwangerschaftsabbruch (aber auch Abortus) durchgeführt wurden, und wie oft sie von Ärzten wie auch Krankenschwestern zu hören bekamen: „Du hast Deinen Spaß gehabt – jetzt *kannst* Du schon auch die Schmerzen aushalten!" Wieder eine Projektion!

Geschlechtsverkehr galt sogar in den 1970er Jahren noch vielen als *die* „Erbsünde" – eine krasse Fehlinterpretation der Kirchenväter, die ihre eigene Begierde nicht akzeptieren und beherrschen konnten. (So bettelt ja auch Augustinus von Hippo in seinen „Confessiones" („Bekenntnissen"): „Herr gib mir Keuschheit und Enthaltsamkeit – aber nicht sofort!"[97]).

> *Aus meiner heutigen bescheidenen theologischen Sicht ist die Erbsünde – das Wort Sünde stammt ja von „sund" wie im geographischen Sund oder in abgesondert, besonders, sonderlich etc. – jedoch das „Herausfallen aus der „unschuldigen", d. h. naiven „EIN-heit in Gott" infolge der nunmehr erlangten Bewusstheit, dass die EIN-heit aus zwei (oder mehreren) Teilen gebildet wird. Folgt man dazu dem 1. Johannesbrief 4,16, dass Gott Liebe ist – „und wer in der Liebe ist, ist in Gotte und Gott ist in ihm" (denn wir sollen uns ja kein Bild von dem machen, was wir Gott nennen, vor allem kein personales), dann wird auch klar, dass in der geschlechtlichen Paarbildung die Chance der Überwindung der Trennung liegt (wie eine ähnliche Metapher auch in Platos „Symposium"[98] andeutet: die*

---

[97] Augustinus, Confessiones / Bekenntnisse (lateinisch/ deutsch), Achtes Buch, VII, 17. Reclam, Stuttgart 2009/ 2012, S. 383.190

[98] Platon, Das Trinkgelage oder Über den Eros. 189 c – 190 c. Insel Verlag, Frankfurt/ Main 1985/ 2004, S. 41 f.

vom Blitz des neidischen Zeus in zwei Teile gespaltenen Kugelmenschen mit vier Armen und vier Beinen suchen danach stets sehnsuchtsvoll ihre andere Hälfte).

Die Fronten schienen verhärtet, es kam auch zu Zusammenstößen – so wie heutzutage bei Demonstrationen hie pro Israel gegen hie pro Palästina (anstatt gegen Hamas – wieder eine klassische NLP-Wortverdrehung), nicht bloß zur Unterstützung der jeweiligen rechtspolitischen Ansichten, sondern als persönliche Attacken auf die Unterstützer:innen der Straffreiheit (und Verfügbarkeit empfängnisverhütender Mittel) für verzweifelte Frauen.[99]

1973 kam ich dann in Kontakt zu den Beraterinnen der „Aktion Leben", als eine unverheiratete Kollegin aus dem Jusstudium ihre Schwangerschaft austragen wollte und Hilfe brauchte, und da merkte ich, wie kompetent und „ergebnisoffen", also vollkommen den professionellen Counseling-Standards entsprechend, die Beraterinnen arbeiteten; ich aber hörte auch, wie sehr sie sich immer wieder gegen den Druck autoritärer Kirchenfunktionäre verteidigen mussten, die Frauen zur Austragung und Adoptionsfreigabe zu drängen.

In der interpersonellen Nähe sieht vieles anderes aus und spürt sich anders an, als es medial vermittelt wird: Über Strittigkeiten zu berichten, finde ich schon sehr wichtig – nur sollten dabei immer auch Lösungsmöglichkeiten mit aufgezeigt werden. Aus diesem Grund setze ich mich seit langem dafür ein, dass multidisziplinäre primäre Gewaltprävention (es gibt auch sekundäre und tertiäre[100]) besonders in Journalismus-Ausbildungen vermittelt wird.

---

[99] Sogar zum 30. Jahrestag des Bestehens des Ambulatoriums für Schwangerenhilfe am 3. September 2009 gab es noch solch einen Zusammenstoß radikaler „Lebenschützer:innen" vor dem Wiener Rathaus mit uns Pionierinnen der Strafgesetzreform.

[100] Als ich in der ersten Dekade des 21. Jahrhunderts als Gastprofessorin an die Donau Universität Krems berufen wurde, erhielt ich von Vizerektorin Ada Pellert den Auftrag, neue Masterstudien zu kreieren und entwarf darunter unter anderem ein Curriculum „Präventionsmanagement", in dem ich die von mir in bisher über 30 Jahren Forschung und Praxis erarbeiteten Methodiken synergetisch zusammenführte: Damit erhielt Primär-, Sekundär- und Tertiär-Prävention einen neuen Blickwinkel der Salutogenese für Individuen wie auch Gesellschaft anstelle des bisherigen nur kriminologischen. Vgl. Rotraud A. Perner, Mit Recht und Seele. Angewandte Sozialpsychologie für JuristInnen – und alle, denen Gerechtigkeit ein Anliegen ist. aaptos Verlag, Matzen 2021.

Seit damals halte ich Kontakt zu den leitenden Kolleginnen der „Aktion Leben“ und unterstütze auch deren Arbeit – eben weil ich aus dieser meiner langjährigen Erfahrung weiß, wie unrichtig die Unterstellungen sind, wie die, deren Forderung nach österreichweiter Motivenerhebung zu Schwangerschaftsabbrüchen hätte nur den Sinn, besser dagegen opponieren zu können. Im Gegenteil geht es den Kolleginnen darum, mehr Information zu erhalten, wo und wie man in der weitgehend in Vergessenheit geratenen Verhütungsberatung ansetzen könnte.

„Flankierende Maßnahmen“

Als nämlich am 29. November 1973 mit der sogenannten Großen Strafrechtsreform auch die Fristenlösung (Straffreiheit bis Ende der 12. Woche nach der Empfängnis – welche allerdings meist erst viel später realisiert wird) im Parlament verabschiedet wurde, war parallel auch fachliche, d. h. ärztliche und sozialarbeiterische Beratung als „flankierende Maßnahme“ vorgesehen. Dementsprechend wurden nach Inkrafttreten des Gesetzes neue Familienberatungsstellen gegründet – auch von mir.

Es war meine Soziologie-Studienkollegin Rosi Fischer-Dorrer (heute Rosemarie Santha), die mich 1974 auf dieses Regierungsanliegen hinwies und dass der sozialistische Arbeitersamariterbund (ASB) bereits solch eine Beratungsstelle in Floridsdorf initiiert hätte. Ich weiß noch wie sie sagt, „Das ist ein leicht verdientes Geld.“ Und das brauchte ich dringend. Denn obwohl mein Ehemann als Sondervertragsbediensteter des Presse- und Informationsdiensts der Stadt Wien (PID) recht gut verdiente, war meist ab dem 20. des Monats kein Geld mehr am Haushalts-Konto und ich wusste oft nicht, womit ich Essen einkaufen sollte (denn ich war ja ab Ende Juli 1974 in Karenz mit meinem zweiten Sohn und hatte nur mein Karenzgeld und den gelegentlichen und damals noch mageren Spesenersatz pro Kommission für Bezirksrät:innen quasi als Taschengeld). Damals begann ich, meine eigenen Handstrick-Kreationen an deren Bewunderinnen zu verkaufen bzw. gegen Bezahlung für die eine oder andere Kollegin zu stricken. Ich spüre noch immer gut, wie betrübt ich – gleich dem „Mädchen mit den Streichhölzern“ in dem gleichnamigen Märchen von Hans Christian Andersen – beobachtete, mit welch glänzenden Augen die Bürgerschaft in der Weihnachtszeit in der Favoritenstraße ihr Shopping zelebrierte, und ich meinen kleinen Söhnen natürlich auch Weihnachtsgeschenke kaufen wollte, und wie lange es gedauert hat, bis ich mich durchringen konnte, den demütigenden Weg zu meinem Vater aufzunehmen, um ihn um Geld als Voraus-Weihnachtsgeschenk zu bitten.

Mein Ehemann pflegte zwar Geldlücken immer schnellstens zu überbrücken, indem er irgendetwas für irgendeinen befreundeten Kollegen textete oder Entwürfe für Werbezeitungen gestaltete, aber bis das bezahlt wurde, dauerte es oft sehr lange. (Dass diese Geldmängel durch seine „Weibergeschichten" und Abtreibungsspesen verursacht worden waren, gestand er mir erst in der zweiten, der „großen" Ehekrise 1981. Die erste war die, in der ich von Dir, Judith erfuhr – aber da stieg ich noch „souverän" über meinen Schatten – und er auch, dachte ich jedenfalls.)

Die Beratungsstelle zu gründen, war ziemlich einfach: vermutlich war es wieder Rosi, die mich informierte, dass die Wiener Kinderfreunde als Träger in Frage kämen – so genau erinnere ich mich da nicht mehr (und um im Dachboden in den alten Übersiedlungsboxen nachzuforschen, fehlte mir bisher die Zeit, und jetzt ist es dort außerdem zu kalt) – aber ich weiß, dass es der damalige Gesundheitsstadtrat und Blutforscher Alois Stacher (1925-2013) war, über den ich ausgemustertes Ordinationszubehör geschenkt bekam: einen Untersuchungsstuhl, eine OP-Stehlampe, einen schmalen Metallschrank für die Specula bzw. Verhütungsmittel (die „Pille") und einen Sterilisator. Ob ich selbst bei ihm schnorren war oder ob das mein Ehemann vermittelt hatte, erinnere ich nicht mehr – sehr wohl aber, dass Stacher einer der Kreisky-Unterstützer war, den Reinhold 1970 interviewt hatte und zwar in unserer Wohnung. (Später, Anfang der 1990er Jahre, wurde er als Präsident der von ihm gegründeten Wiener Internationalen Akademie für Ganzheitsmedizin quasi mein Chef: er war einer, der meine Kompetenzen erkannte, schätzte und einsetzte.)

Was ich auch nicht mehr weiß, ist, wie es kam, dass ich „meine" Beratungsstelle kostenfrei im Sozialtherapeutischen Institut der Gemeinde Wien – einer ehemaligen Mutterberatungsstelle – einrichten durfte, vermutlich lief das schon über die Kinderfreunde, und wohl auch der Weg, wie sich das erste Team zusammenfand: Die Pädagogin war ein „must have" der Kinderfreunde, die Sozialarbeiterin kam von der Stadt Wien, der nur kurz mitwirkende Sozialarbeiter von der Arbeiterkammer, aber auch Rosi war nur kurz mit dabei, dann folgte, von ihr empfohlen, mit Helga Wimmer (die dann später auch Psychotherapeutin wurde) eine andere Soziologin nach. Und dann halt ich als Juristin. Im Juli 1975 eröffneten wir. Über meinen Ehemann bekam ich PR-Tipps und Kontakt zu den Bezirkszeitungen und konnte dort beispielhafte Texte über teils echte, teils fingierte Beratungen platzieren, was uns schnell bekannt machte und gute Nachfrage brachte. Und ich fand Kontakt zum Team des Sozialtherapeutischen Instituts: dem Initiator und Leiter Harald Picker und seinen Kollegen Max Kompein und Klaus Rückert (alle Psychoanalytiker, die sich nebst der hauptberuflichen Beratung und Begleitung gefährdeter Jugendlicher und ihrer Familien über Fortbildungsseminaren ihre kostspielige Ausbildung refinanzierten – wie fast alle Psychoberufler, aber das erkannte ich auch erst viel später).

In der Zusammenarbeit mit Sozialberater:innen – nicht nur denen in der Beratungsstelle, sondern auch in den zentral von Land und Bund angebotenen Enqueten zu Erfahrungsaustausch, Fort- und Weiterbildung wie auch Vernetzung – und durch deren Feedback, entdeckte ich, zuerst ungläubig, dann Schritt für Schritt immer sicherer werdend, meine Begabung, schnell und präzise zu erkennen, was schief läuft und wie man dies verbessern bzw. beseitigen könnte, nicht nur juristisch sondern auch „systemisch“.

Dass solch eine Kompetenz auch beruflich nutzbar wäre, wurde mir allerdings erst mit der Zeit klar: In den Parteischulungen wurde uns zwar die mögliche Diskrepanz zwischen Fremdbild und Selbstbild erklärt – aber erst als ich live erlebte, wie sehr das mich selbst betraf und mich Harald Picker dafür sensibilisierte, Projektionen mir fremder Eigenschaften auf mich nur als Information darüber zu registrieren, was andere an Eigenem abwehrten, hörte ich auf, mich dadurch verunsichern zu lassen – ein wichtiger Baustein von **Resilienz**!

So hatte mich beispielsweise die spätere Favoritner Frauenvorsitzende und noch später Landtagspräsidentin Erika Krenn (1925 2018), von Beruf Lehrerin und zur Volksschuldirektorin aufgestiegen, in abschätzigem Tonfall verwundert gefragt, wie ich es mir denn zutrauen könne, Ratsuchenden juristische Auskünfte zu geben – und ich hatte demonstrativ ebenso verwundert geantwortet, wieso sie frage: Ich sei doch promovierte Juristin, das sei mein erlernter Beruf! Aber bereits kurz darauf traf ich die Entscheidung, von der Juristerei gleich ganz in die Sozialarbeit zu wechseln. Das war zwar für meine persönliche Weiterentwicklung und meine Berufszufriedenheit fördernd – aber für die mir in Aussicht gestellte Parteikarriere hinderlich:

mein Interesse und Engagement betraf immer die Bundeslegistik, aber man hatte mich auf kommunale Basisarbeit hin definiert. Vorerst. Denn trotz meiner Sehnsucht nach Beheimatung, gelangte ich immer wieder – wie von Zauberhand geführt – an Grenzen ... und überschritt sie, wenn auch manchmal sehr spät. Und irgendwann war ich das dann gewohnt und es schreckte mich nicht mehr.

In den späten 1990er Jahren betreute ich einen Klienten, der immer wieder in seinem Lebensweg „stecken blieb"; intuitiv fragte ich ihn, ob seine Mutter noch lebe, und auf seine Bejahung hin, riet ich ihm, sie mal über den Verlauf seiner Entbindung zu befragen. Die Antwort, die sie ihm gab, lautete: er wäre während des Geburtsvorgangs gesteckt und hätte mit der Zange geholt werden müssen. Ich amplifizierte dieses frühe Stresserleben mit der Suggestion von Gewissheit, dass schon „von außen" etwas kommen werde, dass für „Weiterbewegung" sorgen würde. Was dann auch tatsächlich eintrat.

Im Nachsinnen über diese gelungene Intervention wurde mir mein eigenes oftmaliges Erleben von Unwillkommen Sein klar: die Fortpflanzungs-Ambivalenz meiner Mutter verkörperte sich in den Blutungen, die sie im ersten Trimenon ihrer Schwangerschaft mit mir erlebte. (Immerhin war die fingerfertige gelernte Lehrerin und Konzertpianistin als Kartenzeichnerin auf der Wetterwarte – kriegsdienstverpflichtet weil kinderlos – erstmals relativ zufrieden weil berufstätig, selbsterhaltend und partnerbefreit gewesen – andererseits tobte der Krieg, die Ehewohnung war ausgebombt, und das Leben im ländlichen Haushalt einer Schwester ihrer Mutter entsprach nicht ihrem elitären Lebensentwurf.)

Dass sie schon vorher mehrere Abortus erlitten hatte, wusste ich zwar, hatte aber noch nicht die Parallelen zu meinen eigenen gezogen – und auch nicht zu den „sozialen Abtreibungsversuchen", mit denen ich in den jeweiligen Ebenen meines Wirkens (Verleumdungen in der Partei, Verleumdungskampagne in Medien, Gegeninterventionen im Berufsleben) beseitigt werden sollte. Es war um die Mitte der ersten Dekade des 3. Jahrtausends, als ich nach dieser Erkenntnis meine Bemühungen um „Nidation" (Einnistung) aufgab.

Schon früher hatte ich hingegen die Parallelen im Leben meines Ehemanne bemerkt, als er nämlich in den 1980er Jah-

ren von seiner 14 Jahre älteren Schwester informiert wurde, dass nicht er, sondern sein 7 Jahre älterer Bruder der erwünschte Liebling seiner Mutter gewesen sei, er jedoch das Ergebnis einer trotz mehrerer Versuche missglückten Abtreibung. Im Zuge des „Reinemachens" in unserer zweiten, der „großen", Ehekrise erfuhr ich erst von den vielen Abtreibungen, die er verlangt hatte statt sich seiner Verantwortung zu stellen (und wusste jetzt auch, woher seine ewige Geldnot stammte). Ich hielt emotional immer zu den anderen Frauen – bei Deiner Mutter, Judith, weil ich ihre – von Reinhold nie geöffneten – Briefe las und ihren Schmerz mitfühlte und bei den anderen waren meine Vermutungen eben nur Phantasien. Dass es dabei immer auch um Energie-Diebstahl[101] an Lebensgemeinschaften handelte, wurde mir auch erst um die Jahrtausendwende klar. Und auch, dass dessen moralische oder juristische Verurteilung das Phänomen nicht beseitigen konnte, weil die zu Grunde liegende Ur-Sache Energie-Mangel ist.[102] Man kann nur selbst die eigene Energie dorthin lenken, wo man sich Resonanz wünscht – egal, ob sich diese einstellt, denn wenn man selbst Energie produziert, wird man ja auch von ihr erfüllt.

In der Praxis von Beratungsstellen – in denen Klient:innen ja auf Wunsch anonym bleiben konnten – erlebte ich die gesamte Bandbreite von Angst bis Zorn, von Hilflosigkeit bis Rachsucht, von passiver wie auch aktiver Gewalt, und wie ich es bereits in meiner knappen Gerichtspraxis erfahren hatte, tauchten immer zwei große Themenbereiche auf: unerwünschte oder ersehnte Schwangerschaften sowie Gewalt an Kindern oder Frauen, und da besonders die sexualisierten Formen, aber auch die finanziellen. Die Information, dass es auch strukturelle Gewalt gab – wenn nämlich „Spielregeln" (Gesetze wie auch eingeprägte Gewohnheiten) bestimmte Menschen oder Menschengruppen, beispielsweise Frauen, benachteiligen – kam damals

101 Aus meiner Sicht ist nicht der außereheliche Geschlechtsverkehr die wesentliche Giftquelle, sondern die fremde (gedankliche wie auch körperliche) Energie, die den Energieaustausch zwischen einem Paar unterbricht und verändert – und das Lügen. Daher interpretiere ich auch den Satz „Bis das der Tod euch schadet" als Tod der energetischen Beziehung – die Null-Linie der Energiekurve. Solange ein Paar noch streitet, ist hingegen noch Energie vorhanden!

102 Das zu verdeutlichen, war mein Anliegen in meinem Buch „Lieben! Über das schönste Gefühl der Welt – für Anfänger, Fortgeschrittene und Meister." Orac, Wien 2018.

erstmals von Johanna Dohnal, drang aber nur bei uns Genossinnen durch, die sich mit der wachsenden feministischen Wissenschaft und Literatur befassten. Die Mehrheit vertraute noch auf die biologistischen Mythen und die darauf basierenden Konstruktionen von angeblich berechtigter männlicher Dominanz sprich Ungleichheit.

Das zeigt sich auch daran, dass trotz der Großen Familienrechtsreform 1978, in der der alte § 91 ABGB (aus 1811/12!), *„Der Mann ist das Haupt der Familie. In dieser Eigenschaft steht ihm vorzüglich das Recht zu, das Hauswesen zu leiten; es liegt ihm aber auch die Verbindlichkeit ob, der Ehegattin nach seinem Vermögen den anständigen Unterhalt zu verschaffen, und sie in allen Vorfällen zu vertreten.“* durch die „partnerschaftliche“ Formulierung *„Die Ehegatten sollen ihre eheliche Lebensgemeinschaft, besonders die Haushaltsführung, die Erwerbstätigkeit, die Leistung des Beistands und der Obsorge, unter Rücksicht aufeinander und auf das Wohl der Kinder mit dem Ziel voller Ausgewogenheit ihrer Beiträge einvernehmlich gestalten.“* ersetzt wurde, diese alte Geschlechterhierarchie noch immer praktiziert wird und viel Ungerechtigkeit und Leid verursacht.

Die „Köpfung des Haupts der Familie“ war übrigens das Lebensthema der Nationalratsabgeordneten und Juristin Erika Seda (1923-2020), und das lange vor Johanna Dohnal. Daher habe ich 2020, als Erika Seda als eine der ersten im Zuge ihrer Covid-Erkrankung starb, angeregt, eine Straße in ihrem Stammbezirk Döbling nach ihr zu benennen – vermute aber, dass das bislang nicht verwirklicht wurde.

In dieser Zeit war hatte ich eine Freundin motiviert, zur Unterstützung all dieser Aufgaben als meine Stellvertreterin in die Sektion (die Nummer 6 in Favoriten) zu kommen. Beruflich war Margit, studierte Pharmazeutin, damals für die PR des neu aufzubauenden „Schwangeren-Ambulatoriums“, zuständig, das zuerst in der Beatrixgasse im dritten Bezirk (mit Inge Rowhani, *1940, als Prokuristin, die ich noch von der AUF her kannte und die später ins Sozialministerium wechselte um sich danach als Schriftstellerin zu profilieren) loziert war. Nach dessen Übersiedlung auf den damit als „Brand“ namensgebenden „Fleischmarkt“ im ersten Bezirk, hatte dann Margit die Prokura übernommen und hatte massive Herausforderungen zu bewältigen: einerseits gab es da Mr. Moore (den Bruder des James-Bond-Darstellers Roger Moore, 1927-2017), der zwecks Kontrolle der vom gewinnorientierten(!) IPAS (International Pregnancy Advisory Service) nunmehr auch in Österreich (wie z. B. auch in Indien) getätigten

Investitionen regelmäßig im Ambulatorium auftauchte und persönliche Abhängigkeiten aufzubauen versuchte; andererseits forderten revolutionären Mitarbeiterinnen die gleiche Entlohnung für alle, egal ob Ärzteschaft oder Reinigungsteam. (Mit der gleichen Forderung an unseren Trägerverein waren ich bereits in der Kinderfreunde-Beratungsstelle gescheitert, obwohl wir da alle „Berater:innen" waren, weil unser Träger sich durch die zwischen Akademiker:innen und Maturant:innen differenzierten Stundenlöhne ein Quäntchen für die bei ihm liegenden Abrechnungsarbeit herausholte). Meine Überlegung war damals, Margit Zugang zu Konfliktlösungs-Schulungen und Rückendeckung für die sich anbahnenden Arbeitsstreitigkeiten zu bieten, aber sie zog sich bald zurück, weil sie bei uns einen neuerlichen „Kulturschock" erlebte – und außerdem verständlicherweise ihre Zeit lieber ihrem künftigen zweiten Ehemann, einem Grafiker und Maler, widmen wollte als wie ich der „Verbesserung Mitteleuropas"[103].

Verändert die Stadt!

Bei mir war es umgekehrt: Außer meinem Engagement bei den Rechtsreformen von Kreiskys legendärem Justizminister Christian Broda (1916-1987[104]) war ich 1973 zu einer Gruppe von Architekten rund um den Stadtplaner Willi Kainrath (1939-1986) gestoßen, die sich für alternativen Städtebau einsetzten und in der JG Wien und bei ihrem Vorsitzenden, dem späteren Wohnbaustadtrat und Finanzminister Rudolf Edlinger (1940-2021) ein offenes Ohr fanden.

---

103 Vgl. das Kultbuch „die verbesserung von mitteleuropa" Rowohlt, Reinbek/ Hamburg 1969, des Jazzmusikers, Sprachtheoretikers und später Kybernetikers und Ästhetikprofessors der Kunstakademie Düsseldorf, Oswald Wiener (1935-2921), der als Mitglied der Wiener Gruppe auch an der sogenannten Uni-Ferkelei mitbeteiligt war.

104 Als Christian Broda am 1. Februar 1987 starb, wurde dies in der ORF-Pressestunde verlautbart, in der damals Leopold Gratz der Interviewpartner war. Bei dieser offenbar Live-Sendung wurde die Todesnachricht in die Sendung gebracht und Gratz bemühte sich, die aufsteigenden Tränen zu unterdrücken – und das empfand ich als ganz arg, sich gegen Menschlichkeit und für Roboterstarre zu entscheiden. Ich war allerdings selbst tief erschüttert, da ich tags darauf einen Termin bei Broda gehabt hätte ... Broda und Gratz sind mir in meiner Erinnerung noch einmal verbunden: Bei einer Frauenkonferenz differenzierte die gelegentlich recht spitzzüngige Frauenvorsitzende Hertha Firnberg bei ihren Promi-Begrüßungen mit: „Und wir begrüßen Christian Broda – einen großen Freund der Frauen ... und wir begrüßen Leopold Gratz, einen großen Frauenfreund!"

Außerdem fand ich mich 1973 (ohne dass mich jemand gefragt hätte, ob ich das überhaupt wolle – denn ich war ja nach meiner ersten Entbindung in Karenz, und die wurde in der Nationalbank ein halbes Jahr über die gesetzliche hinaus gewährt) an bevorzugt wählbarer Stelle auf der Kandidatenliste für die Bezirksvertretung gesetzt sowie im „Reserveblock" im letzten Viertel für den Gemeinderat, der in Wien gleichzeitig Landtag ist. Erfahren hatte ich dies erst, als ich von einer mir nachgereihten, einige Jahre älteren und sehr ehrgeizigen Genossin verbal angegriffen wurde, da sie mir unterstellte, ich hätte sie „ausgetrickst".

Etwas Ähnliches erlebte ich auch in meiner Sektion: die Ehefrau des stellvertretenden Sektionsobmanns, ebenfalls nur minimal älter als ich, die kurz davor mit der Begründung, das Kassieren bei den Mitgliedern schade ihren Venen, ihre Funktion als Frauenleiterin zurückgelegt hatte, tat nunmehr laut ihre Ansicht kund, das Bezirksratsmandat hätte ihr zugestanden, da sie doch viel länger als ich in der Sektion tätig gewesen wäre. Offenbar hatten sich aber auch andere Frauen gewundert, weshalb ich – meiner Erinnerung nach auf dem 6. Platz – gereiht worden war, denn Maria Hlawka ergriff bei einer Bezirksfrauensitzung das Wort und erklärte, dass ich neu auf der Kandidatenlisten sei, weil mit der geplanten Dezentralisierung Aufgaben an den Bezirk herankämen, wofür man Fachleute bräuchte und so jemand wäre ich. Später erklärte mir dann mein Sektionsvorsitzender (herablassend), der auch das erste Mal in die Bezirksvertretung berufen worden war, ich wäre ja nur kandidiert worden, weil ich erstens den Forderungen der JG, zweitens der des BSA (Bund Sozialistischer Akademiker) und drittens der Frauen entspräche, man daher „drei Fliegen mit einer Klatsche" erlegt hätte. Meine Kompetenzen übersah der Arbeiterkammer-Angestellte geflissentlich. Außerdem hielt er sich als Absolvent des Betriebsrat-Kurses der sogenannten Sozialakademie der Gewerkschaft ebenso für einen „Akademiker".

Für mich als Einzelkind war Konkurrenz ein Fremdwort. Meine diesbezügliche Naivität verlor ich erst in den 1980er Jahren in der psychoanalytischen Theorieausbildung samt Eigentherapie und Supervision; vorher reagierte ich in solchen Situationen immer wehleidig im Sinne von „Was hab ich denn getan, dass die so grauslich zu mir sind?" Erst spät fand ich die Antwort: weil ich nicht genug mittelmäßig war (wie es der Bezirkssekretär Hans Ludwig schon früh erkannt hatte). Zur Selbstverteidigung bei Dominanzvorwürfen legte ich mir dafür später den Satz zurecht, „ein ausgewachsener Tiger ist halt kein Tigerkätzchen".

In der Bezirksvertretung wurden mir die Beschwerdeagenden und später noch die Bürgerinitiativen zugeteilt. Das war mir sehr recht, denn bereits 1971 hatte ich im November bei der Kommunalpolitischen Konferenz der JG in Salzburg ein Grundprinzip für all meine weitere Arbeit entdeckt, denn in der „Humanisierung der Stadt" ging es besonders um die **Entscheidungsstrukturen** und dabei um den Verzicht auf unnötige (weil nur der Macht Einzelner dienende) Hierarchien. So heißt es auch im gleichnamigen Bericht zu dieser Tagung, *„Die Zielorientierung im Bereich des Städtebaus leidet an Mängeln in der Bedürfnisfeststellung sowie der Mitwirkung und Kontrolle durch die Betroffenen der Planung. Es sind politische und organisatorische Vorkehrungen zu treffen, die die Beteiligung der Betroffenen (z. B. Mieter, Bewohner eines Gebietes, Benützer von Einrichtungen etc.) an der Planung und der Verwaltung der Einrichtungen gewährleisten." (S. 131)*

Dieser Zugang „auf Augenhöhe" und **Verzicht auf** Machtdemonstrationen – insbesondere durch Verwendung einer **„Macht-Sprache"** ist mir seitdem Herzensanliegen – auch in meiner wissenschaftlichen Arbeit. Dafür bin ich von selbsternannten Besserwissern zwei Mal schnöde kritisiert – aber nie nach meinem Motiv gefragt – worden[105]. Das hole ich jetzt nach.

> ***Exkurs:*** *Schon mit Beginn meines Engagements im Arbeitskreis Mitbestimmung und dem Lesen sowohl der klassischen sozialistischen Basisliteratur wurde ich mit den Ansätzen dessen vertraut, was heute unter dem Begriff Konstruktivismus zusammengefasst wird – was auch erklärt, weshalb ich mich seinerzeit entschlossen hatte, postgradual noch Soziologie zu studieren. Dazu passen auch die Blickwinkel der klassischen Psychoanalyse in der Fassung Igor Carusos 1914-1981) oder Arno Gruens (1923-2015), die die sozialen Gegebenheiten mitberücksichtigen.*
>
> *Ich bin der festen Überzeugung, dass es kein „lebensunwertes Leben" gibt, und dass jeder Mensch sein Potenzial entfalten*

105 Stefan Löffler, Wie die Jungfrau zum Kind. In: Heureka – Das Wissenschaftsmagazin im Falter, Heft 6/ 02, S. 12 f.; Florian Klenk, Wie die Innenministerin 2120.000 Euro ausschüttet. Falter, 2. 5. 2013, S. 16.

dürfen soll, wie gering es auch sei – selbst wenn das besondere Zuwendung und Förderung erfordert (denn dabei lernt man künftige Präventivansätze und stärkt die eigene ***Resilienz****! Die muss man dann im Sinne von „make or buy" bestmöglich organisieren, und da vermutlich niemand allwissend ist – auch wenn sich manche Menschen so aufführen und gar nicht relevant informiert werden wollen –, braucht es dazu Gemeinschaft im Sinne der „Weisheit der vielen"*[106]*, Und deswegen versuche ich eine Sprache zu pflegen, die auch von Laien verstanden wird – und der Erfolg meiner Arbeit „an der Basis" bestätigt mich in dieser Selbstverpflichtung ebenso wie die Zustimmung der Professor:innen, die mich bisher zum Unterrichten an ihre Akademien, Fachhochschulen oder Universitäten geholt haben.*

Wieder einmal zeigt sich, wie diejenigen, die nur „ihr System" gelten lassen wollen, nicht verstehen (wollen), dass es andere Systeme gibt mit anderen Spielregeln. Das hat sich auch in der Gesetzwerdung der Anerkennung von Psychotherapie als humane gegenüber technischen Heilmethoden deutlich gezeigt (und das ist in den Bemühungen um sogenannte „Verwissenschaftlichung" zu beobachten, in der es im Klartext um den Zugang zu Staatsgeldern geht, denn an Forschung, Lehre und Publizistik ändert sich dadurch nichts).

Dabei wäre methodisch sehr viel weiter zu entwickeln (wie ich es beispielsweise mit meiner „Wissenschaftspoesie" versuche).

Deswegen habe ich mich auch (gemeinsam mit dem Gestalttherapeuten Richard Picker – nicht zu verwechseln mit seinem jüngeren Bruder Harald) bei der Gesetzwerdung des Psychotherapiegesetzes für den sogenannten „Genie-Paragraphen" eingesetzt, der begabten Aspirant:innen den Berufszugang ermöglichen soll, auch wenn sie keinen „Quellenberuf" vorweisen können (ganz im Sinne der Kreisky-Innovationen von „mehr Arbeiterkinder an höhere Schulen" oder dem „studium irregulare") – so wie ich, nur halt step by step, meine Berufsqualifikation erarbeitet habe[107]*. Dass dies manchen, die sich*

---

106 Vgl. James Surowiecki, Die Weisheit der Vielen. Warum Gruppen klüger sind als einzelne. Goldmann Verlag, München 2004/ 072.

107 Meine zweijährige Ausbildung zur zertifizierten Erwachsenenpädagogin an der Pädagogischen Akademie – heute Hochschule – in Wien habe ich beispielsweise u.a. auch aus Sorge absolviert, als promovierte Juristin nicht unter die ursprünglich angedachten nur vier akademischen Quellenberufe (Medizin, Psychologie, Pädagogik, Theologie) zu fallen.

von Anbeginn durch die allgemein vorgesehenen „Challenges" durchgekämpft haben, nicht gefällt, kann ich verstehen – aber das gibt ihnen kein Recht, meine Arbeit, vor allem aber mich als Person aus dem Hinterhalt abzuwerten. Ich hatte keinen „allgemein vorgesehenen" Lebensweg (wie andere Spätberufene auch) und fordere Fairness für mich, vor allem aber auch Beistand gegen meine Verleumder:innen ein, so wie ich es auch für andere tue.

Deswegen beteilige ich mich auch nicht bei Ausgrenzungsversuchen, sondern plädiere für Dialog (aber nicht im Alltagssinn, sondern nach der Methode von Martin Buber und David Bohm[108], die ich auch in dem von mir entwickelten Masterstudium PROvokativpädagogik integriert habe).

Als ich dann 1977 im Rahmen der Kommissionierung des Jugendzentrums in der Wendtstattgasse vom Geschäftsführenden Obmann des Vereins Jugendzentren der Stadt Wien, dem ehemaligen Bundesfalken der Kinderfreunde (Heinrich) Peter Reinelt, für die Ausarbeitung des Projekts Club Bassena engagiert wurde, versuchte ich diese Geisteshaltung als permanentes Dialog-Angebot für die – generationenübergreifende – Besucherschaft zu realisieren.

Projekt Club Bassena

Ausgangspunkt dieses Gemeinwesenarbeits-Projekts war eine interessante, weil bogenförmig gebaute Gemeindewohnung mit drei Eingängen im Zentrumsbau der Per Albin Hansson Siedlung Ost in Favoriten, die eigentlich als Arztordination vorgesehen war – nur gab es dafür keinerlei Interessentenschaft, daher wurde das Mietobjekt dem Verein JZ für einen „Jugendclub" angeboten. Peter Reinelt war aber von vornherein klar, dass der Lärm, den Jugendliche üblicherweise verursachen, permanente Beschwerden nach sich ziehen würde und hatte sich eher ein Sozialzentrum für Jungfamilien vorgestellt – und jetzt brauchte er jemand zur Ausarbeitung und Realisierung seiner Vision. Da kam ich ihm gerade recht.

108 Vgl. David Bohm, Der Dialog. Das offene Gespräch am Ende der Diskussionen (1996)., Klett-Cotta, Stuttgart 1998/ 20085; Michael Benesch, Der Dialog in Beratung und Coaching. Facultas, Wien 2020; Dörte Sontag, Die modernen Kommunikationsmittel und das Dialogische Prinzip. Ibidem-Verlag, Stuttgart 2008.

Nach der Geburt meines zweiten Sohnes im Juli 1974 und den wiederum eineinhalb Jahren Karenz, waren mein Ehemann und ich uns einig, dass ich mit Ende Jänner 1976 aus der Nationalbank ausscheiden sollte, weil ich mit zwei kleinen Kindern und gelegentlicher Vermehrung unserer Familie durch seinen Sohn aus erster Ehe (geboren 1963 und heute unser Rechtsanwalt) samt meinen zwei Stunden wöchentlich als Leiterin und Beraterin in der Familienberatungsstelle in der Puchsbaumgasse sowie der unregelmäßigen Bezirksratsaktivität genug ausgelastet sei. (Außerdem hatte ich mich ohnedies in der OeNB nicht heimisch, sprich wertgeschätzt und angenommen, gefühlt.)

So war es aber nicht. Roman war seit Herbst 1975, als Dreijähriger im Kindergarten und Robin trat bereits im Spätherbst 1976 als Zweijähriger in dessen Fußtapfen. Ich war unausgelastet – und da ich in diesem Jahr endlich meinen Führerschein gemacht hatte, war ich auch mobil – und das Geld war immer noch knapp. Ich wollte arbeiten, aber selbstbestimmt, daher freiberuflich.

Da Reinhold als Pressereferent des für die Öffentlichkeitsarbeit der Stadt Wien zuständigen Stadtrats Peter Schieder umfassende Kontaktmöglichkeiten ausnützen konnte, vermittelte er mir eine Art Casting bei Jörg Ruminak im Landesstudio Wien des ORF. Da ich seit meiner Gymnasialzeit kaum mehr Radio gehört hatte, war ich völlig ahnungslos, was und wie ich tun sollte, um eine Stunde lang „locker vom Hocker" Unterhaltungsmusik moderieren. Das passte nicht zu meiner Persönlichkeit, also wurde nichts draus.

Der nächste Kontakt war dann zum Medienunternehmen Compress, und dort blieb ich dann hängen. Ursprünglich hatte deren Chef Eduard Harrant gedacht, dass ich als Verbindungsfrau zu all den einflussreichen Leuten, die mein Mann kannte, Inserat akquirieren könnte – aber das war auch nicht meines. Beim ersten Versuch bei einem Ex-Kollegen aus der OeNB, der zwischenzeitlich ein Bankchef geworden war, wurde der à la #MeToo übergriffig wie er es bereits in der OeNB einmal getan hatte, aber damals brauchte ich nur zu drohen, ich würde schreien und er ließ von mir ab. Dieses Mal war er der oberste Boss, daher konnte ich nur abrupt aus seiner Suite stürmen – und das Experiment war gescheitert. Eduard Harrant nahm meinen Protest heiter zur Kenntnis und ließ mich stattdessen Kolumnen schreiben – meine ersten – und andere Texte, und Zeitungsprojekte entwickeln wie beispielsweise „Kommunal Aktuell", und das passte. Und dann setzte er mich ein, um beratungsbedürftige Mitarbeiter:innen zu unterstützen – ich war also quasi seine Betriebssozialarbeiterin. Aus dieser Funktion stammt meine Freundschaft mit dem Arbeitspsychologen Othmar Hill (*1948), der vor mir gelegentlich diese Aufgaben übernommen hatte. Und Harrant erzählte mir sehr viel aus seiner Arbeit für die Stadt Wien, aber auch aus seiner früheren Tätigkeit als Sekretär im Büro des Innenministers Franz Olah (1910-2009-) – und da begann meine Naivität zu schwinden. Ich betrachte ihn als *meinen vierten Mentor*.

Ich hätte wohl das Angebot, den Club Bassena zu „designen" nicht so mutig angenommen, wenn ich nicht von Eduard Harrant so viel über die geheimen Verknüpfungen in der Hochpolitik erfahren hätte. Vieles von dem passte auch zu den kritischen Bemerkungen, die Felix Slavik über manche Stadtsenatskollegen (nur männliche) geäußert hatte. Daher wurde ich wesentlich gelassener, als ich in den knapp zehn Jahren als Führungskraft im Verein JZ (ehrenamtlich zweites Halbjahr 1977, angestellt Jänner 1978 – Jänner 1986, danach noch als freiberufliche Supervisorin anderer Jugendzentren) mit unterschiedlichsten Intrigen konfrontiert war.

In der Erstellung meines Konzepts[109] kam mir zugute, dass ich von meinem Ehemann informiert war, dass kurz davor in der neu zu besiedelnden Großfeldsiedlung in Floridsdorf (den 21. Bezirk jenseits der Donau) Sozialarbeiter die Jungfamilien dabei unterstützt hatten, die Mangelzustände der noch fehlenden Infrastruktur nicht hinzunehmen, sondern ihre Bedürfnisse protestierend an Beamten- und Politikerschaft heranzutragen (was bei dieser nicht erwünscht war). Reinhold interpretierte den Club Bassena-Auftrag an den Verein JZ weniger als räumliches „Geschenk" an die Jungfamilien im Zentrumsbau denn als Versuch, mögliche Kritik und Forderungen im Keim zu ersticken. (Interessanterweise gab es zu dieser Zeit einen äußerst hilfsbereiten Mann, der den Jungfamilien mit Werkzeug, Anleitungen und weiteren Tipps den Einzug und die Eingewöhnung erleichterte. Er stellte sich nach einiger Zeit als der künftige Pfarrer der lokalen katholischen Kirche heraus.)

Mein Interesse bestand vor allem darin, ein offenes Kommunikationszentrum zu gestalten, in dem man sich ohne Konsumationszwang über die eigenen sozialen und kulturellen Bedürfnisse austauschen, deren Befriedigung organisieren, einander mit Rat und Tat beistehen sollte und das Zusammenleben selbstbestimmt und partnerschaftlich

109 S. auch die Hefte „WIEN AKTUELL" 12/ 78 und 9/ 80 sowie unter „Club Bassena" auf www.salutogenese.or.at unter „Projekte".

gestaltet werden könnte. Vorbilder dazu hatte ich ja im Arbeitskreis Mitbestimmung und von meinen Architektenfreunden bekommen; vom Verein JZ bekam ich Eva Elisabeth Ourada (die später auch – systemische – Psychotherapeutin wurde) beigesellt, eine Absolventin der Evangelischen Jugendleiterschule, und als der „Betrieb" gut zu laufen begann, holte ich die Elementarpädagogin meines älteren Sohnes Roman ins Team, weil diese auch eine Hauswirtschaftsschule absolviert hatte und wir in der Stamm-Bassena sehr bald einen Großküchenbetrieb hatten, in dem täglich abwechselnd eine Frau für etliche andere kochte. (Das zu Beginn ambitioniert erfolgreiche Projekt eines Männer-Kochkurses scheiterte letztlich am Alkohol-Verbot in den Räumen des Vereins JZ, weil „zu an Gulasch g'hert a Bier!")

Ein weiteres Projekt bestand darin, das Thema, das am Dienstag im ORF in der Talkshow „Club II" behandelt wurde, am Donnerstag mit möglichst gleich kompetenten Personen (aus unserem – meist meinem – Bekanntenkreis) noch einmal zu behandeln, sodass die Besucherschaft ihre eigenen Fragen und Kommentare einbringen konnten. Da waren auch politisch brisante Themen dabei – Umweltfragen etwa. Nicht alles davon gefiel den Bezirksfunktionären, denn es fanden sich oft selbsternannte Späher, die auf „Stille-Post"-Art berichteten, was sie im Sinne von „Der Empfänger bestimmt die Botschaft" aufgenommen hatten.

Der Höhepunkt ergab sich, als genau vis-à-vis des Ausgangs der benachbarten Volksschule die Ausfahrt eines Großbetriebs gebaut werden sollte, und sich, um dies aus Sorge für ihre stürmischen Kinder zu verhindern, eine Bürgerinitiative gebildet und begonnen hatte, Unterschriften zu sammeln. Daraufhin wurde ich von Erika Krenn zur Rede gestellt, „Wo gibt's denn das, dass in einer Einrichtung von uns gegen uns gearbeitet wird?!"

Ein anderes Mal beschwerte sich (im Mai 1980) eine am Gang schräg gegenüber wohnende ältere Frau über angeblich andauernden Lärm in dem langgezogenen Objekt (es waren meiner Erinnerung nach nebst Küche, Bad, zwei Toiletten und Gängen 4 oder 5 durchschnittlich große Räumen noch ein sehr großer, ob es auch einen Abstellraum gab, erinnere ich mich nicht mehr, und drei oder waren es nur zwei? Eingänge). Ich bat die alte Dame, wenn es wirklich zu laut würde – was ich mir nicht vorstellen könne, einfach anzuklopfen und darauf hinzuweisen – die Angestellten würden dann sofort ihren Wünschen nachkommen. Die Frau war dazu aber nicht bereit, ereiferte sich und kündigte an, sich bei Bezirksvorsteher zu beschweren. Daraufhin sagte ich ihr, dass solch eine Beschwerde ja ohnedies wieder bei mir landen würde, weil ich die für Beschwerden zuständige Bezirksrätin wäre – sie also bitte doch gleich die diensthabenden Kolleginnen ansprechen solle. Dieses Gespräch fand abends am Gang vor dem Aufzug, ungefähr drei, vier Meter vor dem Haupteingang zum Club Bassena, statt. Eine Woche später wurde ich zum Bezirksvorsteher zitiert, denn zwischenzeitlich hatte sich die Frau dort beschwert, aber nicht mehr über den angeblichen Lärm, sondern über mich, ich hätte ihr gedroht, ich würde ihre Beschwerde unterschlagen. Ich verwehrte mich logischerweise gegen diese unwahre Behauptung – und danach behauptete sie, hinter ihrer Wohnungstür wäre eine Bekannte gestanden und hätte als Zeugin mitgehört. Glücklicherweise waren ein paar Bewohner der Wohnungen auf diesem Gang vorbeigegangen und so konnte ich beweisen, dass das Gespräch direkt vor dem Aufzug stattgefunden hatte – und von dem war ihre Wohnungstür ca. zehn Meter entfernt, und eine Ecke war auch noch dazwischen.

Es mag Menschen geben, denen solche Angriffe nichts ausmachen – „gepanzerte“, mit Hornhaut auf der Seele. Für mich waren sie damals total verletzend, auch beängstigend, denn dass dabei Macht gegen mich völlig Unvorbereitete ausgespielt wurde, war für mich ja körperlich spürbar, nur wusste ich schlichte Juristin damals noch nicht, dass der Druck, den ich auf meiner Brust spürte und der mir die Luft abschnürte, Zeichen von „Nehmergie“[110] und in der Folge Stresshormonausschüttungen sind.

Heute weiß ich, dass ich in solch einem Fall bewusst meinen Brustkorb dehnen und tief ein- und vor allem ausatmen muss, und mich aufrichten, und die eingeatmete Luft beim Ausatmen (mental) im ganzen Körper verteilen.

Deswegen betone ich bei jeder passenden Gelegenheit, das Wissen über Hormonausschüttungen und Übungen zur Selbstreinigung in den verpflichtenden Schulunterricht gehören, in die Biologie und in die Leibesübungen (und darum bin ich

[110] S. Fußnote 31 auf S. 34!

gegen die Bezeichnung „Bewegung und Sport“, denn Leibesübungen umfasst viel mehr, sollte also auch Selbstheilungstechniken umfassen, und vor allem Selbstverteidigung).

Während meine Vollzeit-Mitarbeiterinnen sich vor allem um die Kommunikation und die Organisation der dazu dienlichen Anlässe – nicht nur Diskussionsveranstaltungen, Filmvorführungen, Feste etc. sondern auch gemeinsames Werken oder Turnen – kümmerten, arbeitete ich in Teilzeit, konzeptiv, leitend, berichtend, supervidierend am Vormittag und nahm Zeitausgleich, wenn ich Abenddienste übernommen hatte – oder wenn ich meine Ausbildungs-Therapiestunden nur am Vormittag absolvieren konnte.

Auch später, als ich als Universitätsprofessorin an die Donau Universität berufen wurde, ließ ich mich mit nur zwanzig Wochenstunden anstellen – ich wollte nicht wie viele Primarärzte den Vorwurf auslösen, ich wäre nicht die ganze Arbeitszeit anwesend. Als vom Ursprungberuf Juristin ist mir Korrektheit ein hoher Wert, aber auch als „öffentliche Person“ will ich mich selbst nicht an solchen Power Plays beteiligen – auch wenn ich aus bitterer Erfahrung weiß, dass ich Phantasien, Bosheit und Verleumdungen nicht verhindern kann.[111] Das bezeichne ich als **Selbstfürsorge** – und die ist auch ein Teil von **Resilienz** – denn wie mir ein guter Freund, auch Jurist, 1997, als ich – diesmal initiiert von einer Kollegin – wieder einmal mit Medienunterstützung „vernichtet“ (zu Nichts gemacht) werden sollte, sagte: „Wenn man Dreck angreift, wird die Hand schmutzig.“

Der Zentrumsbau in der Per-Albin-Hansson-Siedlung geriet 1989 in die Schlagzeilen, als die 10jährige Christina Beranek im letzten Stock genau des für Notfälle diskret abgeschiedenen Stiegenhauses tot aufgefunden wurde, wobei sich der Zugang genau gegenüber dem Aufzug neben unserem Haupteingang befand. Ihre Mutter kannte ich, sie war gelegentlich im Club Bassena zu Gast, angeblich auch die

---

[111] So gab es in meiner Zeit als Professorin an der Donau Universität einen anonymen Brief an das Wissenschaftsministerium, in dem behauptet wurde, ich wäre nie da und außerdem andauernd krank. Tatsächlich war ich in der gesamten Zeit an dieser Universität (wie auch bei allen anderen) kein einziges Mal im Krankenstand, und da ich mir ja meine 20 Wochenstunden – außer im Unterrichten – selbst einteilen konnte, ja auch musste, weil ich zu 40 % der Abteilung für Komplementärmedizin, 40 % der für Management im Gesundheitswesen und die restlichen 20 % der Gender-Abteilung zugeteilt war, hatte ich mehrere unterschiedliche Arbeitsplätze im Haus.

Tochter. Vermutlich deswegen wurde ich vom Monatsmagazin WIENERIN eingeladen, mit Carl Auböck (1924-1993), dem Architekten des Riesenbaukomplexes (und Vater der Städteplanerin Maria Auböck (*1951), die ich wieder aus der bereits zitierten Architektengruppe kannte) über das Problem uneinsehbarer Aufzüge zu disputieren.

Soziale Einsehbarkeit war schon lange eine Herausforderung für mich als Bezirksrätin, bei Kommissionierungen – erfolglos – darauf zu bestehen, dass mögliche Spiel- bzw. Arbeitswinkel für Kleine (nicht nur Kinder – es gibt in jedem Alter Menschen, die unter 155 cm groß sind) nicht durch Hecken oder Betonumrandungen (z. B. bei Mistkübelplätzen wie in der Wienerfeldsiedlung) für Verstecke zu prädestinieren. Vor allem der Weg von der – damals noch Straßenbahn in der Favoritenstraße – zum Eisenstadtplatz war mir ein Dorn im Auge. Es siegte aber Pflanzenschönheit über Frauensicherheit.

Das Thema „sicherer Wohnbau" bzw. Städtebau blieb noch lange ein Herzensthema von mir, später in Zusammenarbeit mit Eva Kail, oder mit Jutta Kleedorfer, die mich als Lektorin an die Universität für Bodenkultur (BoKu) brachte, und sogar als Gastprofessorin an der Donau Universität Krems konnte ich im Projekt KIRAS[112] mitarbeiten.

Aus diesem Engagement erklärt sich auch, weshalb ich im Theologiestudium die Seminare für Grabstättenbau, Kirchen- und Friedhofsarchitektur und auch Ikonographie den historischen vorzog und beim Paul-Weiland-Gedächtnissymposium 1976, ein Jahr nach dem unerwarteten Tod dieses meines *fünften Mentors*, ein Referat über heilige Räume hielt.

Plötzlich Haushaltsvorstand

Nachdem mein von mir als hypochondrisch eingeschätzter Ehemann 1976 an seinen Zwölffingerdarm-Geschwüren operiert worden, hielt ich sein Stöhnen im Weihnachtsurlaub 1976 auf 1977 in der kleinen Wegmacherhütte im Salzatal, die wir von seinem Rechtsanwaltsfreund und Schulkollegen Ingo Ubl gemietet hatten, für sein gewohntes Heischen nach Zuwendung – war er doch noch am Freitag (7. Jänner) am Hochkar Schi fahren gewesen. Voll Misstrauen drängte ich

[112] https://www.bm,f.gv.at/themen/Sicherheit-Technologie/sicherheitsforschung-KIRAS/html; https://www.ffg.at/content.kiras ;

ihn, ärztliche Hilfe anzufordern, wenn es wirklich so arg wäre, aber das wollte er nicht – Telefon hatten wir dort in der Einöde keines, ich hätte durch Schnee und Eis ins weit entfernte Haus des lokalen Försters stapfen müssen (mit dem er sich als Herr Wichtig aus dem Wiener Rathaus beim über die MA 49 herrschenden Stadtrat nicht gut verstand), und sich im Zustand der Schwäche zu zeigen, war ihm daher unangenehm. (Wie ich schon früher gestanden habe, war ich auf Grund der strengen Erziehung daheim und der männlichen Sozialisation im Gymnasium „ein harter Bursch" und bin außerdem nicht besonders schmerzempfindlich, daher wollte ich erst sachliche Informationen erhalten bevor ich meine Zweifel loslassen mochte.)

Also chauffierte uns Reinhold als „Held der Schmerzen" am Montag nach Wien zurück und fuhr dann doch ins Krankenhaus Floridsdorf, wo man ihn zur Durchuntersuchung da behielt – und wo er plötzlich mehr Zuwendung bekam, als er erwartet hatte: der behandelnde Arzt rief nämlich die gesamte Kollegenschaft zu seinem Krankenbett, damit sie das – selten zu beobachtende – „perikardiale Reiben" hören könnten. Die Diagnose lautete Lebensgefahr infolge einer Pankarditis (Herzmuskelentzündung) mit Lungen- und Leberstauung. Reinhold war Anfang Dezember als potenzieller Redenschreiber trotz Anzeichen von Grippe (!) mit Bürgermeister Leopold Gratz zum Städtetag nach Graz gefahren – und nunmehr stellte sich heraus, dass er tatsächlich mit dem Coxsackie-Virus infiziert war.

Die Zeit seines langen Krankenstandes war sehr herausfordernd, vor allem dadurch, dass ihn noch zweimal ein Rezidiv wieder ins Spital brachte, und dann war er lange auf Rehabilitation in Bad Tatzmannsdorf – und wollte dauernd, dass ich ihn dort besuchen sollte, aber da ich ja erstens erst kurz meinen Führerschein gemacht hatte, scheute ich die lange Fahrt, außerdem bin ich eine bekennende Legasthenikerin und Dyskalkulatorin, d. h. ich „verwechsre lechts und rinks" (© Erich Jandl), und außerdem hatte ich meine wachsenden Berufspflichten (und familiäre: meine Eltern lebten noch und wollten ihre Enkelkinder sehen). Nach meiner Erinnerung habe ich ihn nur einmal, vielleicht auch zweimal in Bad Tatzmannsdorf besucht – und er war sehr lange dort.

Was ich dann aber im Zuge der großen Ehekrise 1991 erfuhr, war, dass Deine Mutter, Judith, und die Mutter von Reinholds außerehelichen Sohn, der knapp zwei Jahre nach (und wegen) Dir auf die Welt kam, laufend zu ihm fuhren – er mich also gar nicht hätte so bedrängen müssen, er war ja mehr als ausreichend mit Weiblichkeit versorgt.

Und: ich hatte mich auch nicht „als Person“ von ihm „gewollt“ gefühlt, sage ich aus heutiger Sicht – denn was dies bedeutet, habe ich erst in meiner personzentrierten Gesprächstherapieausbildung „erahnt“ und viel später in der Zuwendung von Gino und Dusan „erspürt“. Reinhold wollte nur Zuwendungsenergie erhalten, gab aber höchstens satte Dankbarkeitsenergie zurück. Bei mir.

> *Rückblickend deute ich diese Erkrankung tiefenpsychologisch, nämlich mit betontem Hinweis, dass sein Herz durch die Pankarditis auf dreifache Größe angeschwollen war – so die angebliche Formulierung seiner Ärzte -, und frage mich, ob das auch geschehen wäre, wenn er nur eine Frau zu koordinieren gehabt hätte und nicht drei (oder möglicherweise noch mehr).*

Mir war damals – wie immer schon – vor allem wichtig zu funktionieren, besonders meine Pflichten in Wien zu erfüllen, und finanziell über die Runden zu kommen, denn relativ bald war Reinhold durch den überlangen Krankenstand krankenkassenmäßig „ausgesteuert“. Das erklärt auch, weswegen ich von dieser Zeit kaum etwas in meinen Kalendern dokumentiert habe; während der Kindergartenstunden erledigte ich meine Berufs- und Haus-Arbeit, und danach hatte ich immer andere Prioritäten als er mit seinem Freizeitsport, Naturgenuss oder Chillen (Müßiggang hieß das damals und wurde von meinen Eltern – und in deren Gefolge auch von mir – verachtet). Ich produzierte die Kleidung für meine Söhne und mich, und weil ich ja eisern sparen musste, kamen Kino-, Opern- oder Theaterbesuche ohnedies nicht in Frage. Außerdem wusste ich auch niemand, der sich zu diesen Tages- oder besser Nachtzeiten um meinen Nachwuchs gekümmert hätte, nur ab und zu, bei wichtigen Sitzungen, deren Ende nicht abzusehen war und ich die Buben nicht mitnehmen konnte bzw. wollte, machte ich dafür eine Art Tauschgeschäfte mit meinen „Verflossenen“. Das war für mich alles ganz normal – Betonung auf Norm – und viel „reflektiert“ habe ich damals noch nicht – mein Blick war auf die Verbesserung der Zukunft gerichtet und nicht auf die Vergangenheit und nur minimal auf die Gegenwart.

Deswegen habe ich ja auch das erste Halbjahr für den Club Bassena ehrenamtlich gearbeitet – um mir die Zeit selbstbestimmt einteilen zu können, und mir Kritik zu ersparen (und steuerlich günstiger schien es auch – nicht allerdings in Hinblick auf die künftige Pension, aber das wusste ich damals noch nicht). Erst als Reinhold wieder gesund und zurückgekehrt war, Ende 1977, ließ ich mich, aber eben auch nur mit einer 20-Stunden-die Woche-Verpflichtung, anstellen. Meine Arbeit für den Compress-Verlag, ohne die wir Restfamilie die vergangenen Monate finanziell vermutlich nicht überlebt hätten, konnte ich jetzt Schritt für Schritt, nämlich Monat für Monat, vermindern – und das war auch notwendig, denn ich gehörte als BSA-Obfrau des 10. Bezirks auch dem Kreis der „1.400 Experten" für das SPÖ-Parteiprogramm 1978 an, und das befand sich in der Endphase.

Projekt Bürger machen Programm

Für mich war es immer selbstverständlich, mich nicht nur in den klassischen Ehrenamtsfeldern zu engagieren, sondern auch dort, wo es meine Berufsqualifikation voraussetzte und regelmäßige Bezahlung eigentlich selbstverständlich gewesen wäre. Die Courage, diese einzufordern, war ja auch eine der Botschaften, die Johanna Dohnal immer wieder propagierte; auch war es aus frauenpolitischer Sicht wichtig, die unbezahlte „Reproduktionsarbeit" wie beispielsweise Haushaltsführung oder Kranken- und Altenpflege in Geld zu bewerten und im Falle der nunmehr angepeilten leichteren (und nicht mehr so entwürdigenden) Scheidungen als Refundierungsanspruch zu rechtfertigen (und nicht als Hausfrauengehalt dem Staat aufzulasten).

Es ging also um Veränderung traditioneller Machtverhältnisse zu Gunsten der oft berufslosen Frauen, und das erwies sich als besonders schwierig, weil ein Großteil der in den 1970er Jahren Gesetze bestimmenden Politiker in der NS-Zeit sozialisiert worden waren, und da galt als Leitlinie Kinderreichtum, denn der „Führer" brauchte Soldaten und Verwaltungsbeamte für die besetzten Gebiete. So war auch meine Urgroßmutter mütterlicherseits nach der Geburt von acht Kindern mit dem „Mutterkreuz" ausgezeichnet worden (das man ab dem vierten bekam).

Damals mussten auch noch die Eltern für die „Gnade" zahlen, dass ein „Lehrherr" einen Lehrling aufnahm (und nicht umgekehrt, dass er die zusätzliche Arbeitskraft honorieren sollte). Alles war hierarchisch durchorganisiert, gehorsame Wenige oder Viele gewünscht.

Aus dem langen Krankenstand wieder an seinen Arbeitsplatz im Büro von Umwelt- und Medienstadtrat Peter Schieder zurückgekehrt, widmeten sich dieser und mein Ehemann als sein Spindoktor nunmehr auch den Mitbestimmungsüberlegungen und sannen nach, wie man die schlummernde Kreativität der Bevölkerung aktivieren könnte. Meine Ehemann erfand damals unter anderem die Wandzeitungen in den Gemeindebauten, die silbernen Prospektsäulen im Rathaus, die Riesen-Freiwände, auf denen wer wollte seine Anregungen aufschreiben sollte (die meiner Wohnung nächste befand sich unter der Eisenbahnbrücke am Südtiroler Platz) – und die Radio-Wien-Sendung „Bürger machen Programm". Bei der konnte auch ich mitmachen (ebenso wie beim Mystery-Shopping[113] in Wiener Sozialeinrichtungen, da war übrigens auch Deine Mutter, Judith, mit im Team).

Die Idee dabei war, dass Bürger und Bürgerinnen Themen, die für ihre Lebensgestaltung und Lebensqualität Bedeutung hatten, eigenständig an das Sendungsteam herantragen sollten, das ihnen dann nur bei der dem Medium Hörfunk entsprechenden fachgerechten Umsetzung zur Hand gehen sollte.

Für die leitende „Knochenarbeit" hatte Reinhold den progressiven Filmemacher Bernhard Frankfurter (1946-1999) engagiert, dessen sensible Art, Themenvorschläge zu sammeln und deren Verwirklichungsmöglichkeiten realitätsentsprechend zu diskutieren, mir später zum Vorbild wurden. (Die Demo-Bänder von damals befinden sich nach der Beschlagnahme durch die Polizei im Zuge der Aktion Landslide 2002 nunmehr wieder in meinem Besitz.) Im Team war damals auch der Schauspieler und auch Filmemacher Peter Kern (1949-2015), den ich dann in den 1980er Jahren wieder traf, als er in den ersten Journalisten-Schulungen der Österreichischen AIDS-Hilfe viele Hinweise gab, wie man auf Dramatisierungen und Diskriminierungen verzichten könne. Ich selbst habe mich primär als Lernende empfunden, mich daher auch nur ab und zu ergänzend eingebracht, habe aber von beiden viel gelernt.

In die Bassena-Arbeit habe ich diese Erfahrungen aber nicht eingebracht, weil dieses Projekt nicht durch die vorhersehbaren Konflikte mit SPÖ-Bezirksparteifunktionären gefährden wollte. Ich war ja als Juristin wie auch leidenschaftliche Go-Spielerin gewohnt, immer

113 Dieses Mystery Shopping bestand darin, in Sprechstunden und ähnliche Einrichtungen der Stadt als Ratsuchende vorstellig zu werden und zu bewerten. So war ich beispielsweise abends in der Sozialberatungsstelle im Amtshaus im 4. Bezirk (Wieden) und der Jurist saß im Dunkeln und machte ein Nickerchen. (Er hätte auch was lesen können, das hätte wohl besser gepasst.) Mein – sogar echtes – Problem „Meine Mutter neigt immer mehr dem Whisky zu" veranlasste ihn zu wiederholten Lachausbrüchen und Verweis, das mit dem Hausarzt zu besprechen. Von den damals schon bestehenden Facheinrichtungen der Stadt hatte er offenbar keine Ahnung.

mehrere Schritte vorauszudenken und deren Folgen zu antizipieren – und auf allzu riskante Manöver zu verzichten. Dass allerdings die Grenze, was als riskant einzuschätzen sei, bei anderen viel niedriger angesetzt war als bei mir, habe ich auch erst spät erkannt. Kurz bevor ich mich 1987 (u. a. auch deswegen) entschied, nicht mehr für die SPÖ Favoriten zu kandidieren, hatte mir der Favoritner Gemeinderat und spätere Klubobmann der SPÖ im Wiener Rathaus Karl Svoboda (1929-2022) gesagt, ich sei der Partei „zu risikofreudig".

Ich war befremdet, denn ich hatte auf der politischen Ebene (im Klub der Mandatare) ja keinerlei Entscheidungsmacht, hatte daher immer nur Vorschläge – die meist lächerlich gemacht wurden wie der, Gehsteige an den Ecken abzuschrägen, damit man mit Kinderwägen oder Rollstühlen weniger Mühe aufwenden müsse, eine Anregung, die dann ein paar Jahre später im Jahr der Behinderten von der ÖVP auf Landesebene eingebracht und durchgesetzt wurde; ebenso hatte ich mich darum bemüht, dass die Unterführung Gudrunstraße eine Kinderwagenspur bekäme – auch das wurde mit der Begründung abgelehnt, die Architekten hätten ohnedies mit den breiten Stufen darauf Rücksicht genommen. Auch diese bauliche Veränderung wurde Jahre später nachträglich verwirklicht – und wieder konnte die ÖVP den Erfolg für sich verbuchen.

Ich war – und bin noch immer – „der Zeit einige Jahre voraus" oder eine Woche hinterher. Ich glaube, es war Rudi Edlinger, der mir einmal erzählte, Karl (Charly) Blecha (*1933) habe Christian Brodas in der Partei oft behinderten Reformwillen mit den Worten kommentiert, ein, zwei Jahre dürfe man der Zeit schon voraus sein – aber nicht ein, zwei Jahrzehnte. Und der evangelisch-lutherische Altbischof Herwig Sturm (*1942) sagte mir, nachdem ich ihm seine Frage, wie ich vom Vorstandsmitglied im Freidenkerbund Österreichs zur Christin geworden sei, ausführlich beantwortet hatte[114], ich hätte offensichtlich eine Prophetenberufung erhalten und solle mich daher über Widerstände nicht kränken, die gehörte da eben immer auch dazu.

Mein Resümee 1987 lautete damals (und auch heute generell): Wenn die Parteihierarchie den Funktionär:innen (ich scherze manchmal mit „Funktio-Närrinnen") Maulkörbe umbindet (weil sie gar nicht will, dass mitgedacht und mitgestaltet wird) und nicht registriert, dass sie wie wir alle primär Bürger:innen sind, darf sie sich nicht wundern, wenn sie verlassen wird.

[114] Nachzulesen in meinem Buch „Als Pfarrerlehrling in Mistelbach" s. Fußnote 40.

Deswegen forsche ich, unabhängig von meiner Studie 2019 „Bürgernähe im Zeitalter der Digitalisierung" (nachzulesen auf www.salutogenese.or.at unter Forschung) und unter Verzicht auf finanzielle Förderungen, nach wie vor weiter zu gelungenen Projekten wie auch misslungenen Kommunikationen auf kommunaler Ebene, denn **Mit- und Selbstbestimmung sind ignorierte, aber wesentliche Bausteine der seelischen Gesundheit**.

Projekt Psychosoziale Versorgung Österreichs

In den Jugendzentren der Stadt Wien hatten wir als Teams bereits in den 1970er Jahren nicht nur die Möglichkeit der zentralen Fortbildungen, sondern auch für unser jeweiliges Zentrum selbstbestimmt eine ganze Fortbildungswoche vorzuschlagen, die auch regelmäßig bewilligt und von der Zentrale finanziert wurden. Wir im Club Bassena (der zwischenzeitlich drei Dependancen hatte, die nächstfolgende im Lichtental, im 9. Bezirk – wo der spätere Spindoktor und Medienfachmann Andreas Rudas (*1953), damals noch Medizinstudent und SJ-Funktionär, der Hausleiter war –, den nächsten danach Am Schöpfwerk im 12. Bezirk mit Renate Grossauer-Schnee (*1954) als Hausleiterin sowie Traude Frotzler und Veronika Laska, später verheiratete Kreuziger, die 39jährig 1995 als Psychotherapeutin in der Justizanstalt Göllersdorf von einem ihrer Klienten ermordet wurde, und der ich mein Buch „Überwachen als Beruf"[115] gewidmet habe, und als letzten in meiner Zeit einen zweiten am Wienerfeld, alles zusätzlich zur Hausleitung im ersten Club in der Per-Albin-Hansson-Siedlung und als Projektleiterin für Familienarbeit) wählten vor allem psychologische bzw. sexualitätsbezogene Themen.

Etliche von uns „Animateur:innen" – so wurde unsere multidisziplinäre Tätigkeit als beratende, beistehende, besänftigende, erklärende, motivierende Elternersatzpersonen für Jugendliche – sowie im Club Bassena auch Personen anderer Altersgruppen – genannt, absolvierten damals nebenberuflich Psychotherapieausbildungen und wechselten dann in private Praxen. Andere entwickelten sich in ihren vorgezeichneten Lebenslinien und verließen den Verein JZ, weil er ihnen nun „zu eng" geworden war. Diese ragten schon in der Arbeit mit Jugendlichen

---

115 Rotraud A. Perner / Roman A. Perner (Hg.), Überwachen als Beruf – Justizwachdienst & Stress. aaptos Verlag, Matzen 2017.

als Avantgarde hervor; ich erinnere mich, dass etwa ein Badminton-Profi mit dabei war, Namen vergessen, die Schauspielerin Lieselotte Plauensteiner, der Liedermacher Heli Deinböck, oder der spätere profil-Redakteur Andy Kltenbrunner, der nach seinem Studium der Politikwissenschaft mit seinem 2005 gegründeten Medienhaus Wien hohe nationale wie internationale Anerkennung erwarb; der spätere Rechtsanwalt Ronny Rast wiederum leistete seinen Zivildienst in dieser Funktion ab.

Die Aspirant:innen von Psychotherapieausbildungen erhofften sich Ergänzung ihrer Grundkompetenzen zur Bearbeitung der Probleme der Besucher:innen – insgeheim aber auch der eigenen Konkurrenz-Probleme, denn der geschäftsführende Obmann pflegte sich mit „geheimen" Zusatzdotierungen oder anderen Bevorzugungen ergebene Vasallen zu schaffen, wie ich später von den Kollegen (alle männlich) erfuhr, in deren Zentren ich Projekte implementierte. (Der offiziell deklarierte war der Kinderfreunde-Obmann und Gemeinderat und GEWISTA-Chef Erik Hanke, *1943, der Vater des derzeitigen Wiener Finanzstadtrats – der mich nicht mochte, ich vermutete „als Mitwisserin", weil mein Artikel über das Projekt Club Bassena in WIEN AKTUELL unter seinem Namen erscheinen musste[116]; die Redaktion wollte nicht, dass ich zweimal im selben Heft publizistisch vorkäme, Hanke scherzte später einmal, indem er mich seine Ghostwriterin nannte.)

Auch wenn es bei mir Harald Picker mit seinem Projektionshinweis war, der mich zur Berufserweiterung motivierte, trifft dieser weitere Beweggrund schon auch auf mich zu: Wenn ich meine alten Aufzeichnungen durchforste, wird mir ganz schlecht in der Erinnerung, was mir alles Böse (und Unmoralische) unterstellt wurde, als wie mächtig ich phantasiert und deshalb bekämpft und wie sehr meine Disziplin als Ehrgeiz missinterpretiert wurde.

Ich hatte mir im Zuge der für mich neuen Tätigkeit als Beraterin bereits 1976 überlegt, ob ich Psychologie studieren sollte, die Abend-

---

[116] WIEN AKTUELL 12/ 1978, S. 12: Rotraud A. Perner, Der Mensch braucht eine Bassena, sowie auf S. XXVI im Innenteil als: Erik Hanke, Modellversuch einer neuen Gemeinsamkeit. Einen weiteren Artikel „Probleme gemeinsam lösen" durfte ich erst wieder in WIEN AKTUELL 9/ 1980 platzieren. Überhaupt musste ich in meiner Zeit als Mandatarin der SPÖ immer damit rechnen, dass ich nach jeder Publizität angefeindet und bekämpft wurde.

Sozialakademie in der Seegasse oder „so einen Psycho-Kurs" – denn so abwertend waren diese sehr anspruchsvollen Psychotherapie-Ausbildungen von Nicht-Wissenden bzw. Feinden bezeichnet worden – besuchen sollte. Vom Psychologiestudium wurde mir abgeraten: in Wien sei es rein historisch sowie auf Forschen und Testen orientiert, Salzburg wäre schon besser, da gäbe es auch sozialpsychologische Bezüge, am ehesten noch „psycho-logisch" wäre nur das neu installierte Pädagogikstudium in Klagenfurt. Die Sozialakademie wurde mir von meinen Freund:innen von der Caritas, mit denen ich beim Aufbau von Notschlafstellen rund um den Südbahnhof regen Austausch pflegte, als „vorprogrammierte Enttäuschung" geschildert, denn als praxis- und politerfahrene Volljuristin sollte ich dort eigentlich besser selbst unterrichten, das Angebot würde mich absehbar langweilen. Diese Zuschreibung war zwar schmeichelhaft, aber um sie zu realisieren, fehlten mir die hilfreichen Kontakte – und der Zug zum Self-Empowerment. Ich entschied mich daher, mir vorerst die letztgenannte Alternative „mal ab und zu anzusehen", vor allem, weil sich Wochenendkurse zeitlich am besten in meinem Zeitbudget einplanen ließen – und weil solche Seminare in „Psychoanalytischer Sozialtherapie" in den Räumen des Sozialtherapeutischen Instituts in der Puchsbaumgasse angeboten wurden, die mir durch meine Beratungsstellenarbeit wohlvertraut und daher stressmindernd waren. (Regelmäßig in die wöchentliche psychoanalytische Theorie-Ausbildung bei Erwin Bartosch (*1945, einem verheirateten ehemaligen katholischen Priester und ausgebildeten Exorzisten) eingestiegen bin ich aber erst im Oktober 1981, als mir dieses Weiterlernen durch die überreiche Hofrats-Witwenpension meiner, nach dem Tod meines Vaters von Kontrolle und Kritik befreiten, Mutter finanziert wurde.)

Da Erwin Bartosch wusste, dass ich mich bei den Gesetzesvorhaben der Regierung Kreisky engagierte (soweit mir das möglich gemacht wurde), hielt er mich auch auf dem Laufenden, was die Bemühungen der Psycholog:innen und Psychotherapeut:innen um Anerkennung als eigenständigen Beruf betraf. Es waren der Psychiatrieprimar Raoul Schindler (1923-2014) und der Sozialpsychiater Hans Strotzka (1917-1994), die die Konkurrenzsituation zwischen diesen beiden Berufsgruppen besänftigt und zu gemeinsamer Aktion für Abgrenzung der Berufstätigkeit und Titelschutz motiviert hatten.

Als ich 1984 meine „kleine" Psychoanalyse-Ausbildung beendet und den Gewerbeschein für „Psychologische Beratung" gelöst hatte, kam der damalige Obmann des (SPÖ zugehörigen) Freien Wirtschaftsverbands (FWV), Herbert Schmidtmeier (1937-2014) auf mich zu, ob ich nicht für die Handelskammerwahl 1985 für den FWV kandidieren möchte – auf dem sechsten Platz, dem „Hoffnungsmandat". (Der FWV hat damals fünf Sitze und fürchtete das fünfte zu verlieren.) Ich sagte zu, führte einen proaktiven Wahlkampf mit der Information, wir Gewerbescheininhaber:innen müssten uns gesondert in der Allgemeinen Innung (in der sich bunt zusammengewürfelt auch Detektive, aber auch Wünschelrutengeher, Pyramidenverkäufer sowie universitär ausgebildete Psycholog:innen, Gruppendynamiker.innen und andere Psychotherapeut:innen befanden) als eigenständige Berufsgruppe mit nachweisbaren Ausbildungen profilieren, um die Beseitigungsbestrebungen der Uni-Psychologenschaft beruflich zu überleben.

Nachdem ich wider Erwarten das sechste Mandat errungen hatte, begann ich mit der Umsetzung meines Wahlkampfversprechens, suchte die passende Kollegenschaft aus der Liste der Gewerbeberechtigten heraus und bildete „meinen" Vorstand mit Personen, die einzelne Sektoren des Gesamtspektrums repräsentieren und Rückmeldungen organisieren konnten: Othmar Hill war als universitär ausgebildeter Arbeitspsychologe dabei, Richard Picker als Theologe und Gestaltpsychotherapeut, die systemische Familientherapeutin Gretl Pilz für die Eheberater der Erzdiözese Wien, der Jurist Herbert Rauch als Gruppendynamiker wie auch Bioenergetiker und natürlich Elisabeth Heller (später Kutschera), die als (übrigens erste geprüfte!) Unternehmensberaterin auf dem fünften Mandat des FWV ihre Erfahrungen aus der Vorwahlperiode einbrachte – wie auch der Detektiv Karl Schopf, der war das Oktroy der Handelskammer bzw. des ÖVP-Wirtschaftsbundes.

Wir arbeiteten alle gut zusammen – miteinander wie auch mit dem sehr hilfreichen Kammersekretär Fred Baumgartner, wir hatten ja auch „eine Welt zu gewinnen" – und die war bedroht, denn für den Berufsverband der Psychologen (BÖP) wie auch für die Psychiater im „Obersten Sanitätsrat" im Gesundheitsministerium waren wir größenwahnsinnige Scharlatane, die es zu bekämpfen galt – nämlich "psychologisch" mit Attacken auf die Selbstachtung, und daher auf die seelische Gesundheit. So wurde immer wieder die Formulierung gebraucht, wir hätten uns den „Titel gekauft" (gemeint war erstens die Gewerbebezeichnung und mit zweitens die Eintragungsgebühren z. B. ins Handelsregister). Mit diesem „Mem" wurden die Politiker gegen uns aufgebracht, die ja alle keine Ahnung davon hatten, dass man „Beratung" nicht theoretisch lernen kann, sondern nur bei

Meister:innen, die anleiten, kontrollieren, verbessern und nach entsprechender Lehrzeit „frei sprechen"; wir waren im Gewerbebereich schon richtig angesiedelt.

Während ich – zwischenzeitlich auch österreichweite Vorsitzende dieser neuen Berufsgruppe – mit dem Chefjuristen der Bundeswirtschaftskammer, Paul Kupka, an den Formulierungen für die Gewerbeordnungsnovelle 1989 arbeitete und gleichzeitig im Wiener Vorstand die künftige Befähigungsverordnung konzipierte, hatte ich in all diesen Tagen in vielen persönlichen wie auch telefonischen Vorsprachen (z. B. beim Wirtschaftsminister Robert „Bobby" Graf (1929-1996), ÖVP-Gesundheitssprecher Erwin Rasinger (*1952) oder beim kurzfristigen Nationalratspräsidenten Leopold Gratz (1926-2006) versucht, den Politikern den Unterschied zwischen den Berufen zu verdeutlichen. Auch wollte ich den (von der Ärzteschaft scheel beäugten) sogenannten Körpertherapeut:innen (nach Wilhelm Reich, Alexander Lowen, John Pierrakos, Gerda Boyesen etc.), die ja noch immer nicht anerkannt sind, die berufliche Lebensberechtigung retten, denn ich hatte diese Methoden selbst ausprobiert und war von ihrer Wirksamkeit überzeugt.

Vor allem wollte ich aber den Freiraum verteidigen, der nötig ist, damit neue psychologische „Produkte" entwickelt werden können, um dem wachsenden Bedarf der Bevölkerung an Zuspruch in Konfliktsituationen (den ich ja aus der Beratungsstelle nur zu gut kannte) entgegenzukommen. (Mediation war damals noch kein Thema – und ihre Vorgängerin, eben die Psychoanalytische Sozialtherapie, nur sozialpädagogischen Insidern bekannt.)

Noch am Vorabend der Beschlussfassung der GewO-Novelle im Parlament war mir (von Leopold Gratz) versichert worden, der Namen Psychologische Berater werde uns erhalten bleiben – aber offensichtlich gab es parallel dazu massive Interventionen des BÖP, denn beschlossen wurde dann der Name „Lebens- und Sozialberater". Das hat mich nicht gestört, denn er bot ja eine deutliche Annäherung an die „abwehrende" Bevölkerung mit ihrem Standardsatz „Ich brauche keinen Psycho – ich bin ja nicht verrückt!" (Wobei „verrücken" sogar eine Methode in der Psychoanalytischen Sozialtherapie[117] darstellt!)

Gestört hat mich die „unredliche" Hinterfotzigkeit, statt mit uns direkt in Dialog zu treten, hinter unserem Rücken „nadern" zu gehen.

---

117 Mehr dazu in Rotraud A. Perner / Roman A. Perner, „PROvokativpädagogik – PROvokativmethodik", aaptos Verlag, Matzen 2017.

Aus meiner Sicht disqualifiziert sich als reife, sprich konfliktfähige Persönlichkeit, wer wie ein Vorschulkind „zum Papa tschentschen geht“ statt sich mit seinen Ansprüchen und Forderungen anderen „zuzumuten“. Da steckt auch das Wort Mut drinnen! (Leider hat sich das bis heute noch nicht geändert, wie ich im Vorjahr – 2023 – wieder zweimal erlebt habe – und tagtäglich am Beispiel der Politstrategie beobachte, sofort zum „Papa Medien“ zu laufen, wenn einem etwas nicht passt.)

Wenn ich später oft gefragt wurde, was denn der Unterschied zwischen den Psychoberufen sei, gebrauchte ich immer folgende – grobe – Metapher: Psychotherapeuten sind wie Kunstmaler – sie lösen Gefühle aus und schaffen damit psychische Veränderungen, und das lernen sie bei Meistern, aber sie lernen auch Kunstgeschichte (d. h. die Theorie ihrer Schule) und Farbchemie (Details aus Nachbar-Lehrgebäuden um Kunstfehler zu vermeiden); Psychologen sind Wissenschaftler, die die Kunstmalerei beobachten und daraus Schlüsse ziehen, die daher viel geschichtliches und darin natürlich auch farbchemisches Wissen besitzen – und manche malen auch selbst, manche korrekt ausgebildet und manche autodidaktisch, und unter denen gibt es dann Naturbegabungen oder Dilettanten (wie in jedem Beruf); Psychiater hingegen stellen in diesem Vergleichsbild die Farbchemiker dar, die genau wissen, welche Chemikalien giftig sind und welche heilsam – und auch hier malen manche oder lehnen das ab ... wie schon oben ausgeführt. Im Endeffekt entscheiden die Rat- oder Heilungssuchenden, zu wem sie am meisten Vertrauen haben (oder wer für sie nach ihren Möglichkeiten am besten in Frage kommt).

Die Psychologischen Berater:innen – oder wie sie seit 2022 heißen, „Psychosoziale Berater:innen“ – sind für andere als die klassischen klinischen Bereiche (wie z. B. Ängste, Depressionen, Persönlichkeitsstörungen, posttraumatischen Belastungen, sexuelle Probleme, Zwangsstörungen oder generellen Leidenszuständen) kompetente Gesprächspartner:innen für Menschen in aktuellen oder künftigen schwierigen Situationen – und können dabei vor allem Kenntnisse aus anderen Ursprungsberufen als psychologischen, pädagogischen und seelsorgerlichen einbringen. Dass sich manche dabei extrem nahe an (oder gar in) die Grenzen zur Psychotherapie heranwagen, sehe ich wohlwollend als Bedürfnis, die eigenen methodischen Ansätze – aber auch sich selbst – weiterzuentwickeln. Man kann es natürlich auch weniger wohlwollend als noch ungebremstes

Konkurrenzverhalten sehen – oder auch als gezielte Taktik, unerwünschte „Mitbewerberschaft“ zu beseitigen wie einst Kain den Abel. (Dieses biblische Urbild bezeichne ich als die Wurzel jeglicher Gewalt oder auch als den „zweiten“ Sündenfall, den vertikalen, bei dem jemand eigensinnig „über“ wen anderen entscheidet, im Gegensatz zu dem „ersten“, dem horizontalen, von Adam und Eva, die sich auf gleicher Ebene als Getrennte „erkennen“.[118]) Diese Trennungen zu überbrücken und zur Einigung zu finden, ist mit Motiv in meinem Lebensmotto.

Es waren diese 1980er Jahre, in denen mir die alltägliche Gewalt so unübersehbar und schmerzend bewusst wurde – und zu meinem primären Forschungsgegenstand.

118 Ausführlich behandelt in meinem Buch „Die reuelose Gesellschaft“, Residenz Verlag, Salzburg St. Pölten 2010.

Krisenkompetenz

Gegen Gewalt hilft nur Öffentlichkeit.
Rotraud A. Perner[119]

Wenn ich jetzt im Zuge meines Lebensrückblicks meine alten Kalender durchforste, wundere ich mich, wie ich all die Fehlinterpretationen, Unterstellungen, Verleumdungen, üblen Nachreden und echten Lügen ausgehalten habe – denn anfangs war ich noch nicht **resilient.**

Der Begriff ***Resilienz*** *stammt eigentlich aus der Materiallehre und bedeutet die Fähigkeit bestimmter Materialien, nach Belastungen schnell in den ursprünglichen Zustand zurückzukehren wie beispielsweise Gummibänder oder Bugholz.*

In der Psychologie findet er sich bei der US-amerikanischen Entwicklungspsychologin Emmy Werner (1929-2017), die, basierend auf dem Salutogenese-Konzept von Aaron Antonovsky (1923-1994) auf der Hawaii-Insel Kauai nicht mehr nur auf Ursachen und Bedingungen der Entstehung psychischer Störungen oder Verhaltensauffälligkeiten achtete, sondern auch auf vorbeugende Schutzfaktoren. Die fand sie in Selbstwahrnehmung, Selbstwirksamkeit, sozialer Kompetenz und Selbststeuerung.[120]*In der wissenschaftlichen Nachbearbeitung wird betont, dass es sich hierbei um keine angeborene Eigenschaft handelt, sondern um einen variablen und kontextabhängigen Prozess; dieser kann von externalen und/ oder internalen Kriterien („Ressourcen“) beeinflusst werden.*[121]

---

119 Ein immer wieder eingemahntes Zitat von mir (wie auch „Sich vertragen heißt Verträge schließen“): Nur wenn eine kontrollierende Öffentlichkeit – und die beginnt bei *einer* Person – Widerspruch, Protest, Anzeige und Konsequenzen wahrscheinlich oder real präsentiert, können Verheimlichungen, Schuldumkehrungen und gezielte Unwahrheiten zumindest im Keim verunmöglicht werden. Ob sie dann in der Folge unterbleiben, hängt von der Überzeugungs-Macht der Böswilligen ab.

120 Klaus Fröhlich-Gildhoff/ Maike Rönnau-Böse, Resilienz. Ernst Reinhardt Verlag, München 2009, S. 7.

121 A. a. O., S. 9.

Kaum hatte sich der neue Begriff bei Anbietern psychologischer Persönlichkeitstrainings verbreitet, wurden solche sofort eifrig vermarktet – kritisches Zitat: „Die wenigsten Programme führen explizit ***Resilienzförderung*** *als Ziel auf, sondern haben einzelne* ***Resilienzfaktoren*** *als Inhalte, wie z. B. soziale Kompetenz, Selbstwirksamkeit usw."*[122] *Ich bezeichne dies als Mogelpackungen – denn ich warne (wie schon in meinem Buch „Der erschöpfte Mensch"* [123]*) davor, dass* ***Resilienz*** *im Irrglauben, sie wäre präventiv erwerbbar, als Berufsqualifikation gefordert oder als Einstellungskriterium (gleichsam wie das „aus Stroh Gold spinnen können" der Müllerstochter im Märchen vom „Rumpelstilzchen") und bei Versagen Kündigungsgrund missbraucht werden könnte.*

Resilienz erwirbt man durch die bewusste Erfahrung des körperlichen, seelischen bzw. sozialen Überlebens von schockierenden oder anderen Hochstress-Situationen.

Bewusstheit entsteht durch das „Aus-Sprechen" – durch die Fixierung des Erlebten mittels einer Namensgebung (auch wenn diese oft verfehlt sein kann: mein Musterbeispiel ist die Verwendung der Worte Neid oder Eifersucht für das Empfinden von Benachteiligung – und genau dieses gehört angesprochen!). So wie man bei einer Verletzung die Wunden reinigen muss um Gift, Schmutz oder Splitter von Waffen zu entfernen. Und um bei diesem Gleichnis zu bleiben: Was man nicht tun sollte, ist Wunden (z. B. unter Verbänden – oder Panzern) zu verstecken – sonst werden nur die Täter geschont oder die Gefahrenquellen ignoriert. Heilung braucht immer Luft – und das ist der spürbare, aber nicht fassbare Geist (hebräisch ruach, griechisch pneuma, lateinisch spiritus).

Was jemand als Belästigung, Übergriff, Beschädigung, Vergiftung, Verletzung etc. erlebt, hängt vor allem vom eigenen Wertesystem ab. Dieser Aspekt ist meines Wissens in der ***Resilienz****- wie auch Salutogenese-Forschung bisher weitgehend unberücksichtigt.*

Es macht einen Unterschied, ob jemand sehr selbstfürsorglich aufwachsen durfte oder eher eine Werthaltung von Selbst-

122 A. a. O., S. 63.

123 Rotraud A. Perner, Der erschöpfte Mensch, s. o., S. 52 ff.

überwindung, Überlebenskampf, Schmerzensreichtum oder Selbstaufopferung suggeriert wurde ... all dies färbt die Bewertungen des Erlebten.

Deswegen hatte ich am 29. April 2004 einen heftigen Disput mit dem Eröffnungsredner, dem ehemaligen Ordenspriester und Erfinders von „Familienaufstellungen“ als showartige Demonstration, Bert Hellinger (1925 -2019) – ich als Erfinderin der Villacher Paracelsus-Akademie unten in der ersten Reihe sitzend, er oben auf der Bühne –, als dieser in Verfolgung seiner propagierten „Ordnungen der Liebe“ forderte, Missbrauchsbelastete sollten sich in Liebe unterordnen mit „Ich hab es für Dich getan, Papi!“ Das gibt es schon auch – aber in der vertieften Selbstreflexion in einer Therapie oder Beratung kann es zu Neubewertungen kommen, wenn alte Erinnerungen, z. B. damalige Empfindungen, Gefühle oder Gedanken, plötzlich wieder auftauchen – muss aber nicht. Deswegen bevorzuge ich tiefenpsychologische Methoden, bei denen ich mich vor allem einfühlen muss, aber das konkret bearbeitete Geschehen nicht zu wissen (und daher auch nicht zu deuten) brauche – denn so vermeidet man Suggestionen (was ja den Psycholog:innen in den Wildwasser-Beratungsstellen unterstellt wurde[124]). Das Resümee kann man mir später einmal berichten. So kann man, am besten Beeinflussungen vermeiden. (Dazu kommt es leider meist schon durch die Alltagsgespräche oder Medienberichte[125].)

Als ich als Volksschulkind in den Feldern von Laa an der Thaya sexuell missbraucht wurde, wusste ich nicht, was da mit mir geschah. Es war ja, von mir aus gesehen, nicht arg (objektiv allerdings schon): die beiden älteren Burschen hatten mich listig gefragt, ob ich wissen wolle, wie die kleinen Kinder entstehen, und als ich ja sagte, hatten sie es an mir ziemlich ungeschickt demonstriert. Als ich es fünf, sechs Jahre später begriff und nachfragte, reagierte meine Mutter so zart und stärkend, dass ich auch nachträglich keine Wunden, nur akzeptierende Verwunderung erfuhr. Hätte sie empört reagiert, wäre dieses mein Erleben zu einem Trauma vergrößert – und je mehr skandalisiert wor-

124 Vgl. Katharina Rutschky, Erregte Aufklärung. Kindesmissbrauch: Fakten & Fiktionen. Klein Verlag, Hamburg 1992.

125 Vgl. mein Buch „So a Hetz! Über Empörungsmeuten und die Lust am Menschenjagen“ s. Fußnote 33.

den wäre, desto fester hätten sich die Stresshormonausschüttungen in meinem episodalen Gedächtnis verankert (aber auch bei anderen). Als ich hingegen nachmittags am Zeugnistag der sechsten Klasse Gymnasium, dem 25. Juni 1960, vergewaltigt wurde, war ich dissoziiert und danach „astonished", verwirrt, mir fehlt ein passender Name für dieses Erleben. Ich verstand die Zusammenhänge nicht – suchte (wie viele, die so etwas erlebt haben) irgendwelche Ursächlichkeiten bei mir und fand keine. Irgendwie war das alles nur außen von mir, wie in einem Film – innerlich hat es mich nicht erreicht und nicht ergriffen. „Ich war nicht dabei."

Die Lösung fand ich erst 1986 in meiner NLP-Ausbildung, als mir in der Selbsterfahrung einer angeleiteten Regression plötzlich akustisch einfiel, dass der zwei Jahre ältere Schulkollege, der sich nach der Zeugnisverteilung unbedingt mit mir hatte treffen wollen, um Wichtiges zu bereden (was hatte er nicht gesagt, ich aber in meiner Arglosigkeit auch nicht gefragt), mich nachher, als ich total benommen war, ein Stück des Heimweges begleitete und dabei triumphierend gesagt hatte „Jetzt hab ich Dir ein Kind gemacht!". Da fiel es mir wie Schuppen von den Augen: Es war ein Racheakt an meinem Vater, der ihn hatte durchfallen lassen, und er hatte offenbar gehofft, dass ich schwanger werden würde und die Schule verlassen müsste (was damals in Wr. Neustadt in der Mädchenschule mehrfach vorgekommen war).

Diese „Suggestion" war übrigens erfolgreich. Als mir Ende Juli die Menstruation ausblieb und meine Mutter mich mit strengem Blick fragte, „Du bist doch nicht etwa schwanger?" (denn erst da begann Stress, aber der war im Vergleich zu den später erfahrenen nur von kurzer Dauer), flüchtete ich zu unserem Schularzt und der klärte mich auf, dass dies infolge meiner „unfruchtbaren" Tage auszuschließen sei – und flugs war die Monatsblutung da.

> *Die Inspiration, zum Schularzt zu gehen, zähle ich hingegen zu dem was in Aaron Antonovskys Salutogenese-Konzept Gestaltbarkeit heißt und in meiner Weiterentwicklung seiner Sichtweisen „alternative Verhaltensmöglichkeiten finden bzw. erfinden"*[126]*, und das ist ein wichtiger mentaler Bestandteil von* ***Resilienz.***

126 Rotraud A. Perner, „Hand Herz Hirn. Zur Salutogenese mentaler Gesundheit", edition roesner, Krems/ Donau 2014.

Ich würde auch meine Gefühle, die ich hatte, als am 11. 3. 1974 in unsere Wohnung eingebrochen worden war, als eine Art unverständige Betäubtheit bezeichnen: Ich war verwundert, dass die Eingangstür offen stand, und erst als ich im Esszimmer die offenen und offensichtlich durchwühlten Kästen und Laden sah, begriff ich, was da vor sich gegangen war. Ich würde also nicht einmal von einem Schock sprechen, dazu lief der Erkenntnisprozess zu langsam ab.[127] Sehr wohl Stress hatte ich aber danach: erstens, weil ich ziemlich sicher war zu wissen, wer da eingebrochen hatte (oder den Tipp dazu bekommen hatte), aber im Beweisnotstand und unter der erwartbaren Androhung einer Verleumdungsklage meine Vermutung samt Zorn über meine Machtlosigkeit nicht ausdrücken durfte; es war nämlich der erste Tag, an dem tagsüber niemand daheim war: ich hatte nach meiner Karenz mit meinem Erstgeborenen genau an diesem Tag, bereits im fünften Monat neuerlich schwanger, meine Arbeit in der OeNB wieder aufgenommen, mein Ehemann war nach einer Augenentzündung auch wieder den ersten Tag im Büro, und mein kleiner Sohn war vom Babysitter-Ehepaar (den Eltern bzw. Großeltern von Genoss:innen in meiner Sektion) in der Früh abgeholt worden (nach Arbeitsschluss übernahm ich ihn immer in deren Wohnung); zweitens, und spürte ich noch mehr Empörungsstress, als in einem anonymen Brief an meine Versicherung (bei der ich ja früher gearbeitet hatte), behauptet worden war, der Einbruch sei von mir nur vorgetäuscht worden um den Einkommensverlust durch die Karenz wettzumachen – und auch da war ich mir auch sicher, wer den geschrieben hatte, aber beides konnte ich nicht beweisen.

Ich spüre noch immer meine Empörung, denn Korrektheit ist mir ein sehr hoher Wert (während mir Materielles kaum was bedeutet; mein langjähriger Supervisor Arnold Mettnitzer (*1952), Individualpsychologe, Theologe und katholischer Priester, sagte einmal, mein Lebensstil sei „monastisch" – der eines Mönchs, und das stimmt auch), und (leider oftmals erlebte) Hinterfotzigkeit war und ist nach wie vor für mich die schwerste Herausforderung, um **resilient** (und nicht nur verdrängend) reagieren zu können.

---

[127] Bei späteren Einbrüchen in unserem Gartenhaus im Böhmischen Prater, im kleinwinzigen Wegmacherhaus in der Steiermark (wo ich „mutig", sprich unbedacht, durchs verdächtig offen stehende Fenster ins Haus eingestiegen bin, während der Einbrecher – ein Fremdenlegionär wie sich Tags darauf herausstellte – noch im Haus war und durch ein anders Fenster flüchtete) und in der Fischerstiege war ich bereist „routiniert", d. h. abgestumpft – außerdem wurde an diesen Orten nichts gestohlen, woran mein Herz gehangen war.

Hinterfotzigkeiten

In meinem 1980er Kalender stieß ich auf Gedächtnisprotokolle über demütigende Gespräche mit dem Geschäftsführer der Jugendzentren: die Kollegin – arbeitssuchende frisch geschiedene Ehefrau eines Schulkollegen meines Ehemannes mit erlerntem Beruf Buchhändlerin und Aktivität in der evangelischen Kirche – die ich 1979 ins Bassena-Team aufgenommen hatte, weil ich mit dem Neuzugang der Bassena im Lichtental über die Grenzen meines Zeitbudgets geraten war, hatte sich über mich beschwert, sie hätte Kreislaufbeschwerden wegen meines Psychoterrors – ich hatte auf Einhaltung der im Team beschlossenen Vereinbarungen bestanden – und ihr Arbeits*einsatz* würde nicht anerkannt (wobei sie den der anderen Kolleginnen gleichzeitig abwertete). Ich hatte gegen die – hinterfotzige – Verdrehung von Tatsachen wie Worten protestiert, ich würde mir dies nicht gefallen lassen – und darauf sagte der Geschäftsführer wörtlich; „Droh mir nicht – das haben schon andere versucht..." Seitdem bin ich sehr sensibel, wenn legitime Konsequenzen zu „Drohungen" umgedeutet werden – oder auch vermutete Zukunftsfolgen. Ich erinnere mich noch genau wie der spätere Arbeitskammerpräsident Rudolf Kaske (*1955) im TV-Interview lakonisch formulierte, „Unsere Gewerkschaft ist gerüstet. Wenn einmal dieses Arbeitslosenheer marschiert, dann brennt die Republik" und das sofort als Drohung (mit Generalstreik), nicht aber als mögliche Sorge interpretiert wurde.[128]

Die zitierte Kollegin wollte vermutlich im Verein hierarchisch auf meine übergeordnete Stufe aufsteigen; als dies nicht wirklich gelang, verließ sie den Verein, kopierte mein Konzept und „verkaufte" es in parallel und geheim laufenden Verhandlungen (und sich) unter anderem Namen an die damalige politische Minderheitspartei in Wien[129], bevor sie sich nach Abschluss ihrer Psychotherapieausbildung selbständig machte.

Ich erinnere mich noch, wie ich um Konfliktbereinigung bemüht, sie erinnerte, dass ich, um ihr eine Vollzeitanstellung zu ermöglichen (das Hausbudget war dazu nicht groß genug) meinen eigenen 87,5-Stunden-Monatsvertrag auf knapp über zwanzig Stunden im Monat hatte herabsetzen lassen – und da sagte sie höhnisch: „Du wirst schon Deinen Vorteil dabei gehabt haben!" – eine klassische Projektion der eigenen Denkweise auf andere!

---

128 https://de.wikipedia.org/wiki/Rudolf_Kaske (abgerufen am 23. 1. 2024)

129 Einen korrekten Bericht darüber brachte die Wochenpresse vom 29. Mai 1984.

Wie später noch oft, erlebte ich mich damals als das prädestinierte Feindbild, das hinterrücks verleumdet wird – und zu dem, nämlich mir, niemand hält, weil man meine Konsequenz auf Brutalität umdeutet und meine Standhaftigkeit auf eiserne Stärke. (Schon in meiner Zeit mit Artur nannte mich einer seiner Welthandels-Kollegen „die Frau mit dem Eisenkorsett", und ja: ich „gehe nicht in die Knie", dazu bin ich weder von meinen Eltern noch im Gymnasium erzogen worden, jedoch sehr wohl auf's Allein-übrig-Bleiben.)

> ***Exkurs:*** *Dieses Umdeuten oder mit einem neuen „Rahmen" versehen war eine Harald Pickers Methoden. Er nannte es „verrücken" und verwendete es immer im positiven Sinn: wenn sich etwa ein Elternteil über die Schlampereien des Nachwuchses' beklagte, verwies er auf die ebenfalls innewohnende „Großzügigkeit": der Fähigkeit, sich nicht mit Kleinigkeiten aufzuhalten. In meiner NLP-Ausbildung begegnete ich dieser „Technik" (vom griechischen techné, Kunst) als „Reframing"[130] wieder: man „umrahmt" eine Tatsache mit einer anderen Sinngebung – oder „rahmt" von vornherein durch gezielte Wortwahl positiv oder negativ. Ein klassisches Beispiel aus der Politik ist die Wortneuschöpfung „Genderwahn" zur Verhinderung, dass der weiblichen (mehr als die) Hälfte der Menschheit Respekt erwiesen wird. Gegenteile dazu wären etwa „Gender-Professionalität" oder „Gender-Fairness".*

In meinem 1980er Kalender finde ich auch, zehn Wochen später, einen Eintrag, wie mir vom Bezirksparteiobmann die Podiums-Teilnahme an der ersten Favoritner Jugendenquete verwehrte wurde – obwohl oder vielleicht gerade, weil ich die einzige beruflich kompetente Person gewesen wäre; dabei sagte er: „Im Bezirk gibt es Stimmen, die sagen, Du *führst* die Bassena nicht, das ist nur so ein Job!" Wie wenn irgendwer von all denen, die „Polit-Jobs" hatten so wie er, sich wissenschaftlich wie ich die jeweiligen Qualifikationen erarbeitet hätten (in meinem Fall mit einer psychologischen Arbeit über „personzentrierte" Menschenführung – so auch der Titel meiner Abschlussarbeit in meiner Rogers- Ausbildung). Ich habe mir in dieser Zeit durch

---

130 Vgl. Richard Bandler/ John Grinder, Reframing. Ein ökologischer Ansatz in der Psychotherapie (NLP). Junfermann Verlag, Paderborn 1985. Spät entdeckt und neu gerahmt: Elisabeth Wehling, Politisches Framing. Wie eine Nation sich ihr Denken einredet – und daraus Politik macht. Edition medienpraxis, Köln 2016.

externe Kurse, Literaturstudien samt Supervision und die vereinsinterne Fort- und Weiterbildung eine umfassende Basis für sozialpädagogische Arbeit erarbeitet und anschließend die 3jährige strukturierte Ausbildung in Sozialtherapie absolviert. Aber das hat niemand interessiert – alle sind von sich aus gegangen und haben ihre leitenden Jobs als quasi Politkommissariat interpretiert. Damals hat mich das noch gekränkt. Aber als sich der Obmann bei der Eröffnung dieser Enquete versprach und statt „Unser ganzes Engagement gehört der Jugend" unser ganzes *„Engagemäh"*[131] (Enga-Schmäh[132] statt Engagement) sagte, hat mich Heiterkeit „geheilt".

Wer auch immer diese Miesmacher:innen gewesen sein mögen – sie erwarteten offensichtlich, dass ich in sowjetsozialistischer Manier aus der Bassena eine Parteidependance machen sollte – so wie eine Bezirksrätin (und alte Widerstandskämpferin) in einer Frauensitzung von mir verlangte, ich solle den Ratsuchenden in der Familienberatungsstelle die roten Papiernelken (deren Erlös man an übergeordneter Stelle abzuliefern hatte) verkaufen – so wie sie in ihrem Milchgeschäft. Ich weigerte mich. Sie aber – und ihr Freundeskreis – wollte einfach nicht verstehen, dass Sozialberatung kein „Wissensverkauf" ist und man leidende Menschen nicht finanziell ausbeuten soll und darf, und dass dies ein absolutes No Go wäre – daher war ich eine „Verräterin" am Sozialismus. (Ich aber hatte damals schon „Wie eine Träne im Ozean" von Manès Sperber[133] gelesen und blieb bei *meinen* Werten.)

Das Wort Hinterfotzigkeit leitet sich vom in süddeutschen Gebieten üblichen Dialekt-Wort „Fotz" für Gesicht (oder auch Mund) ab, wenn man versucht, seine wahren Gedanken und Absichten zu verbergen. Oder umgekehrt aber dazu aufgefordert wird. Wenn ich heute etwa manche Fotografien von mir aus meiner Volksschulzeit betrachte, erkenne ich am maskenhaften Ausdruck (der sogenannten „depressiven Maske"), dass ich damals ziemlich depressiv „ver-

---

131 Rotraud A. Perner, Management macht impotent – Abschied vom Mythos Macher. Allen Chefs, Politikern und anderen Vaterfiguren zugeeignet. Und den Frauen in ihrem Umfeld, die viel zu viel Geduld mit ihnen haben. aaptos Verlag, Wien 1995 (vergriffen), S. 68. In der – um ein Drittel gekürzten und auch vergriffenen – Schweizer Ausgabe aus 1997 bei Orell Füssli, Zürich, fehlen die österreichischen Beispiele.

132 Schmäh – vom hebräischen Wort Schema (Gehörtes) – bedeutet im Wiener Dialekt eine eher heitere Irreführung anderer Personen.

133 Manès Sperber, Wie eine Träne im Ozean. Romantrilogie (1961). Büchergilde Gutenberg, Frankfurt/ Main Wien Zürich 1962.

stimmt“ gewesen sein muss, und erinnere mich sofort, dass ich immer getadelt wurde „Lass den Fotz nicht hängen!“ (was natürlich genau die falsche Reaktion ist – die richtige wäre nachzufragen, „Bedrückt dich etwas?“)

Zur Hinterfotzigkeit gehört aber auch das geheime Reden mit „gespaltener Zunge“, die meist benützt wird, wenn man sich nicht eindeutig deklarieren oder festlegen will. Dies kann aus Neid, Rachsucht und Wut entstehen, aus Lust am Menschenjagen – oder aus Angst. Hinter jedem dieser häufigen Motive findet sich das Erinnerungs- oder Zukunftsbild von Verletzung: man will etwas curativ oder präventiv zurückgeben. Horst-Eberhard Richter weiß aber auch, „…schon verwandeln sich [-] in gnadenlose Kritiker, die sich die eigene Desillusionierung durch Hass erträglicher machen.“ [134]

Mir hat man oft gesagt, es wäre nur der Neid, „die österreichische Krankheit“ (s. S. 33) auf mich – aber das konnte ich nie annehmen („Auf mich Unbedeutende doch nicht!“), ich sah darin immer nur einen Versuche mich zu trösten, selbst als mir einer meiner Supervisoren erzählte, er habe einen Klienten – Kollegen – der sich viele Stunden darüber errege, dass ich so viel publiziere und warum. Dabei hätte der mir Unbekannte mich nur fragen brauchen: es ist *eine* Form zur Existenzsicherung. Ich war ja in keinem meiner ausbildenden Vereine (oder ausbeutenden Institutionen) „integriert“ und bekam daher auch keine Klient:innen zugewiesen wie ich es bei den „Liebkindern“ beobachtete. Meine Klient:innen kamen, wenn sie mich irgendwo erlebt und Vertrauen zu mir erworben hatten. Publizieren sehe ich als die mir entsprechende Form, mich „erfahrbar“ zu machen. Die in der Politik (und im Sport) übliche, den Champion zum Duell herauszufordern, ist nicht meine.

Der angebliche Neid löste bei mir immer Gefühle von Bedrohung aus. Zu Recht – denn die vielen Gegeninterventionen, Unterstellungen oder sogar unwahren Behauptungen von Privilegiengenuss hatten mich, ohnedies von der Erziehung her klein[135] gehalten, lange nicht

[134] H.-E. Richter, Moral in Zeiten der Krise, Suhrkamp Verlag, Berlin 2010, S. 179.

[135] Übrigens auch körperlich, denn mit meinen 160 cm (nach der Freud'schen Analyse 163 cm, jetzt im Alter wieder geschrumpft) war ich ca. 20 cm kleiner als meine Eltern (auch meine Mutter war fast 180 cm groß). Deswegen ist mir das „Aufrichten“ (Titel meines ORAC-Buchs aus 2019) so wichtig: wir „verkörpern“ ja unser Sein und umgekehrt und können vieles durch Bewegung verändern. Deswegen bin ich ja so für eine „ganzheitliche“, d. h. auch Seele und Geist ausdrücklich betonende und mit Übungen integrierende „Leibeserziehung“.

genug „empört“ – da steckt das Wort „empor“ drinnen – dass ich begonnen hätte, genau und konkret zu erforschen, wie diese Machtspiele inszeniert werden. Es geschah erst in meiner NLP-Ausbildung (1986, lang bevor Tal Silberstein 2017 die SPÖ im Nationalratswahlkampf im Dirty Campaigning beriet – mit ein Grund weshalb ich 10 Tage bevor ich mein 50jähriges Parteijubiläum hätte feiern können, aus der Partei austrat), als mir auffiel, wie ich mit minimal „ver-rückten“ Sprachgestaltungen abgewertet wurde. Heute ist das in der Parteipolitik gang und gäbe[136] – und wird auch antrainiert. Ich finde wichtiger, das Enttarnen dieser – aus meiner Sicht – „mentalen[137] Gewalt“ zu trainieren. Dazu gehört aber, auf emotionale zu Gunsten sachlicher Reaktionen zu verzichten – vor allem, wenn man keine Beweise und keine Machtbefugnisse besitzt; dann kann man nur die eigene Sichtweise öffentlich machen.

Deswegen verborge ich auch keine Bücher mehr. Die „hinterfotzigen“ Diebe haben keine Ahnung, wie verletzend es ist, wenn abgestritten wird, dass man sich etwas „ausgeborgt“ hat. Malte etwa hat sich mit dem Hinweis, es wäre ein schlechtes Buch und außerdem hätte ich eh so viele, wenn ich was lesen wollte, solle ich halt ein anderes nehmen (!), geweigert, mir ein ausgeborgtes Buch (von Rudolf Brunngraber), zurückzugeben. Ich war damals noch zu baff (und brav), um eine passende Alternativhandlung zu erfinden.

Noch ärger getroffen hat mich das Fehlen eines von mir selbst mühselig gehäkelten und genähten Kleides aus einer Lade in meinem Zimmer in meinem Seminarzentrum in der Steiermark. Ich weiß, dass niemand Fremder davor im Haus war außer dem Sohn aus der ersten Ehe meines Mannes mit seiner damaligen Freundin. Mit ziemlicher Sicherheit hatten sie in meinem Zimmer übernachtet (weil dort ein Doppelbett stand, aber ich will auch keine „fremde Energie“ in meinem Intimbereich, wurde aber nicht gefragt, und mein Ehemann hatte auch kein Feingespür für Grenzen); die junge Frau, eine Journalistin, hatte offenbar meine Laden durchwühlt und sich das Kleid – sagen wir

---

136 Vgl. Walter Ötsch, Haider light – Handbuch für Demagogie. Czernin Verlag, Wien, 2000.

137 Ich kritisiere, dass zunehmend die englische Namensgebung „mental health“ im Deutschen für „psychische“ Gesundheit verwendet wird – was in der englischen Sprache keine differenzierende Entsprechung hat. Mentale Gesundheit ist in meiner Arbeit die Fähigkeit, geistige Inhalte (z. B. in Kunst, Werbung oder in der Interpersonellen UND interpersonalen Kommunikation) als pathogen oder salutogen zu erkennen und dementsprechend von sich zu weisen.

mal wohlwollend – „ausgeborgt“ und „vergessen“, es „zurückzugeben“. Ich habe damals alle meine Verhaltensmöglichkeiten durchdacht – und mich entschieden, auf eine passende Gelegenheit zu warten, meinen Verdacht zu äußern, auch wenn ich vermutete, sie würde alles abstreiten. So funktioniert Gaslighting: jemand die eigene Wahrnehmung ausreden. (Dazu später noch mehr im Kapitel „Wahrnehmung“.) Vielleicht liest sie jetzt dieses Buch – dann hätte auch sie die Chance, nach all den Jahren die Wahrheit wieder herzustellen – und die macht bekanntlich frei (Joh 8,32). Alle.

Hinterfotzig ist es auch, jemand nicht die Chance des freiwilligen Entgegenkommens zu gewähren: das ist mir als Delegierte der Bundeswirtschaftskammer (nicht der Lebensberater:innen!) im Psychotherapiebeirat widerfahren, als ich ohne mir etwas zu sagen durch meinen – bisher nie interessierten, daher nur auf dem Papier aufscheinenden – Stellvertreter ersetzt wurde, und ebenso Jahre später als Mitglied im Fachbeirat des Fonds Gesundes Österreich. Hinterfotzig war es, als mich die Unterrichtministerin Elisabeth Gehrer im August 1998 engagieren wollte, ein Konzept zur Motivation der Eltern von Problemschülern zu entwickeln und medial zu präsentieren (und ich bereits Dieter Schmutzer eingebunden hatte, um dabei auch Diversity stärker zu berücksichtigen) und dies von Beamtenseite hintertrieben wurde (ich wusste auch von welchem „Kollegen“, hatte aber keine Beweise) und ebenso 2018, als ich alle in niederösterreichischen Heimen Arbeitenden sozialtherapeutisch fortbilden sollte (und das Projekt danach auch anderen ähnlichen Einrichtungen an geboten werden sollte), der Vertrag bereits unterschriftsreif war und von einer jungen „Kollegin“ (die die dafür vorgesehenen Budgetmittel flugs einem Verein, bei dem sie selbst Ausbildung machte, zugeteilt hatte) hinter meinem Rücken so massiv (sogar mit Unterstützung der Personalvertretung!) gegen mich interveniert wurde, dass der leitende Beamte sich nur mit „aufgeschoben ist nicht aufgehoben“ aus der „Schusslinie“ bewegen konnte.[138] All das hätte man auch offen besprechen können, denn das bedeutet „red“lich: was man offen be“reden“ kann. Kann, will man das nicht, ergibt sich bereits der Anfangsverdacht von Unredlichkeit.

Sogar als ich mit meiner Lehrveranstaltung „Angewandte Sozialpsychologie für Jurist:innen“ am Institut für Arbeits- und Sozialrecht der Universität Wien startete, gab es einen heimlichen Versuch, mir –

[138] Siehe auch in meinem Bericht „Vom Huhn, das goldene Eier legen wollte“ aus www.salutogenese.or.at unter Projekte.

trotz meiner einzigartigen Berufskombination und -erfahrung den Lehrauftrag wegzunehmen und der Arbeitskammer zuzuleiten.

Besonders arg und für mich auch nicht nachvollziehbar, war ein Ideenklau 1986: Damals hatte ich gemeinsam mit einigen Kolleg:innen (z. B. Reinhold Ettel, Ali Al Roubaie, Gabriele Traun-Vogt) in vielen Sitzungen im Bildungshaus Lainz ein Konzept für Partnerschaftsseminare entwickelt und dies an Frau Kamper, die für die Familienberatungsstellen zuständige Beamtin im Familienministerium gesandt. Kurze Zeit darauf wurde unser Projekt von Ministerin Fröhlich-Sandner den Medien präsentiert – gemeinsam mit dem umtriebigen ehemaligen AZ-Redakteur und IFES-Gerschäftsführer Ernst Gehmacher (1926-2021). Total irritiert kontaktierte ich deren Kabinettschefin, die ich vom BSA her kannte., und die sagte nur lakonisch, „Wir haben halt ein Projekt für den Gehmacher gebraucht."

Vernunftdenken

Die erste große Herausforderung und das Erstarken meiner **Resilienz** begann aber am 21. Juni 1980, einem Samstag: Da erhielt ich abends einen Anruf einer mir flüchtig bekannten Frau – Deiner Mutter, Judith – die dringend meinen Ehemann sprechen wollte. Der wäre nach Klagenfurt zur Maturafeier gefahren, antwortete ich wahrheitsgemäß, und dass ich keine Telefonnummer von dort hätte, wo er vermutlich übernachten würde. Wenn ich mich recht erinnere, sprach sie von Problemen mit ihrem Arbeitgeber, und sie hätte diese Berufs-Chance Reinhold zu verdanken und nun bräuchte seine Unterstützung. Ich konnte ihre Bedrängnis spüren, entschied mich daher, auf sie einzugehen anstatt den Anruf schnell zu beenden – und plötzlich brach es aus ihr heraus: „... und ich habe auch ein Kind von Ihrem Mann!" Wumm! Und dann fühlte es sich an, als ob etwas wie ein riesiger Eiswürfel in mir hinunter sinken würde, und ich wurde innerlich ganz kalt und ruhig, denn mein Gewissen sagte zu mir: „Höre nur zu – jetzt erfährst Du etwas Wichtiges!" Und ich erfuhr ... und mein ganzes Mitgefühl floss zu dieser Frau, die ich so gut verstehen konnte, und es floss aus meiner hauptsächlich durch Literatur und Filme kümmerlich gefüllten Gefühlszisterne, aus der ich – gelegentlich – für meine jeweiligen Partner geschöpft hatte (denn als Juristin war ich ja primär auf Sachlichkeit hin erzogen worden, „Eisenkorsett" und so weiter).

Exkurs: *Mit der Entdeckung der sogenannten Spiegelnervenzellen in den späten 1990er Jahren konnte dank der bildgebenden Verfahren in der Gehirnforschung sichtbar gemacht werden, wie sich im Gehirn des Beobachtenden beim Zusehen die gleichen Nervenzellen entwickeln wie bei den Beobachteten, nicht nur im live-Geschehen, sondern auch am Bildschirm.*[139] *Verliebtheit, Begehren, Abscheu, Gewalt, Widerstand – aber auch Zärtlichkeit und Liebe haben ihre neuronale Genese im Erleben genau dieser Zuwendung zu sich selbst oder in Identifikation mit einer beobachteten Person.*

Erst wenn man wissend und ich-stark genug ist, diese eigenen Gefühlsreaktionen zu registrieren und sich bewusst emotional zu „distanzieren", kann man unerwünschte „Gefühlsansteckungen" vermeiden. Das erklärt, wieso manche Menschen „gefühlsblind" sind – und weshalb in Psychotherapieausbildungen die Selbsterfahrung unabdingbar ist: damit man voneinander „lernt" (d. h. neue Gefühls-Nervenzellen „einspiegelt" bekommt). Das erklärt auch, weshalb die Vor-Bilder der frühen Kindheit so „prägend" sind – und weshalb Appelle – Gebote und Verbote – allein selten etwas ändern. Es erklärt aber auch, weswegen Haustiere oft die einzigen Lebewesen sind, durch die Kindern Liebesgefühle „eingespiegelt" werden (und weswegen diese Tiere oft von konkurrierenden Sadisten misshandelt oder getötet werden).

Intuitiv hat Johann Wolfgang Goethe dieses Phänomen schon gedeutet, als er dichtete: „Wär nicht das Auge sonnenhaft, die Sonne könnt es nie erblicken."[140]

Als mich Reinhold wie ausgemacht am Sonntag aus Kärnten anrief, sagte ich ihm nur – und in eisiger Ruhe – dass Gabi gestern angerufen und mich umfassend informiert hätte, und dass er gar nicht mehr zu mir nach Hause kommen müsse – er könne ja in unserem Kleingartenhäuschen übernachten. Er setzte sich daraufhin (trotz Alkoholbelastung, wie er Zuwendung heischend beifügte – dass er mit seiner zweiten „Nebenfrau" in Klagenfurt war und diese ihn chauf-

---

[139] Joachim Bauer, Warum ich fühle, was du fühlst. Intuitive Kommunikation und das Geheimnis der Spiegelneurone. Hoffmann und Campe, Hamburg 2005/069.

[140] Johann Wolfgang Goethe, Zahme Xenien. In: Goethes Werke in zwei Bänden, Band II, Viertes Buch (Sprüche in Reimen, Zahme Xenien), Büchergilde Gutenberg, Wien 1951, S. 960.

fierte, erfuhr ich erst im September 1981 in der zweiten, der „großen" Ehekrise) sofort ins Auto, stand plötzlich vor mir und begann mit seiner großen Verteidigungsrede, Kurzinhalt: erstens hätte er mich ja schonen wollen, indem er mir nichts von der außerehelichen Tochter erzählt habe, zweitens würde deren Mutter ohnedies keine Alimente verlangen, weil *sie* ja das Kind wollte, und drittens hätte er ohnedies keinen Kontakt mehr zu ihr (was ich nicht in Ordnung befand – Verantwortung für die Konsequenzen des eigenen Handelns muss man aus meiner Sicht immer übernehmen, ob man will oder nicht, außerdem war es für sie verletzend, denn offensichtlich hatte das Verhältnis mindestens seit 1976 bestanden, denn da hatte ich sie in der Zeit, in der ich für die Führerscheinprüfung lernte, als angebliche Kinderbetreuerin bei Reinhold im Kleingarten getroffen – und, Kriminologie war zumindest zu meiner Zeit für Juristen auch ein Vorlesungsfach, ihr Kontaktlinsen-Necessaire im Duschraum entdeckt und sofort – wie sich nun im Nachhinein als richtig herausgestellt hatte – eine sexuelle Beziehung vermutet).

> ***Exkurs:*** *Ahnung bzw. Intuition ist entsprechend der* ***Bewusstsein-Quadrinität*** *nach C. G. Jung*[141] *ein wesentlicher Bestandteil ganzheitlicher Wahrnehmung. Die anderen drei Bestandteile sind die – im sogenannten Globalen Norden (früher „Erste Welt") dominierende – Kognition (Ratio, Vernunft) im Gegensatz zur Emotion (der innerlichen Bewegung, die bemerkbar*[142] *macht, dass sich die Stimmung verändert), zu deren Unterdrückung man meist von klein auf erzogen wird, und die körperlichen Empfindungen.*
>
> *Diese vier Bewusstseinsformen können auch als Wahrnehmungsformen verstanden werden: Je nachdem, welche gefördert, wertgeschätzt oder behindert, verachtet werden, fehlen dann beispielsweise emotionale oder soziale Kompetenzen oder die Intuition (die ja oft als „6. Sinn" verspottet wird – vor allem, weil sie eine drohende Gewalt signalisiert*[143] *und genau diese*

141 Vgl. C. G. Jung, Psychologische Typologie. In: C. G. Jung, Typologie. dtv, München 1990/ 933, S. 23 ff.

142 Bemerkbar für diejenigen, die dazu fähig oder willens sind – vielen Menschen wurde diese Begabung mittels Verspottung „aberzogen".

143 Vgl. Gavin de Becker, Mut zur Angst. Wie Intuition uns vor Gewalt schützt (1997). Wolfgang Krüger Verlag, Frankfurt/ Main 1999. (Als Taschenbuch: Vertraue deiner Angst).

Sensibilität von deren Urheber:innen – Eltern mitgemeint – zerstört werden soll).

Intuition ist daher auch wesentlicher Baustein von Primär-Prävention: das „ungute Gefühl", dass uns warnt, dass neben der offiziellen noch eine inoffizielle Information „ausgestrahlt" wird – und dies wahrzunehmen und adäquat zu nutzen, gehört auch zur Genese von ***Resilienz****.*

Ich habe Reinhold damals aufgefordert, sich zu Deiner Mutter, Judith, zu bekennen: sie hatte ein Kleinkind, Dich – meine Buben waren bereits in Schule bzw. Kindergarten, und ich wusste bereits: „Ich brauche keinen Mann – ich kann selbst für mich sorgen." Aber er brauchte mich. Viele Jahre später, nämlich ca. fünfzehn plus, stellte ich ihm die „Entzauberungs-Frage" (denn da war ich schon als Systemische Paar- und Sexualtherapeutin ausgebildet), weswegen er mich unbedingt zur Ehefrau haben wollte, und da antwortete er „Weil Du die einzige Frau warst, die ich gekannt habe, die keine Schlampe war!" Diese sehr doppeldeutige Antwort hat mich Feministin empört – ich kannte ja einige seiner Verflossenen, und bei keiner hätte ich solch eine Abwertung für gerechtfertigt gehalten, ganz im Gegenteil: Es waren alle sehr tüchtige Frauen, die sich eigene Firmen aufgebaut hatten, seine erste Muss-Ehefrau eine Immobilienfirma, Deine Mutter, Judith, hatte ein Grafik- und Papiergeschäft, eine andere war erfolgreiche Modeschöpferin ... aber dann wurde mir klar: was er gemeint hatte war meine Disziplin, meine Ordnungsliebe, meine Verlässlichkeit, meine Problemlösungskompetenz – und meine Vertragstreue zur „ehelichen Beistandspflicht", die sein „kreatives" (im Doppelsinn des Wortes!) Chaos immer wieder neu strukturierte. Um all das nicht zu verlieren, strengte er sich ziemlich an, und es gelang ihm ja auch immer wieder, mich umzustimmen – eben weil das meine Werte waren und sind: Realität wahrnehmen, Problemlösungen durchdenken, Entscheidung treffen, Verantwortung übernehmen. Diese wurden in meinen anderen (beruflichen) Betätigungsfeldern zwar ausgenützt, aber weder anerkannt und auch nicht wirklich wahrgenommen, es waren ja alle nur mit ihren Karrieren beschäftigt.

Für mich war Karriere nie ein Thema, erstens, weil mir solche Möglichkeiten zeitperspektivisch erst nach erreichter Mündigkeit meiner Söhne (d. h. mit 14 Jahren) vorstellbar waren, und zweitens, weil ich im Knabengymnasium darauf vorberietet wurde, dass sich der jeweilige Erfolg je nach Leistung einstellen wird, und drittens weil ich überzeugt bin, dass man primär sich selbst anerkennen muss.

> *Als 1991 das Psychotherapiegesetz in Kraft trat und ich die Bestätigungen meiner Ausbildungsschritte einholen musste, sprach ich auch bei Josef Shaked (1929-2021) vor, bei dem ich (wie fast alle Kolleg:innen) meine gruppenpsychoanalytische Selbsterfahrung absolviert hatte (aber auch ein paar Stunden Einzeltherapie nach meinem dritten Abortus, aber die ließ ich mir nicht bestätigen, weil ich da ja psychotherapeutischen Bewältigungsbeistand benötigte), und er fragte mich: „Wieviel Stunden soll ich Ihnen bestätigen?“, und ich antwortet „Korrekt!“ und da lächelte der weise alte Mann: „Ja wenn Sie sich selbst bestätigen ...“*

Im Club Bassena gab es weiter Schwierigkeiten – die bereits geschilderte Verleumdung, zwei unaufklärbare Diebstähle, den Vorwurf, ich „brächte Politik in den Klub“ (vermutlich waren die sozialkritische Filme wie z. B. „September Weizen“ gemeint, die eine Mitarbeiterin zur Diskussion stellte, und ja, ich ließ dies zu, weil mir auch Meinungsfreiheit ein hoher Wert war und ist), und parallel zu diesen psychischen Belastungen – denn ich bin kein Mensch, der sich einfach abschüttelt wie ein Hund die Regentropfen, mir ging sowas immer unter die Haut, nur verstand ich nicht, wieso gerade mir immer wieder Unwahres unterstellt wurde – begann ich mit meinen ersten Psycho-Ausbildungen. Allerdings erschloss sich mir der sinnvolle Zusammenhang noch nicht – und ebenso der Beginn meiner massiven Sinnes- und Lebensänderung.

Bei einem 4tägigen Gruppendynamik-Seminar begegnete ich beim Eintreten in die Volkshochschule, in der es stattfand, einem wildfremden Mann, der mir unheimlich vertraut vorkam, obwohl ich ihn das erste Mal in meinem Leben gesehen hatte. Wie sich kurz darauf herausstellte, war er der Trainer. In den folgenden Tagen und Wochen entwickelte sich sehr schnell eine nahe Freundschaft – und bald informierte ich meinem Ehemann, dass ich in Hinkunft nicht mehr mit ihm leben wollte, und warum. Und wieder begann Reinhold um mich zu kämpfen, zuerst auf die gewohnte ritterliche Art: Es war der 2. September 1981, an dem er mich in die Stadthalle zu „Stimmen der Welt“ einlud, einem Konzert, in dem Al Di Meola, John McLaughlin und Paco de Lucia spielten, er wusste ja, wie hispanophil ich war und wie sehr ich Flamencomusik und ähnliche Klänge liebte.

Ich weiß alles noch wie wenn es gestern gewesen wäre: Wir gingen zu Fuß Richtung Getreidemarkt um uns irgendwo ein Taxi zu nehmen, und als wir am Urbanplatz angelangt waren, blieb Reinhold abrupt stehen, und es brach aus ihm heraus, wie sehr er mich immer „geschont" hätte, denn er hätte noch ein zweites Kind mit wieder einer anderen Frau, und er habe immer nur aus Liebe zu mir geschwiegen um mir nicht weh zu tun und so weiter.

Auch wenn ich erst viel später, Anfang der 1990er Jahre, erkannte, dass es psychische Abhängigkeit war, die er für Liebe hielt, so spürte ich damals schon, dass er mir sein Wunschbild von sich (und mir) präsentierte – ich aber hatte mich bereits seit meiner Kenntnis von Deiner Existenz, Judith, schon innerlich von ihm gelöst, denn schon damals hatte ich mich entschieden: Wenn er sich mir gegenüber anständig benimmt, darf er anwesend sein – wenn nicht, werde ich ihn verabschieden. (Seit seiner Pankarditis hatte ich ja das Familienmanagement übernehmen müssen – und damit sicherlich einen Beitrag geleistet, dass er als „puer aeternus"[144] mich noch mehr als bisher als quasi alles gewährende Ersatzmutter phantasieren konnte. Alle Anschaffungen inklusive Wohnstätten hatte immer schon ich – sparsame Asketin – allein finanziert, weil ihm immer das Geld scheinbar durch die Finger floss, er tatsächlich aber – wie ich nunmehr erfuhr – vor allem die Spesen seines Trieblebens wie Stundenhotels, Abtreibungen und vermutlich auch Schweigegelder zu bezahlen hatte, sogar mit heimlich aufgenommenen Krediten, denn außer seinen beiden abwechselnd parallel besuchten „Nebenfrauen" gab es noch gelegentliche andere, und mir reichte der neue Überblick über sein „secret life"[145]. Ich fühlte mich existenziell ungefährdet und wollte dies nun vervollkommnen.)

Es war nicht sein sexuelles Lotterleben, das mich gestört hat – wir waren ja beide „wilde 68er" (ich zumindest hatte mich darum sehr bemüht) – es war seine plötzlich unübersehbare Weise „durchs Leben zu tanzen", ohne Verantwortlichkeit für die Menschen, auf deren Seelen er

---

[144] Mit dem Lateinisch „Puer aeternus", auf Deutsch „Ewiger Jüngling", wird in der Psychotherapie das unreife, spielerisch - charmante Verhalten mancher Männer bezeichnet, die sich damit vor Verantwortung drücken.

[145] So der Titel des erotischen Romans „My secret life. Abridged but unexpurgated" (1966), hg. G. Legman, Grove Press, Inc., USA 1962.

herumtanzte. Und es war sein Lügen. Dabei hätte ich diese „Begabung" eigentlich schon erahnen können, als er mir vor unserer Heirat stolz erzählt hatte, wie er als Jugendlicher nach dem zu-Bett-Gehen heimlich aus dem Fenster seines Pörtschacher Elternhauses gestiegen war um mittels Autostopp zum Klagenfurter Nachtleben und einem „Aufriss" zu gelangen und morgens wieder brav im Bett zu liegen. Nur war ich da noch gänzlich gutgläubig. (Heute bin ich es nur mehr zur Hälfte: ich ergänze es durch die „Hermeneutik des Verdachts".)

Hatte ich mich, bei der ersten Ehekrise noch gefragt: „Wenn dieser Mann bei der Tür herein kommt und ich weiß nicht, wer er ist, was für einen Beruf er hat und wie seine Art ist – wäre er es mir wert, mich mit ihm einzulassen?" und mit „Ja" geantwortet, tat ich das nunmehr nicht. Ich wollte wirklich allein leben – und auch nicht mit dem anderen Mann, dessen Lebensstil nicht zu dem meinen passte und meiner nicht zu dem seinen, wie wir beide feststellten.

Als mein Mann erkannte, wie ernst es mir war, begann er mit Hilfe seines Schulfreund-Anwalts extreme finanzielle Forderungen an mich zu stellen. Damals drängten meine Freundinnen, ich solle mich sofort scheiden lassen (und eine begann sogar sofort, ihn zu umbuhlen). Seine Lotter-Freunde (die, wie ich jetzt auch erfuhr, bei jeder Schwängerung den „Gemeindestier" bejubelt hatten, wie es den Frauen erging, waren ihnen egal) machten es ebenso, allerdings mit feindseligen Äußerungen gegen „die Emanze", nämlich mich. Nur ein einziger bot Vermittlungshilfe an – Peter Klopf – und die nahmen wir auch an. Eine der Lehrerinnen meiner Söhne berichtete mir dann, dieser hätte ich der Schule trompetet, „Wir haben zu Hause Ehekrise!"

Wie der „Zufall" – oder ein gütiges Schicksal – so spielt, konnte ich (nach längerer Wartezeit) am achten Tag nach dem Schicksal-Konzert vom 10. September die in der psychoanalytischen Ausbildung vorgeschriebene Eigenanalyse beginnen – und ich begann sie „ohne Haut". Ich war eine einzige Wundfläche. Und ich hatte Angst – unspezifische. Ich konnte nicht sagen, wovor. Es war vermutlich zu viel um einzeln präzisieren zu können. Aber bereits nach der ersten Therapiestunde war meine Statuenphobie verschwunden: Ich konnte nämlich vorher nicht an Statuen vorbeigehen, musste beispielsweise bei dem Standbild Marco d'Aviano (1631-1699, Ordenspriester und Habsburger-Berater während der Türkenkriege) bei der Kapuzinerkirche die Straßenseite wechseln – wie schon früher bei der „allzeit getreuen" Ritterfigur am Dom von Wr. Neustadt.

Mir war auf der Couch liegend eingefallen, wie sehr mir mein Vater in meiner Vorschulzeit Angst gemacht hatte, wenn er bei Wienbesuchen auf die „eingegipsten Mädis“ über den Fenstern mancher Gründerzeit-Bauten gezeigt und glaubhaft gemacht hatte, das passiere mit ihnen, wenn sie schlimm wären. Der Trigger, den er dadurch verewigt hatte, bestand in der Angst vor Bloßstellung – und so fühlte ich mich auch in der Erkenntnis, dass die Lotterfreunde meines Ehemannes seine Nebenfrauen gekannt und gutgeheißen hatten, in mir hingegen die herzlose „Frau mit dem Eisenkorsett“ gesehen hatten, so wie auch manche meiner Vorgesetzten in Beruf oder Partei anderen Frauen mehr glaubten als mir, wenn diese sie mit ihren Unterstellungen gegen mich aufzubringen versuchten – so im Sinne, ich sei ja Juristin und daher mit allen Wassern gewaschen.

Dass ich nicht in der Stereotype des „Weiblichkeitswahns“[146] sozialisiert war, wie es in meiner Generation die Norm war – und seit der Jahrtausendwende wieder beworben wird – wurde nicht erkannt, nicht nachgefragt und nicht „bestätigt“, auch nicht von den Genossinnen rund um Johanna Dohnal. Sich beklagen war aber nicht mein Stil. Ich war wie so oft nicht „in“, nicht gleich genug, daher unwillkommen – außer als Projektionsfläche für Negativphantasien.

Genau deswegen verdamme ich die Anpatz-Praxis à la Donald Trump, die derzeit von manchen österreichischen Oppositionspolitikern geübt wird (selbst, wenn ich inhaltlich gleicher Ansicht bin). Wir haben schon zu viel Hass in den sozialen Medien, man muss sich nicht selbst zu einem tobenden Hater stilisieren.

So will ich auch mein stetes Bemühen um Korrektheit und mein Ringen um Wahrheit verstanden wissen.

Ende Oktober 1981 begann ich dann auch mit dem wöchentlichen Tiefenpsychologischen Grundkurs, der psychoanalytischen Theorieausbildung; dazu kamen vierzehntägige Samstagseminare zur Reflexion arbeitsspezifischer Themen, mit denen ich aber schon viel früher begonnen hatte. Manchmal frage ich mich, wie ich dass alles bewältigt habe – aber das kennst Du ja auch, Judith, und ebenso viele berufstätige Frauen, die den Haushalt führen, Kinder erziehen, alte Verwandte pflegen und betreuen, einen Garten und Haustiere – und „so nebenbei“ und unbedankt noch in der Familienfirma mitarbeiten.

---

[146] Vgl. Betty Friedan, Der Weiblichkeitswahn oder Die Selbstbefreiung der Frau. Ein Emanzipationskonzept. (1963). Rowohlt Taschenbuch Verlag, Reinbek bei Hamburg 1970/ 75 [131. - 138. Tausend].

Ich erinnere mich da gleich an eine Klientin, der es so erging – bei der kam noch die Ausrichtung eines Jubiläums der Firma dazu, und dann hatte sie einen schweren Autounfall, und meine „Seminar-Teilnehmer:innen" aus dem UKH sandten sie zu mir, und mir gestand sie dann, sie hätte plötzlich Jesus gesehen, der sagte, „Komm zu mir – bei mir findest Du Ruhe" und so war auf ihn zugefahren – nur war das eine Betonwand einer Fabrik. Aber die Botschaft war schon richtig – nur halt mental zu entschlüsseln, nicht körperlich.

Zeiten des Umbruchs

Die Regelung der Kinderbetreuung war es dann auch – und einige Stunden gemeinsame systemische Paartherapie – die mich bewogen, meine Scheidungs-Entscheidung zurückzunehmen. Ich hatte mich entschieden, den Kampf um den Erhalt all dessen, was ich für meine Kinder aufgebaut hatte, und den damit verbundene Zeit und Kraftverlust gegen ein diplomatisches Arrangement zu tauschen. Vorausgesetzt er erfüllte seine Vaterpflichten – was er immer getan hatte, oft sogar mehr, als mir lieb war (d. h. den Sohn aus seiner ersten Ehe betreffend) – sollte sich Reinhold seine Freiheit nicht heimlich erschleichen müssen, sondern in seiner alleinigen Verantwortung leben, ohne sich auf mich ausreden zu können – in einer eigenen Wohnung. Diese Garconnière nächst dem Prater überließ ihm sein Journalisten-Kollege Hannes Baumann, der lieber samt Butler im Schwarzen Turm in Mödling residierte. Aber offensichtlich war es der Kick des „schlimmen Jungen" gewesen, den er davor gebraucht hatte, denn von da an hatte Reinhold offenbar mit dem Lotterleben aufgehört – und damit seine „Männerfreunde" verloren. Ihm war im Laufe der folgenden Monate bewusst worden, dass er als der attraktivste seines Freundeskreises bei bestimmten Aktivitäten primär als Lockvogel für Frauenbekanntschaften ausgenutzt worden war. Seine beruflichen Kompetenzen, seine Kreativität und sein Netzwerk (er war auch Teil der legendären Tarock-Partie von profil-Chefredakteur Helmut Voska, und, wenn ich mich recht erinnere, Hans Paul Strobl, Ernst Wolfram Marboe und Gerold Christian) waren sekundär – da war er ersetzbar.

Beim Einrichten dieser Bleibe halfen meine Söhne und ich tatkräftig mit – und das gemeinsame Werken brachte uns einander wieder näher, und meine Eigentherapie machte mich stärker, einfühlsamer, vor allem aber bewusster: vieles sah und bewertete ich jetzt anders, und das war auch Thema vieler Gespräche mit Reinhold, und er veränderte sich auch. Wir bemühten uns beide, wirklich Ehe zu leben, und deswegen heirateten wir am 16. Oktober 1982 kirchlich (und dafür trat ich seinem, dem lutherisch-evangelischem Bekenntnis bei und nahm bei Johannes Dantine (1938-1999), einem Freund meines Ehemannes – der bereits meine Söhne getauft hatte – quasi „Taufunterricht", denn ich war ja 1946 „listig" gegen den Willen meines Vaters römisch-katholisch getauft worden. Aber Kirche und Glaube waren bis zu meinem Theologiestudium 2010-2015 kein Thema für mich – sehr wohl aber mein spirituelles Erleben seit der Friedensgebet-Erfahrung 1986. [147])

1984 wechselte Stadtrat Peter Schieder leitend ins Zentralsekretariat der SPÖ und gleichzeitig wieder in den Nationalrat; sein Ressort bekam eine Frau, Christine Schirmer (1938-2019). Das erste, was sie tat, war meinem Ehemann alle Zulagen zu streichen, die er als „Projektleiter Freizeit" für die vielen zusätzlichen Recherchen (im Privatfahrzeug) bekam, die er nach der Regeldienstzeit, in der er in Sitzungen blockiert war, in den Gebieten der Stadt vornahm, in denen man sportliches wie auch erholsames Verhalten[148] pflegen könnte (und die real waren, das wusste ich, weil ich ihm zufällig da und dort, ab und zu, über den Weg lief – und übrigens einmal, als ich den anderen Anwesenden zur Verabschiedung die Hand reichte, en suite auch meinem Mann – und alle waren befremdet, er auch).

---

[147] Ausführlich nachzulesen in meinem Buch „Als Pfarrerlehrling in Mistelbach" s. FN 40.

[148] So „erfand" er, gelernter „Turnprofessor", in der Funktion „Projektleiter Freizeit" und quasi „Rumpelstilzchen" für seinen Stadtrat, die Sporteinrichtungen auf der Donauinsel, die Wiener Radwanderwege, die Hohe Wand Wiese fürs Schifahren, den Eislaufplatz am Rathausplatz, die Belebung der Winzig-Lücken zwischen manchen Häusern als Miniparks und vieles andere mehr, kümmerte sich aber auch um die „Möblierung" und Versorgung mit Rast- und Grillplätzen und einfachen Gastronomien entlang der neu entstehenden Grünflächen – aber bedankt wurde er nicht, nur abgewertet, von den für die Realisierung zuständigen Beamten und ebenso von den Nachfolgern Peter Schieders, die ihm offenbar die Erfolgsmeldungen in den Medien neideten (obwohl er namentlich nicht genannt war, er hatte nur, wie es sich für einen Presseferenten geziemt, die Kollegen von der Presse gezielt mit Informationen versorgt). Ich kann mich noch erinnern, wie verletzt er war, als der auf Schirmer folgende Stadtrat Helmut Braun in einer Sitzung vor versammelter Beamtenschaft mit „Sag nicht immer ‚Ich'! Sag ‚wir' – wir alle tragen diese Entscheidungen!" herunterputzte – und das war sicher mit eine Ursache seiner schleichend zunehmenden Demenz. Wer NLP kann, weiß: mit dem Setzen von Beistrichen auf der Zeitlinie und Löschen von alledem, was vor dem Komma war, kann man Menschen „gaslighten" (d. h. in den Wahnsinn treiben). Hat man bei mir auch immer wieder versucht – nur: ich kann NLP.

Im Februar 1984 oder 1985 hatte sich meine (für mich erstmals wahrnehmbare) wie sich nun herausstellte alte rechtsdrehende Skoliose schmerzhaft bemerkbar gemacht: plötzlich konnte ich wieder nicht mehr gehen. (Ich hatte meine schwere Schultasche – inklusive dem Gemoll[149], dem Altgriechisch-Wörterbuch – immer auf der linken Hüfte abgestützt getragen.) Sechs Wochen Krankenstand. Die davon ersten zwei Wochen gelähmt. (Glücklicherweise in den Semesterferien, denn mein Ehemann musste mich ja auf die Toilette tragen). Danach wochenlang Physiotherapie. Mein Therapeut in der Jungianischen Psychoanalyse „deutete", d. h. unterstellte mir, ich wolle mich nicht „beugen". Aber das symbolisierte mein Symptom nicht: die „Verschiebung" hätte dann ja nach vorne erfolgen müssen – nicht nach rechts.

In Zazen und Vipassana erfahren, meditierte ich und erkannte: so wie meine Yucca war ich offenbar endgültig „oben angestoßen" – nicht nur mit Kritik und Widerstand, sondern auch mit meinem Wachstumsprozess! Es ging in den Jugendzentren nach oben nicht mehr weiter: Hausleiterin war ich von Anfang an, hatte zuletzt vier Club Bassenas zusammenzufassen, war als Projektleiterin für Jungfamilien und Generationenarbeit mit Sitz im „Krüppelzimmer" in der Mauthner-Villa in Floridsdorf (in dem der Diplomsozialarbeiter und später Nationalratsabgeordneter der Grünen, Manfred Srb (1941-2022) im Rollstuhl saß, die Soziologin Jaqueline Freigang einen wesentlich kürzeren Fuß ausbalancieren und ich zeitweise mit Stock gehen musste) auch aufgefordert, in anderen Jugendzentren tätig zu werden (und war das beispielsweise im Herbst 1985 in Alt Erlaa) – mehr war nicht drin; Buchhaltung interessierte mich nicht, auch nicht die Erarbeitung pädagogischer Richtlinien für alle – damals 22 – Jugendzentren, und Buhlen um (seit dem Wechsel von der Ressort-leitenden Vizebürgermeisterin Gertrude Fröhlich-Sandner (1926-2008), einer gelernten Lehrerin und wirklich für Jugendarbeit qualifiziert, ins Ministeramt) inkompetente Politikerschaft schon gar nicht. Als unser hochkompetenter pädagogischer Leiter, der Soziologe und später systemischer Familientherapeut Manfred Pawlik (*1943, dem ich später aus Arbeitsüberlastung die Leitung der von mir gegründeten Familienberatungsstelle weiter gab) vereinsinterne Aus- und Fortbildungen für Projektarbeit und ebenso in Gruppendynamik initiierte, deren Leiterin

149 Wilhelm Gemoll, Griechisch-Deutsches Schul- und Handwörterbuch. G. Freytag Verlag / Hölder-Piuchler-Tempsky, München / Wien 1957, Großformat Din A 4 mit 860 Seiten,

Angela Gotthard-Lorenz davon sprach, ein eigenes Institut für Projektberatung aufzumachen, reifte in mir der Entschluss, das auch zu tun.[150] Das passte auch zu meinen Aktivitäten in der Wiener und später auch Bundeswirtschaftskammer.

Den dritten und letzten Anstoß gab aber eine Erlebnis im Sommer 1975: Üblicherweise brachte ich meine kleinen Söhne so früh wie möglich in den Kindergarten im sogenannten GÖC-Bau (links der Kreuzung Ecke Laxenburger Straße – Gudrunstraße) und fuhr danach retour zum Südtiroler Platz und über die Tangente in die Zentrale nach Floridsdorf – diesmal aber verwechselte ich die Abfahrt und befand mich plötzlich in Richtung „Nach Kärnten". Kärnten: dorthin hatte mich – schüchterne Nesthockerin – mein noch-nicht-Ehemann im Sommer 1968 mitgenommen, damit mich seine Familie kennenlernt, und er hatte mich wie eine Prinzessin „serviciert". Da war mir blitzartig klar: Ich will mir in meinem „Auf-Richten"[151] mein Kreuz nicht am Plafond von Bürokratien brechen – ich wage den großen Umbruch!

Klartext: Mein Unbewusstes will mich nicht mehr im Verein Jugendzentren der Stadt Wien – es will in die Freiheit, sprich Freiberuflichkeit.

Gleichzeitig merkte ich auch, wie meine Sehnsucht nach Wertgeschätzt- oder zumindest Akzeptiertwerden in Widerspruch zu der „Massenmenschhaltung" (© Othmar Hill)[152] in Großorganisationen geriet: jede der kleinen, feinen Club Bassenas war mir zu eng, brachte Konflikte mit der dort arbeitenden Mitarbeiterschaft, die mein gelegentliches Hereinschweben als quasi Vaterfigur (im Sinne eines Familienmodells) bemängelten wie in den realen Familien ja auch, außerdem war meine Aufgabe als Erfinderin und Impulsgeberin (was ich erfahrungsgemäß wirklich gut kann) erfüllt.

Dieser innerliche Trend wurde auch in meiner Parteiarbeit spürbar. Ich hatte im Laufe der Zeit so ziemlich alle Funktionen übernommen, wo es niemand gab, der sie ausfüllen wollte: ich war Frauenleiterin (und damit Mitglied im Bezirksfrauenkomitee) und Stellvertretende Vorsitzende in der Sektion 6 (GÖC-Bau und Umgebung) und erfüllte

---

[150] So entstand 1994 ein Institut für Projektberatung, Personal Training & Supervision (IPPS). Berichte über meine Projekte befinden sich auf www.salutogenese.or.at

[151] Vgl. Rotraud A. Perner, Aufrichten! Anleitung zum seelischen Wachstum. Kremayr & Scheriau/ Orac, Wien 2019.

[152] Othmar Hill, Ende der Massenmenschhaltung. Humanistisches Management in Zeiten rasender Gesellschaften. Gerling Akademie Verlag, München 2001.

meine Pflichten im persönlichen Mitgliedsbeitrags-Inkasso; außerdem leitete ich einmal im Monat eine nachmittägliche Vortagsrunde für Senior:innen (bei welcher der Sektionsobmann immer auf der Einladung draufstehen wollte, obwohl er nie etwas dazu beitrug – mafiös nannte ich das einmal und war dann wieder die Nestbeschmutzerin). Ob ich vielleicht noch stellvertretende Vorsitzende der JG war, bezweifle ich, aber ich war Mitglied im Bildungsausschuss, und vor allem Vorsitzende des BSA Favoriten, den ich allein aufgebaut hatte und Obfrau der Lebens- und Sozialberater in Wien und für ganz Österreich, und je umfangreicher meine Klientenschaft in der eigenen Praxis wurde, desto mehr stellte sich die Frage des zeitlichen Platzschaffens.

Es war also bereits vor dem Supergau von Tschernobyl, dass ich mir den Stress des Wahlkampfes 1987 nicht mehr antun wollte, die Anfeindungen der neidischen Genoss:innen, die sich übergangen fühlten und die mangelnde Rücksichtnahme auf meine erneut gewagte und malheurte [153]Schwangerschaft (es wären Zwillinge geworden): die Werbezettel verteilenden Genossinnen wollten mir nicht erlauben, mich bei den Wahlkampf-Informationsständen niederzusetzen.

Außerdem stand für mich im Raum, nach der Wahl oder bald darauf in den Landtag einziehen zu sollen: ich war 1973 ungefragt, daher unwissentlich auf dem 16. Platz der Landtagsliste (von 20 + 20 Reserve) kandidiert worden (und auf der Bezirksratsliste auf den wählbaren 6.), 1978 auf den 18. Zurückgereiht (weil die BAWAG-Betriebsratsvorsitzende Lore Hostasch als „zentrale Notwendigkeit" auf den 16. gesetzt, jedoch in den Nationalrat entsandt und später kurzzeitig Sozialministerin wurde), und nunmehr wäre ich logischerweise infolge des altersentsprechenden Ausscheidens von „Altvorderen" vorgerückt worden – aber das alles hat für mich nicht gepasst. Im Bezirk ja – im Land nein, im Bund schon, ich war ja als Juristin immer Legistikerin – aber in den Nationalrat wurde eine dem Bezirksobmann angenehme, politisch aber uninteressante Kindergärtnerin entsandt (obwohl Kindergärten Landessache sind – ein bundesweites Gesetz fehlt noch immer! Das nur zu dem SP-Slogan, dass alle Kinder gleich wert sein müssen).

153 Nachdem es mir mein Wunsch nach einem dritten Kind das dritte Mal nicht geglückt war, schloss ich daraus, dass ich mich stattdessen „vielen Kindern" – nämlich Klient:innen – widmen sollte und konzentrierte mich auf meinen Berufswechsel zur „guten Mutter für viele", unabhängig von deren Partei- und auch sonstigen Zugehörigkeiten.

Zu diesem Zeitpunkt war ich, einesteils auf Grund meiner eigenen vielen Gewalterfahrungen (deren etliche ich hier weglasse, weil sie für das Thema **Resilienz** unerheblich sind) wie auch der meiner Klientinnen (Männer fehlten damals noch) bereits auf Gewaltprävention spezialisiert und wollte auch nicht mehr dulden, dass über mich verfügt wird. Ich wollte Dialog – aber der war in der monolithischen Partei nicht vorgesehen – und außerhalb schon gar nicht.

So wurde ich kritisiert, dass ich mit dem Klubobmann der ÖVP in der Bezirksvertretung, Walter Strobl (*1947), dem späteren Vizepräsidenten des Wiener Stadtschulrats, befreundet war – er saß in der Bezirksvertretung, nur durch den Zwischengang von mir getrennt, zu meiner rechten Seite.

Auch hatte ich zu dieser Zeit bereits berufliche Aufträge und Kooperationen mit kirchlichen Einrichtungen, da war es wohl vertrauensbildender, keiner „Parteidisziplin“ gehorchen zu müssen, sondern auch öffentlich Entscheidungsfreiheit zu besitzen.

Außerdem hatte ich registriert, dass ich mit dem Ausscheiden aus dem Verein Jugendzentren keinerlei Einladungen zu fachspezifischen Veranstaltungen mehr bekam. Das änderte sich erst wieder, als ich 1996 zur Ersten Vorsitzenden der Österreichischen Gesellschaft für Sexualforschung (ÖGS) gewählt wurde – wiederholte sich jedoch, als ich 2002 mit meiner Übersiedlung nach Niederösterreich diesen Vorsitz und meine Lehraufträge zurücklegte. Deswegen gründete ich auch meine eigenen Institute: ohne solch einen Hinweis hinter dem Namen hat frau zu wenig „Gewicht“ vgl. „Ja arbeitest du denn überhaupt was?“.

Heute weiß ich, dass es auch anderen Kolleg:innen so geht: ohne einer „kontrollierenden“ Organisation anzugehören, werden Vordenker bzw. Privatforschende nicht eingebunden – es sei denn, ein Promi besteht darauf. Aber um denen aufzufallen, muss man erst wieder „dabei“ sein ... Roland Girtler hat dieses Konkurrenzabwehr trefflich in seinem Buch „Die feinen Leute“ beschrieben: „Um innerhalb der Gemeinschaft einen solchen ehrenvollen Platz einzunehmen, bedarf es einiger Anstrengungen und einiger Kämpfe.“ [154] Mir war es nie wichtig, mich an solchen Kämpfen zu beteiligen oder zu siegen – ich hätte ja sonst, als mich der Verwaltungs- und Verfassungsprofessor Felix Ermacora (1923-1995) einst am Ende meines Jusstudiums einlud, in seinem Institut mitzuarbeiten, zusagen können – aber ich war, damals mit einem Welthandelsstudenten verlobt, ihm und dem noch

[154] R. Girtler, Die feinen Leute, s. o., S. 416 ff

konservativen Zeitgeist entsprechend auf ein klassisches Frauenleben (ein bisserl Geld verdienen, Kinder aufziehen und danach irgendwo mitarbeiten) eingestellt. Es kam zwar dann anders – aber ich wurde dazu immer auf Grund meiner Begabungen geholt (an die Universitäten beispielsweise von Studierenden oder Professoren) oder als Ersatz empfohlen, wenn „die erste Wahl"-Person ausfiel (wie es ja auch in anderen freien Berufen – etwa den „darstellenden" – der Fall ist).

Präventive Konkurrenzabwehr all derer, die man nicht aus der gemeinsamen „Ochsentour" kennt und somit ihr Netzwerk einschätzen kann, erklärt allerdings auch den Mangel an sozialer Kreativität in den Regierungen, denn man bräuchte wohl immer Außenseiter:innen, damit es die Sicht auf das gibt, was hinter dem eigenen Rücken – der „Schattenseite" – liegt.

Mit meiner Nichtmehr-Kandidatur erlebte ich ein ähnliches Schicksal wie diejenigen, die aus einer Sekte oder der Mafia („cosa nostra") ausscheiden: Ich gehörte für die untere Funktionärschaft nicht mehr zu „unseren Leuten" und wurde „geschnitten" – sah aber auch keine Notwendigkeit, mich anzubiedern. Da ich zu dieser Zeit ja bereits jahrelang unzählige Vorträge hielt, dachte ich, man müsse ohnedies nur zuhören, um zu wissen, wie und was ich denke. (Das hat sich bis heute nicht geändert – nur dass es von mir seit 1991 bis heute 65 Bücher und unzählige Artikel, Buchbeiträge, Kolumnen und audiovisuelle Sendungen gibt – nur sinnerfassend lesen bzw. zuhören muss man halt können bzw. wollen!).

Mein Supervisor meinte, ich würde an Statusverlust leiden (und verglich mich mit seinem Bruder Richard (Picker), dem ehemaligen Ordenspriester, der als Psychotherapeut nicht mehr so „angebetet" wurde wie zuvor). Dem widersprach ich – denn mein Status – meine Reputation, mein Good Will – hatte sich ja nicht vermindert, ganz im Gegenteil, er hatte sogar mehr Breiten- und Höhenwirkung gewonnen; ich wurde laufend zu Seminaren, Trainings, Supervisionen und Vorlesungen eingeladen, und dank dieser vermehrten Nachfrage (und damit Terminkollisionen mit den bezirksrätlichen Kommissionen) hätte ich vermutlich auch den Sprung in die selbständige Erwerbstätigkeit nicht gewagt. Und der war wirklich riskant – denn am 24. Juni 1987 erlitt ich im Haus von Susanne Feigl, der letzten Chefredakteurin der sozialistischen Frauenzeitung „Die *neue* Frau" und Dohnal-Biographin, einen Bänderriss, als ich mit meinem mit Büchern voll bepacktem Rucksack in der Dunkelheit – die Gangbeleuchtung war ausgefallen und nicht repariert – beim Hinabgehen über die Wendeltreppe stürzte. Ich hätte die Tage darauf Seminare in Vorarlberg abhalten sollen und musste diese wegen meines Liegegips' logischerweise absagen – ein gigantischer Verdienstentgang. Vor mir war der Hauptgast des Abends, Namen vergessen (Ernst Wilhelm oder so ähnlich, jedenfalls kam er aus dem Verlagsgeschäft aus Deutschland), gegangen – ein enger Freund des Magistratsdirektors Josef Bandion (1930-2005) – und der verweigerte mir die Zeugenschaft gegenüber der Hausversicherung. Und Bandion auch. Ich gehörte eben nicht mehr zu „unseren Leuten".

Tatsächlich lebte ich ja Distanzierung – und die erlebte ich auch vice versa:

Den Ring, den Langzeit-Bezirkspolitiker beim Ausscheiden üblicherweise erhalten, wollte ich nicht annehmen, denn als ich 1987 aus der Favoritner Bezirksvertretung ausschied, wurde ich um Bekanntgabe meiner Ringweite gebeten, da zu diesem Anlass ein Ehrenring gespendet würde. So einen wollte ich nicht, hätte ihn sicherlich nie getragen und stattdessen etwas Sinnvolleres initiieren und sagte das unserem Klubobmann – aber der reagierte ärgerlich. Daraufhin schreib ich ihm am 8. 1. 1988:

„Sehr geehrter Herr Klubobmann, lieber Freund! Ich beziehe mich auf unser Telefonat vom 22. 12. 1987, in dem Du mir mitgeteilt hast, dass es für Dich „unvorstellbar ist, Fraktionsgelder (meinem Wunsch entsprechend) E. W. Marboe (ich meinte die Aktion „Licht ins Dunkel') zukommen zu lassen und mir vorschlugst, eine Alternative zu suchen. Mein zweiter Adressat, die Behindertenwohngemeinschaft Franzosenweg, fand deshalb nicht Deine Zustimmung, weil Du wusstest, dass die Betreuer nicht zur Wahl gegangen seien. Nun pflege ich Menschen nach dem zu beurteilen, was sie tun, wofür sie sich einsetzen, und nicht nach Parteizugehörigkeit oder Wahlverhalten, aber ich tu mir da natürlich leichter als Du als Klubobmann.

Leider hast Du mich nicht wie vereinbart zwischen den Feiertagen kontaktiert, wo wir vielleicht eine für uns beide befriedigende Lösung hätten finden können. Also muss ich doch wieder schreiben, denn Eure nächste Fraktionssitzung findet sicher bald statt.

Nach gründlicher Überlegung mache ich folgenden Vorschlag:

Bitte überweise den (nach Abzug der besprochenen Außenstände) verbleibenden Gegenwert des mir zugedachten Ringes an die Männerberatungsstelle, 1100, Erlachgasse 95, Konto Postsparkasse 7 167 898, „Verein Männerberatung". Der Verein genießt das besondere Wohl-

wollen der Genossin Dohnal, erhält kaum Subventionen (Flemming dagegen!) und ist unermüdlich bemüht, „Licht ins Dunkel" männlicher Einstellungen und Verhaltensweisen zu bringen.

Mit besten Wünschen für 1988 für Dich und die Ex-Kollegen, die sich über Grüße von mir freuen , Deine Rotraud."

Die Männerberatung habe ich von Anfang an unterstützt. Deren einen Gründer, den Psychologen Ali Al Roubaie hatte ich 1985 als Zuhörer von mir bei einer Veranstaltung in einer Volkshochschule kennen gelernt, und er hatte mir von diesem Projekt und den Finanzierungsschwierigkeiten erzählt, und da wollte ich gerne behilflich sein. Den zweiten Gründer, den leider früh verstorbenen Juristen Günther Mohr, lernte ich erst später kennen und hatte mit beiden bis zur Übersiedlung der Beratungsstelle von der Felberstraße in die Erlachgasse, für die ich ihnen sogar Möbel aus meiner Wohnung schenkte, laufend Kontakt. (Ähnlich schenkte ich dem Projekt WUK Monopoly einen kompletten Satz finnisches Geschirr, das ich in meiner Nationalbank-Zeit zu Geburts- und Namenstagen geschenkt bekommen hatte, als die Kolleg:innen in größere Räume in die Halbgasse übersiedelten; ich liebe solche Verschlankungs-Aktionen, bekomme selbst viel geschenkt und schenke wieder weiter.)

Als mir am 20. 4. 1989 der Büroleiter des Bezirksvorstehers schrieb, ich wäre von der sozialistischen Fraktion des Wiener Landtages für das Goldene Verdienstzeichen vorgeschlagen worden und solle mitteilen, ob ich es auch an nehmen würde, schrieb ich ihm zurück:

„Sehr geehrter Herr Oberamtsrat, lieber Wo! Richtig vermutet!

Wie ich von Trägern des Goldenen Verdienstzeichens weiß, wird dieses Ehrenzeichen nach Beendigung einer politischen Laufbahn z. B. als Bezirksrat oder nach verdienstvoller Pensionierung überreicht.

Ich lege Wert auf die Feststellung, dass ich weder meine politische Tätigkeit für unsere Bewegung beendet habe noch im Beruf in Pension gegangen bin.

Gerne möchte ich die Information weitergeben, dass ich derzeit dieserart aktiv bin: als Obfrau der Lebens-, Sozial- und psychologischen Berater in der Wiener Handelskammer sowie der Bundeswirtschaftskammer; als Psychotherapeutin in eigener Praxis und Leiterin meines eigenen Instituts für Problemlösung und Projektberatung; als Sexualberaterin der von mir mitbegründeten 1. Wiener Sexualberatungsstelle; als Konsulentin bei der Ö 3 Hotline und WIR Bürgerser-

vice; als erste und einzige qualifizierte und persönlich deklarierte Zeitungsratgeberin Wiens („Wienerin"). Ich finde, dass das Goldene Verdienstzeichen wirklich nicht zu mir passt. Ich würde es nicht annehmen.

Trotzdem Danke für den guten Willen.

Liebe Grüße an alle, die mich mögen. Rotraud Perner (Beilage: ein Lebenslauf zur Information)

Danach habe ich nie wieder etwas von der Bezirksvertretung gehört oder gelesen. Vermutlich haben sie mich als überheblich phantasiert – dabei bedeutete für mich das Bezirksratsmandat eine große Ehre, kein „Verdienst", und daher Ehre genug.

Wieder einmal „Gründerin"

Ich war nun allerdings in ein anderes „System" hinübergewechselt: zu den – auch unterrichtenden – Fachleuten der psychosozialen Versorgung Österreichs. Seit meinem Diplom in Psychoanalytischer Sozialtherapie hatte ich ja weitere Aus- und Weiterbildungen absolviert – im personzentrierten Ansatz, in Focusing, in systemischer Paar- und Sexualtherapie, in NLP und Hypnotherapie, in Gestalttherapie und Biodynamik – auch wenn ich in keiner dieser Gemeinschaften heimisch geworden war, daher auch keine Klienten zugewiesen bekam, brauchte ich ja auch nicht, und Außenseiterin zu sein war mir als Zustand wohlvertraut. Aber der berufliche „Stand" war nunmehr ein anderer – und aus meiner Sicht ein höherer. (Die Politiker sahen das natürlich anders; ich erinnere mich noch gut, wie Erika Krenn einmal mir gegenüber herablassend formulierte „Wenn *wir* im Gemeinderat *über euch* so reden, dann ...", und ich replizierte damals, „Lieber wäre mir, ihr würdet *mit uns* über ... reden ...", aber diese feine Spitze verstand sie nicht, sondern redete in ihrer Denkweise weiter.)

Ähnlich erging es meinem Ehemann – aber bei ihm war es tatsächlich Statusverlust (er hatte ja keinen anderen); kaum war Peter Schieder weg (und damit das offene Ohr für Reinholds Kreativdenken), begann ein unglaublicher Mobbingprozess mit demütigenden Zeit- und Ort-Kontrollen (beispielsweise durch mehrfach tägliche Anrufe bei mir, die damals noch ihre Praxis in der Großwohnung hatte, zwar räumlich getrennt, aber mit einem Festnetztelefon mit drei Sprechstellen, das man nicht wegschalten konnte), Vorenthalten wesentlicher Informationen und schließlich sogar Aufbrechen der versperrten privaten Laden seines Schreibtisches. (Glücklicherweise hatte er seit unserem Großreinemachen 1981 alle Erinnerungsstücke an sein „Secret Life“ heimgebracht und gemeinsam mit den meinigen in einer Waschschüssel verbrannt.)

Aus meiner Sicht hatten unser beider Neider triumphiert, dass wir „Rumpelstilzchen“ (die aus Stroh Gold spinnen) ihnen den Weg frei gemacht hatten – wenn auch Reinhold, der nach seinem „Billroth 2“, d. h. Entfernung von zwei Drittel seines Magens mit selektiver Vagotomie, Status post Pankarditis (mit zweimaligem Rezidiv), Status post TBC in der Kindheit als 70 % invalide befundet worden war, erst nach einem langdauernden Arbeitsgerichtsprozess um seine Zulagen als integrale Bestandteile seines Gehalts als Sondervertragsbediensteter; diesen verglich die Stadt Wien erst, als Ex-Bürgermeister Gratz und Ex-Stadtrat Schieder als Zeugen für ihn auftreten sollten und wollten. Trotz meiner dringenden Bitten ließ er sich durch all diese Attacken auf seine Selbstachtung nicht psychotherapeutisch begleiten. Die aus meiner Sicht vermeidbar gewesenen Folgen werde ich noch genau schildern – in der Hoffnung, dass sie zur Warnung dienen.

Stirb und werde

Während Reinhold um seine Existenz kämpfte (und das Angebot seines Sport-Studienkollegen Helmut Donner als Chefredakteur zum A3-Verlag zu kommen, ausschlug, weil er, wie er sagte, mir nicht zutraute, die Familie zu erhalten – aber da ging es ihm wohl um sein Image, denn tatsächlich musste ich das ja seit seiner Pankarditis. Auch wenn ich seine Camouflagen, „um des Friedens willen“ unterstützt hatte, begann ich wieder zu schreiben, um zusätzliches Geld aufzustellen, sobald ich ein Thema hatte, das mir „unter den Nägeln brannte“, darunter einen Gastkommentar für das Magazin profil unter dem Titel „Strafen statt helfen?“ (der Umkehr des Buchtitels „Helfen statt strafen“ des berühmten Schweizer Psychoanalytikers Hans Zulliger, 1893-1965), in dem ich die geplante Einführung des neuen Paragraphen zur Strafbarkeit der Vergewaltigung in der Ehe ohne Täterberatung kritisierte. (Beratung bei häuslicher Gewalt ist erst seit 1. September 2022[155] gesetzlich vorgesehen! Ich war also wiederum der Zeit weit voraus...) Diesen Text beendete ich – ganz Psychoanalytikerin – mit den Worten: *„Oder geht es Johanna Dohnal gar nicht um ein besseres Verständnis zwischen Mann und Frau, sondern darum, Männern Angst zu machen? Nach der Quotenregelung als subtiler Form einer versuchten Kastration nun eine Verschiebung: Statt Gewalt gegen Frauen in der „Familie Partei" Gewalt gegen Frauen in den Familien draußen? So gesehen wäre dann Sepp Rieders Beistand entgegen seinen sonstigen Befürwortungen einer pädagogischen Rechtsanwendung nur oder sogar ein Paktationsangebot an die künftige SP-Frauenchefin."*[156]

Die Folge war, dass ich prompt Bundes-Aufträge verlor: die Seminare in der Verwaltungsakademie des Bundes wie auch in Ministerien. (Jahre später, als ich mit Johanna Dohnal in Graz gemeinsam in einem Diskussionsforum saß und wir nachher beim Mittagessen viel Zeit hatten, erzählte ich ihr „den Fluch der bösen Tat" – und sie war entsetzt. Natürlich habe sie sich über meinen Artikel geärgert, gab sie zu, und ihrer Erinnerung nach habe sie spontan gesagt „Die Frau gehört abgestellt!" Aber dass ihre Mitarbeiterinnen das wörtlich nehmen und realisieren würden, wäre ihr nicht in den Sinn gekommen, und da war sie total glaubhaft, wir kannten einander ja lange und recht gut, und ich habe Johanna nie unwahr erlebt – nur oft undiplomatisch. Aber das bin ich ja ab und zu ebenso.)

Und so gab es plötzlich als – auch nicht wirklich – sicheres Einkommen nur mehr die – damals bereits zwei – Familienberatungsstellen[157], denn in einer Privatpraxis spiegeln sich Krankenstände, Urlaube und die eigene Effizienz wider, wenn einen die Klienten-

---

[155] Dazu: Diese in der Novelle des Sicherheitspolizeigesetzes 2023 verpflichtend vorgesehene Gewaltpräventionsberatung hat der Verfassungsgerichtshof nunmehr auch als unbedenklich erklärt, da sie eine vorbeugende Maßnahme zum Schutz der Rechte anderer erforderlich und auch verhältnismäßig sei. (Salzburger Nachrichten, 28. 12. 2023, S. 20) Ich ergänze: zu diesen Rechten gehört auch das Recht auf sexuelle Selbstbestimmung – das nach wie vor Frauen vorenthalten wird, und genau deswegen braucht es Beratung, weil durch Gesetze lernt niemand konkret, wie er (oder sie) sich anders verhalten könnte

[156] Profil 35/ 31. August 1987, S. 46.

[157] Nach unserer selbst organisierten Ausbildung in Systemischer Paar- und Sexualtherapie hatten Werner Neubauer, der Leiter der Eheberatungsstellen der Stadt Wien, und ich die „Erste Wiener Sexualberatungsstelle" im 9. Wiener Gemeindebezirk gegründet und in einer Pressekonferenz öffentlich vorgestellt. (Drei Jahre später folgte dann die „Zweite" im 21. Bezirk.)

schaft bald nicht mehr braucht, weil sie ganzheitlich gesund und daher auch sozialkompetent geworden ist.

Meine Tätigkeit als Obfrau der Lebens- und Sozialarbeiter hatte ich – im Gegensatz zu meinen Nachfolgern – stets ehrenamtlich ausgeübt, d. h. für die Beratung live in der Wirtschaftskammer keine Honorierung eingefordert und auch nicht unterrichtet, weil ich das mit der Begutachtungstätigkeit der eingereichten Gewerbeanmeldungen für inkompatibel halte.

Mit solchen „Widerständigkeiten" gegenüber dem Mainstream, in dem in offen oder klandestin zum Mitschwimmen aufgefordert wurde – egal ob in der Bezirkspartei, Frauenbewegung oder Berufsgruppe – schuf ich mir logischerweise nicht die Akzeptanz, die ich für mein erlerntes kritisches Denken erwartete (und noch immer erwarte), denn für mich gehört es zum Respekt, anderen die Toleranz für andere Sichtweisen als die ihren zuzumuten. (In diesem Zusammenhang großes Lob an Elisabeth Pirker von OFFBEAT für die Umschlaggestaltung meines Buches „Mut – Das ultimative Lebensgefühl" (Amalthea Signum Verlag 2016: ein Fisch, der gegen den Strom schwimmt), in dem genau diese meine Haltung ausgedrückt ist, und dazu noch eine Anmerkung: Ich habe 2023 u. a. einer freiberuflichen Journalistin ein langes Interview zum Thema Mut für Die Zeit gegeben, das dann von dem zuständigen Mann in der Redaktion nicht angenommen wurde, weil ich mich weigerte, „Tipps" zu geben, wie man mutig wird – denn das wäre aus meiner psychotherapeutischen Sicht total unseriös gewesen: Mut ist aus meiner Sicht immer ein Prozess des Abwägens unterschiedlicher Verhaltensweisen – als Heldentum glorifizierte unreflektierte Spontanaktionen sind hingegen Übermut oder knapp überlebte Gedankenlosigkeit.)

Die plötzlichen Leer-Zeiten habe ich (wie immer) für Planungen und Fortbildungen genutzt. Damals waren es Bücher über Kabbala und Numerologie aus der Verlassenschaft meines Vaters, die zu lesen ich nun Interesse und Zeit hatte (wie ja oftmals Angst motiviert, sich in Grenzgebiete hineinzuwagen), und da entdeckte ich den Hinweis, wenn man die Zahlensumme seines Namens verändere, könnte man auch sein Handeln und dessen Folgen ändern. Ich war skeptisch aber risikofreudig, und da ich ja auf fünf Vornamen getauft war, probierte ich deren Eignung aus. Meine fünfter – der, den meine Mutter immer als ersten gewollt hatte – passte: Angelika. Also fügte ich das A. zwischen Vornamen und Nachnamen ein und blieb weiterhin misstrauisch.

Und dann kam bald darauf eines Abends – am 19. Mai 1988 – ein Anruf in die Erste Wiener Sexualberatungsstelle: Es meldete sich ein Mann als „Walter Gröbchen von Ö 3“, und erzählte von einer Call-in-Sendung um Mitternacht namens **Sex Hotline**, und dass die beiden Experten, die Journalisten Ernest Borneman und Gerti Senger, beide auf Urlaub wären und sie bräuchten einen Ersatz und ob jemand aus unserem Team einspringen könne. Wir hatten alle hatte überhaupt keine Ahnung davon, waren aber durch gelegentliche „Sex-Anrufe“ misstrauisch, daher rief ich meinen Ehemann an (der sich immer wenn ich abends weg war, um unsere Söhne kümmerte, und dann berufsgewohnt stets das Radio laufen ließ) und der hatte als Brancheninsider natürlich mehr als Ahnung und bestätigte, dass dies keine Mystifikation sei und wir da mit gutem Gewissen mittun könnten. Nun wohnte aber Werner Neubauer in Tulln, unsere damalige Psychiaterin im 16. Bezirk, unsere Psychologin im 19., unsere Sozialarbeiterin im 21.[158] – ich aber am Beginn des 10. Bezirks, Anfang der Laxenburger Straße, also im Nachbarbezirk vom Funkhaus, so nah, dass ich sogar zu Fuß hingehen konnte, daher fiel die Wahl auf mich. Und das Funkhaus kannte ich ja schon – aus der Rate-froh-Sendung in meiner Gymnasialzeit, aus der Frühzeit meiner Bekanntschaft mit meinem späteren Ehemann, aus „Bürger machen Programm“ ... es war fast wie eine Heimkehr. Ins Haus. Aber umgekehrt eine neue Art von Hinausschmiss, nämlich in eine ungeahnte Öffentlichkeit. Plötzlich war ich „wer“ – weil anders. Wie ich nur so ruhig bleiben kann bei *„den* Anrufen“, sprach mich Marie-Christine Giuliani (heute selbst Psychotherapeutin) einmal am Gang vor dem Aufnahmestudio an, und als „Lady oft the Night“ bezeichnete mich Andreas Ubell im Magazin Basta (und ja: meine Mutter hatte mich zu einer Dame erzogen, wie sie eine war, und nicht zu einer Prinzessin oder einer Magd. Einen für mich ganz wichtigen Satz sagte der ehemalige Caritas-Präsident Helmut Schüller (*1952), als wir am 12. April 2005 gemeinsam an einer Podiumsdiskussion in Graz teilnahmen, betreffend der Selbstaussage Mariens als „Magd des Herrn“: die bedeute nämlich „Ich bin die Magd des Herrn – *und sonst von niemand!*“).

---

[158] Nach dem Familienberatungsstellen-Förderungsgesetz sind für die als „flankierende Maßnahmen“ zur Fristenlösung gedachten „Familienberatungsstellen“ Mediziner:innen mit ius practicandi und Diplomsozialarbeiter:innen vorgesehen – alle anderen Berufsangehörigen ergeben sich aus Spezialisierungen (wie z. B. Jurist:innen), Forschungsvorhaben oder „Privilegien“ (d. h. weil sie jemand hineinreklamiert hat, etwa als „Politkommissar“). Ich selbst galt mit Bescheid des Familienministeriums auf Grund meines Sozialtherapiediploms in Verbindung mit meinem Jusstudium auch als Sozialarbeiterin.

Solche anerkennenden Rückmeldungen war ich nach all den jahrelangen Vernaderungen nicht gewohnt – sie waren heilsam. Salutogen. Und diese öffentliche Wertschätzung machte auch Schule, denn Freunde aus der Partei erzählten mir: Jetzt, wo man mich „arbeiten" erleben konnte, verloren viele ihre Negativ-Vorurteile. Vorher „sahen" sie mich nur als Pupperl – in meiner Familie wirken alle sowohl von der Mutter- wie der Vaterseite (optisch) viel jünger als sie (historisch) sind, das war mir immer eher ein Fluch als ein Vorteil, auch heute noch, im Alter – aber sie hörten und sie „spürten" mich nicht. Jetzt aber schon – weil ja im Hörfunk das Sehen wegfiel und damit Raum für die Fühlfunktionen frei wurde.

Rundfunk ist *mein* Medium: Für mich war dieses Sich „Zeit nehmen" dürfen, Ohren und Herz öffnen, in Resonanz gehen, genau das, was mir so lange verboten und abtrainiert worden war, und das ich endlich als stimmig, und als die richtigen Stimmung, und daher auch in meiner Stimme wahrnehmbar, erkannt hatte (auch wenn mir ab und zu Konkurrentinnen – immer Frauen! – unterstellten, ich würde das nur „spielen", wieder einmal eine Projektion!).

Flüche und wie man sie in Segen verwandelt

In meiner Fachpublizistik gibt es ein paar Sätze, die ich immer wieder zitiere, Sprichwörter, Zitate – auch Eigenzitate. Dazu zählt auch der Satz des berühmten Soziologen Norbert Elias (1897-1990), „Gib einer Gruppe einen schlechten Namen, und sie wird ihm nachkommen."[159] Bei mir war es mein Vater, der sich – obwohl er selbst als Jugendlicher bereits einen Roman verfasste, „Der Lehmmensch von Mildau" (dessen Manuskript ich aufbewahrt habe, und ebenso seine gesammelten journalistischen Arbeiten in Arbeiterzeitung und Neuer Illustrierten Wochenschau, die gebunden vierzehn großformatige Bände füllen) – über meinen ersten literarischen Versuch als Volksschulkind spöttisch amüsierte. Den Titel meines Elaborats weiß ich nicht mehr, aber den ersten Satz, weil er den so lächerlich fand: „Ha, lallte Lu ..." und mein selbstgezeichnetes Titelbild des aus selbst ausgeschnittenen ca. 10 x 10 cm großen Papierblättern zusammengenähten Heftchens sehe ich noch vor mei-

---

159 Norbert Elias/ John L. Scotson, Etablierte und Außenseiter. Suhrkamp, Frankfurt / Main 1990; S. 24.

nem geistigen Auge: rechts der böse Zauberer, der Lu – ein Mädchen im Nachthemd, in den Abgrund links im Bild stürzen wollte.

Später wurde ich während meines Jusstudiums (1962-1966) ab und zu von Onkel Karl, dem Ehemann von Vaters Schwester Hilda, meiner Taufpatin, zum Essen in die Kantine des Finanzministeriums in der Himmelpfortgasse mitgenommen – für mich jedes Mal ein Festtag! Ich war ja von daheim finanziell sehr knapp gehalten und meine Großmutter musste auch eisern sparen (und das habe ich in dieser Zeit von ihr gelernt). Einmal äußerte ich dabei die Absicht, mir all mein Leiden an den einerseits Zornausbrüchen, andererseits wochenlangen Schweigetorturen meines Vaters in Buchform von der Seele zuschreiben, und da sagte der Herr Amtsrat: „Es interessiert keinen Menschen, was Du denkst!“ Dieser Fluch saß dann auch jahrelang, und so schaffte ich es später nur bei äußerstem Geldmangel, mich zu „äußern“ – und immer voll Sorge, ob man mich auch verstehen würde. (Auch jetzt, wo ich erklären will, wie es mir gelang, meine Hochstress-Erfahrungen zu in Gelassenheit und Stärke umzuwandeln, spüre ich noch Reste dieser Angst.)

Anstand heißt für mich daher nicht, mich danach zu richten, was andere für „anständig“ oder „eine:r zustehend“ halten, sondern kurzfristig still zu halten, wenn ich „anstehe“, seien es Hürden, die andere gebaut haben, seien es meine eigenen Bedenken oder mangelnden Visionen, und dann abzuwarten. Mich innerlich zu öffnen (ent-spannen) und Raum zu schaffen, damit etwas aus meinem Unbewussten auftauchen kann. Auch das gehört zu Steherqualitäten.

Meinen Klient:innen, die zur Ungeduld oder zu Fluchtimpulsen neigen, hole ich dann die Schluss-Szenen aus den Odysseus-Filmen ins Gedächtnis, in der Odysseus, von Pallas Athene, der Göttin der Weisheit, in einen alten Bettler verwandelt, das Saufgelage der Männer, die um seine vermeintliche Witwe Penelope „freien“ und dabei sein Hab und Gut verfressen und seine Dienerinnen sexuell belästigen, beobachtet, wie sie sich mühen, den Bogen des Odysseus zu spannen – so wie es Penelope als Wahlmodus vorgegeben hat: den will sie zum Mann nehmen, der das kann. Sein Sohn Telemachos drängt, er solle doch endlich Einhalt gebieten, aber Odysseus hält ihn zurück: der richtige Augenblick – der Kairos – ist noch nicht gekommen. Und als es keiner zusammen bringt, tritt er als alter Bettler hervor und bittet ganz bescheiden, ob er es nicht auch versuchen dürfe – und erntet Spott und Hohn, aber auch die Erlaubnis, denn die Freier denken, das wird noch ein Riesenspaß ... und dann spannt der Bettler den Bogen und währenddessen gewinnt er seine alte Gestalt zurück und steht als König von Ithaka da und schießt seine Pfeile, einen nach dem anderen, den entsetzten Frevlern ins Herz.

Resilienz bedeutet auch Geduld. Warten, bis der stimmende Zeitpunkt gekommen ist – und wenn absehbar ist, dass eine Ent-Scheidung fällig wird, zu spüren, ob dies viel Zeit braucht oder sehr schnell sein soll, denn in diesem Fall muss man es einüben – so wie Soldaten, Polizisten, Feierwehrleute, Notfallsmedizinerschaft und – Musiker. Und es braucht die Zuversicht, dass diese Vision auch gelingen kann. Und dass es Sinn macht.

Für mich ist jede Form, mich zu äußern, immer eine Entscheidung gegen mein „verfluchtes" Recht, da und dabei sein zu dürfen (die Blutungen, zu deren Verhinderung meine Mutter die meiste Schwangerschaftszeit gelegen ist), die Ausgrenzungen vom Mitreden-, Mitgestalten-Dürfen (mein vielfach ignoriertes Engagement für Bürgermitbestimmung, Partizipation und Verzicht auf jegliche Gewalt – vor allem auch strukturelle – das letzte Mal 2018 bei den bereits erwähnten Gegeninterventionen gegen den bereits mündlich geschlossenen Vertrag, alle in niederösterreichischen Heimen Arbeitenden in der Selbststeuerung „unprofessioneller" eigener Reaktionen in schwierigen Situationen zu unterrichten[160]) und meine Bemühungen um das Recht, selbst zu denken (auch bei anderen, und wenn es mir noch so missfällt), Nein sagen zu dürfen, aber auch andere zum Mittun auffordern zu dürfen.

Auch das gehört zur **Resilienz**: nicht nachzugeben. Aufheben. Auf einen besseren Zeitpunkt warten. Zwischenzeitlich die eigenen Kompetenzen erweitern.

Deswegen habe ich auch von Anfang an die HOSI (Homosexuelle Initiative) unterstützt, sobald sie aus ihrem „inneren Kreis" heraustrat – bei ihren ersten Pressekonferenzen, bei ihren ersten Publikationen und bei ihren ersten „Happenings". Zu diesen würde man heute vermutlich Performances sagen. Denn wenn man Kabarett und Satire als

160 Dokumentiert in meinem Projektbericht „Vom Huhn, das goldene Eier legen wollte" auf www.salutogenese.or.at unter Projekte.

Kleinkunst anerkennt, dann sind auch diese Formen Kunst – nicht nur das, was sich am Kunstmarkt teuer verkaufen lässt. Ich erlebte dies 1980 beim „Budenstraßen-Projekt" der Wiener Festwochen an mehreren Wiener Plätzen, darunter auch am Reumannplatz, genau vis-à-vis von Wiens größtem und beliebtestem Eissalon Tichy: am 23. Mai eröffnet, brach bereits zwei Tage später eine Jugendbande samt Hinterlassung eines NDP-Flugblattes die Buden von HOSI, Demokratischer Psychiatrie und Frauen auf – und wieder drei Tage später kam das amtliche Zusperrgebot „wegen der ständigen Beschwerden der Bevölkerung" samt der Verleumdung, Beobachter hätten gesehen, dass „Leute in die Bude gezerrt, unter Alkohol gesetzt und dann zu homosexuellen Handlungen verführt" worden wären. Und dann kam eine lückenlose Solidaritätsaktion all der anderen Budenbetreiber, denn die kannten die Unwahrheit dieser Behauptungen und hatten die Aggressionen und persönlichen Bedrohungen der Informanten, die sich gegen Diskriminierung gleichgeschlechtlicher Lebensweisen einsetzten, miterlebt.[161] Ich auch – und deswegen beschrieb ich gerne mein Erleben und meine Kritik am Umgang der führenden Genossen für den Zehn-Jahres-Bericht der HOSI: als „Schielen nach der breiten Volkmeinung" und „Sexualität vertuschen. Denn in ihr sind wir verletzbar. Manipulierbar. Und überdies erpressbar."[162]

Nun hatte ich zwar bereits 1986 über Einladung von Lisl Schnürer ein paar Mal für den Österreich-Teil des Frauenmagazins BRIGITTE eine schmale Kolumne schreiben dürfen, und der Beitrag im HOSI-Buch war mit drei Seiten auch recht kurz gehalten, so überraschte es mich doch, als mich im Herbst 1989 der legendäre ORF-Anchorman Robert Hochner (1945-2001) – erst ganz kurz als Chefredakteur zur AZ (ehemals Arbeiter Zeitung) gewechselt – anrief und einlud, jeweils am Dienstag den Kreis seiner Kolumnist:innen – darunter der Schriftsteller Josef Haslinger und die Schauspielerin Dolores Schmidinger – zu ergänzen. Welch eine Ehre! Außerdem durfte ich mir die Themen selbst aussuchen! Einige Zeit vorher waren Günter Broscheit und Herbert Gartner vom Kurier zu mir in die Praxis gekommen und hatten mich angefragt, ob ich nicht eine Sex-Kolumne schreiben wollte. Ich

[161] Dieter Schmutzer, „10 Jahre sind noch lange nicht genug – Zur Geschichte der HOSI Wien". In: Handl/ Hauer/ Krickler/ Nussbaumer/ Schmutzer, Homosexualität in Österreich. Edition m, Junius Verlag, Wien 1989, S. 136 f.

[162] Rotraud A. Perner, „006 am Reumannplatz – fast ein Krimi". In Handl u. a. , Homosexualität in Österreich, s. o., S. 151.

wollte nicht: als fünffach ausgebildete Psychotherapeutin und Juristin befürchtete ich (und wie sich zeigte zu Recht), zu sehr auf diesem Gebiet nachgefragt zu werden und schlug daher Karl Stifter vor (der dann auch einige Zeit diesen Kolumnenbedarf unter dem Titel „Erogene Zone" abdeckte und sie gesammelt als Buch „Lustgedanken"[163] herausbrachte.) Dafür schlug ich den beiden Kurier-Redakteuren eine Partner-Kolumne gemeinsam mit meinem Ehemann vor (der bei diesem Gespräch auch dabei war und seine journalistische Karriere just beim Kurier, damals unter Hugo Portisch, begonnen hatte), aber daraus wurde auch nichts – ebenso wie aus der gleichzeitigen Nachfrage der Society-Berichterstatterin Ro Raftl, für die neu konzipierte Sonntagsbeilage der Kronen Zeitung eine Ratgeber-Kolumne zu schreiben. Damals hatte ich gerade das verlassene Schulgebäude von Weichselboden im Salzatal (um den Preis der Abrisskosten und unter Plünderung sämtlicher Sparbücher) gekauft und eigenhändig mit der Renovierung begonnen; ein regelmäßiges Einkommen – unabhängig von Klient:innen und Unterrichts- und Supervisions-Aufträgen – das ich in am Fuße des Hochschwab erschreiben könnte, wäre mir schon sehr willkommen gewesen! So bekam ich es doch – und von der AZ, die viel besser zu meinen Denkweisen passte.

Ganz stolz besuchte ich meine Mutter im Pensionistenheim und berichtete ihr, der regelmäßig AZ-Lesenden, von dem endlich eroberten Platz als Gleiche unter Gleichen in einem Team – und erwartete Anerkennung. Doch weit gefehlt! Sie reagierte mit „Jetzt machst Du schon wieder was Neues! Ja, kannst Du nicht endlich einmal Ruhe geben!" und da reichte es mir. Endlich. Auch. Die Statuen-Frau aus dem Loch im Fußboden reckte ihre Faust empor[164] ... Und ich sagte der gelernten Frau Volksschullehrerin und Konzertpianistin, ernst und ruhig: „Mama – um das zu beurteilen, bist Du nicht kompetent!", und sie riss ihre grünen Augen auf, gab sich einen Ruck und stammelte, „Wenn Du meinst ..." – und übte nie wieder Kritik. Sie entließ mich in Freiheit – und bald darauf sich selbst auch. (Sie starb, innerhalb der Weihnachtsfeiertagen, kurz vor ihrem 78. Geburtstag, der wäre im Februar des nachfolgenden Jahres gewesen.)

Wie wenn das gefluchte Schreibverbot nun mehr aufgelöst worden wäre, kam jetzt noch weitere Nachfrage: Lisl Schnürer nahm mich von BRIGITTE Österreich, in der ich seit 1986 gelegentlich Kolumnen

---

163 Karl F. Stifter, Lustgedanken. Erotik für Fortgeschrittene. Edition S (Verlag der Österreichischen Staatsdruckerei), Wien 1991.

164 S. S. 63

verfasst hatte, wo sie die Nachfolge von Eva Bakos als Chefredakteurin angetreten hatte, in ihre neue Aufgabe als Chefredakteurin der WIENERIN mit, zuerst mit einer Leserinnen-Briefkolumne, später mit Karrieretipps. Als ich mich 1994, nach der Veröffentlichung meines Buches „Erfolg feminin" (und in dessen Folge zahlreichen Seminaren dazu an der Wirtschaftsuniversität) „ausgeschrieben" fühlte und die Zusammenarbeit mit dem Lisl (und Hanne Egghardt) nachfolgenden Chefredakteur Wolfgang Höllrigl beenden wollte, schoss letzterer mir – für mich unverständlich, aber halt wieder einmal, wie so oft – ein Giftpfeilchen nach: *„Wer es kann, tut es. Wer's nicht kann, wird Lehrer(in). Ein Kalauer nur, ohne Anspruch auf der Weisheit letzten Schluss. WIENERIN-Kolumnistin Dr. Rotraud Perner hat trotzdem die entsprechenden Zeichen gesetzt. Nach vier Jahren als Ratgeberin für berufstätige Frauen mit Ambitionen beschloss sie, einmal die eigenen Karriere-Tipps zu befolgen. Selbständig – im Stahlbad der Praxis. Jetzt haben wir eine Mitarbeiterin weniger und Männer im freien Wettbewerb eine Konkurrenz mehr. Bleibt mir nur, der Ex-Kollegin Glück zu wünschen. Brauchen werden es aber eher die anderen."*[165]

Ähnlich erging es mir in der Rezension von Eva Blimlinger (*1961, später Kultur- und Wissenschaftspolitikerin und noch viel später Grün-Abgeordneten) zu meinem Beitrag über weiblichen Masochismus in Peter Huemers Sammelband „Unterwerfung "[166] in der „Zukunft – Sozialistische Zeitschrift für Politik, Wirtschaft und Kultur", in welchem sie meine Art zu schreiben und damit mich als Person verspottete.

Und als ich 1991 aus dem Team der Sex-Hotline ausschied, behaupteten die dazumal Sendungsleitenden (Angelika Lang und Peter Blau) später in einem Interview mit der Wiener Stadtzeitung FALTER, mein Motiv wäre gewesen, dass ich „höher dotierte Angebote nicht hätte annehmen können".[167] Tatsache war hingegen, dass ich – damals bereits als evangelische Christin deklariert am Karfreitag (!), dem 29. März 1991, eingeteilt worden, und weil mir das niemand mitgeteilt hatte, mit meiner Familie in unseren steirischen Haus auf Osterurlaub war – und dort hatten sie mich angerufen, wo ich denn

---

[165] Wolfgang Höllrigl, „Intern", WIENERIN, Februar 1994, S. 8.

[166] Peter Huemer / Grete Schurz (Hg.), Unterwerfung. Über den destruktiven Gehorsam. Mit einem Vorwort von Simon Wiesenthal. Paul Zsolnay Verlag, Wien Darmstadt 1990.

[167] Der FALTER. 22.-28. 1. 1993. (Nachdem zur Zeit des FALTER-Interviews bereits der mediale Vernichtungsversuch Bornemans gegen mich inszeniert war, drängt sich mir die Vermutung auf, dass er den beiden diese „Informationen" „untergejubelt" hatte.)

bliebe ... Glücklicherweise konnte Gerti Senger, weit draußen im 19. Bezirk wohnend, einspringen und die Sendung retten – das muss eine Teufelsfahrt gewesen sein! Das Leitungsduo warf mir in diesem Artikel auch vor, ich hätte eben diesen (von ihnen phantasierten) Arbeitgebern gegenüber, die Seriosität der Sendung verteidigen müssen.

Aber wenn ich in meinem 1991-Kalender nachsehe, gab es zu dieser Zeit nur Psychotherapien und Supervisionen in Wiener Spitälern (außerdem absolvierte ich noch weitere Psychotherapieausbildungen). Auf die Einladung, für seine Firma zu arbeiten, war ich am 21. Juni 1991 bei Csaba von Ferenczy in München, aber den „Knebelvertrag" den er mir anbot, nahm ich nicht an – ich hatte alles, was ich öffentlich arbeite, prozentuelle bei ihm abliefern müssen (auch wenn es nicht von ihm angeboten wäre – und damals verhandelte ich bereits für meinen ersten Lehrauftrag „Gemeinwesenarbeit und Kommunikation" an der Universität für Bodenkultur, und Freiheit war mir immer wichtiger als Geld). Auch Werner Freudenberger sprach mich erst am 28. Juni 1991 zwecks Mitarbeit an der österreichweiten Ringsendung „Hausfrauenmagazin" auf Ö 2 an; er informierte mich später, als ich bereits Gastprofessorin am Institut für Psychologie der Universität Klagenfurt war, dass eine Wiener Kollegin, die zu diesem Zeitpunkt dort ihr Pädagogikstudium absolvierte (Psychologie im Hauptfach kam erst später), unbedingt „meine" Sendung haben wollte (was sie auf meine diesbezügliche Nachfrage abstritt), und Tatjana Fallath, die mich zur Mitarbeit an der neuen Frauensendung „WIR Frauen" engagierte, tat dies auch erst am 18. Juli 1991. Es waren also offenbar wieder Projektionen von irgendwelchen Personen, die mir ihre eigenen Wertehaltungen unterstellten (wobei ich strategische „Monopol-Bemühungen" durchaus verstehen kann – mir ist so etwas halt fremd[168]).

Nun könnten Härtlinge raten, Frau solle nicht so wehleidig sein (was ich ohnedies schon lange nicht mehr bin, Eisenkorsett hin oder her) – aber wem nützt das, wenn einem nicht gestattet wird, es als Leiden zu bezeichnen, wenn einem Unwahrheit oktroyiert wird? Doch nur den Täter:innen (bewusst gegendert)!

Exkurs: *In der Transaktionsanalyse werden die unterschiedlichen seelischen „Zustände", in denen sich Menschen befinden*

168 Siehe auch mein Buch „Kultur des Teilens – Anleitung zu einem dialogischen Leben. Ein Tagebuch in Briefen samt einer Einführung in die Mesoziation®. Ueberreuter, Wien 2000.

und dementsprechend agieren, als Kindheits-Ich, Erwachsenen-Ich und Eltern-Ich bezeichnet.

Wenn jemand attackiert wird, kann das als Blödelei aus dem neckischen Kindheits-Ich beantwortet werden, aus dem widerborstigen, aus dem weinerlichen – oder man kann sich zu voller Größe aufrichten und aus dem Erwachsenen-Ich präzise sagen, was gerade passiert und dass man (frau) das nicht will. Ob man dann dazu die Bürokratensprache verwendet oder eine (verschärfende oder erheiternde) kabarettistische, eine dichterisch poetische oder dramatisierende, sind dann nur noch Nuancen – denn aus welchem Ich-Zustand heraus gesprochen wird, ist deutlich spürbar – sofern einem diese Wahrnehmung nicht aberzogen wurde: es ist die Form der Energie – „Energabe" oder „Nehmergie" – die auf einen „losgesendet" wird.

Aus dem (kritisch-ablehnenden) Eltern-Ich wäre die Reaktion z. B. ein Versuch einer Einschüchterung (vor allem, wenn man sich etwa vorab bedroht gefühlt hat) oder gleich Verbot und Strafe.

Ich plädiere für das korrekte und sachliche – wenn auch fade – Erwachsenen-Ich.

Als ich 2010 das Goldene Ehrenzeichen der Stadt Wien erhielt, zitierte ich in meiner Dankrede die berühmte Passage aus dem Brief von Franz Kafka vom 9. November 1903 an seinen Mitschüler Oskar Pollak: *„Wenn Du vor mir stehst und mich ansiehst, was weißt Du von den Schmerzen, die in mir sind und was weiß ich von den Deinen. Und wenn ich mich vor Dir niederwerfen würde und weinen und erzählen, was wüsstest Du von mir mehr als von der Hölle, wenn Dir jemand erzählt, sie ist heiß und fürchterlich. Schon darum sollten wir Menschen voreinander so ehrfürchtig, so nachdenklich, so liebend stehen wie vor dem Eingang zur Hölle."*[169] Sie ist mir deshalb so wichtig, weil sie Menschlichkeit einfordert: immer daran zu denken, dass jeder Mensch irgendwo seine Narben hat, körperliche wie seelische, und diese schmerzen, oder brechen wieder auf, wenn sie getriggert werden.

Ich habe zwei solcher Trigger: Der eine betrifft Furcht vor öffentlicher Bloßstellung, und der wurzelt in der Angewohnheit meines Vaters, wenn er als Direktor in meine Schulklasse kam und wir alle

[169] „Das Kafka-Buch. Eine innere Biographie in Selbstzeugnissen", herausgegeben von Heinz Politzer. Fischer Bücherei, Frankfurt/ Main und Hamburg 1965, S. 245.

aufstehen mussten, mich schroff aufzufordern, gerade zu stehen – was ich ja ohnedies tat – nur um zu beweisen, dass ich nicht bevorzugt würde (wie wenn das etwas damit zu tun hätte!). Nach meiner ersten, der Freud'schen Analyse, war ich – wesentlich, nämlich 20 cm, kleiner als meine Eltern – plötzlich 3 cm größer. Ich hatte mich „gestreckt", wo ich vorher „klein gehalten" worden war: im Rückgrat.[170]

Mein zweiter Trigger setzte lange Zeit immer dann ein, wenn ich nicht beantwortet wurde, und der wurzelt in den Schweigestrafen meines Vaters. Es konnte oft vierzehn Tage dauern, bis er wieder mit mir sprach, wenn ich irgendeinem seiner Befehle nicht gehorcht hatte (und dabei war ich ein sehr „braves" Kind – doch wenn ich heute Fotos von damals ansehe, diagnostiziere ich meinen Gesichtsausdruck als „depressiv").

Als ich ab 1990 für den PGA in Linz so wie schon vorher in Wien Lebens- und Sozialberater:innen ausbildete, berichtete einer der Studierenden, ein geschiedener Ex-Pfarrer und nunmehr Pastoralassistent, im Plenum, wie erschüttert er von den Berichten der Frauen in der vorhergegangenen Kleingruppe sei: er habe nicht gewusst, wie sehr verletzend es sei, wenn man Kommunikation – egal ob life, am Telefon oder auf Briefe, heute kommen noch Mails dazu – verweigere. Aus diesem Grund bin ich auch gegen die „harte Grenzsetzung" bei Stalking: Stalker:innen ringen oft auch nur darum, in einer wertschätzenden Weise (und, wichtige Ergänzung: aber nur an einem neutralen und sicheren Ort!) beantwortet zu werden, und wenn man sich nicht zutraut, die richtigen Worte zu finden, gibt es helfende Fachleute z. B. in den Familienberatungsstellen.[171]

Kommunikationsverweigerung ist die grausamste Strafe: viele Menschen werden nach 48 Stunden ohne Austausch mit einem realen Lebewesen selbst- oder fremdaggressiv (psychotisch). Das habe ich ausführlich in meinem Buch „Der einsame Mensch"[172] dargelegt. Genau deshalb antworte ich immer so schnell ich kann, meist sehr zur Verwunderung der Kontaktsuchenden, die damit nicht gerechnet haben. Mir ist aber wichtig, dass diese sich auskennen – und ich mich auch. (Nur auf Facebook antworte ich nicht auf Freundschaftsanfragen von ausländischen „Charmeuren", die lösche ich gleich, oder Personen, die außer Stilleben nichts oder nur für mich Problematisches von sich preisgeben –

170 Mehr dazu in meinem Buch „Aufrichten!", Orac, Wien 2019.

171 Das Stalking von Pfarrern ist in „Das Schweigen der Hirten", edition roesner, Ma. Enzersdorf 2022, S. 86 ff. thematisiert.

172 Rotraud A. Perner, „Der einsame Mensch", Amalthea, Wien 2014.

heute, am Neujahrstag 2024, sind es 385 unbeantwortete, die ich irgendwann bearbeiten werde – ich nehme nämlich keine Freundschaftsanfragen an, bei denen kein Foto, kein Lebenslauf und keine für mich relevanten Postings ersichtlich sind sondern nur Blumen-,Tier- und Zehenfotos.)

Im Mai 1989 meldete sich dann wieder ein Journalist, diesmal vom ORF: Toni Zettel, und informierte mich, dass er an einer geplanten Talkshow arbeite, für die eine Moderatorin gesucht würde und ob ich Interesse hätte. Wie immer bei Medienanfragen „konsultierte" ich meinen Ehemann – und der riet mir zu, weil er ja wusste, wie viele Moderationen ich sowohl als Favoritner BSA-Obfrau als auch im Club Bassena mit oft sehr schwierigen Expert:innen bewältigt hatte. Ich dagegen hatte Sorgen, dass ich ohne meine Brille die Studio-Uhr nicht würde entziffern können, wenn ich für die Zeitgestaltung verantwortlich wäre. Und dann wurde ich geschult und gestylt (kam so das erste Mal zu Bundy & Bundy und zu der wunderbaren, leider viel zu früh verstorbenen Vera Billiani, einer echten Modeschöpferin) verbrachte auch viel Zeit in Konzeptsitzungen ... und dort wagte ich einmal, als einzige Frau in der Runde (Drehbuchautor, Regisseur des Filmes, Regisseur der Talkshow, Produzent), einen wertschätzenderen Ton gegenüber der Sekretärin einzumahnen (die sich nachher dafür bei mir bedankte – und ja, ich dulde keine Gewalt in meiner Gegenwart[173]) – und dann wurde der Pilotfilm gedreht – und ich war froh, dieses „Glatteis" ohne Sturz überquert zu haben. Einige Zeit später wurde eine Art Fachbeirat für diese Sendung einberufen, dort traf ich meine Kollegin Billy Rauscher-Gföhler wieder, mit der ich in Sachen Bewährungshilfe öfters zusammengearbeitet hatte, und Beate Wimmer-Puchinger, die ich aus der SPÖ kannte, und Günter Pernhaupt (1936-1999, dem ich nach seinem Tod ein Symposium[174] widmete); wieso

[173] Als ich nach meiner Übersiedlung in meine Heimat, das Marchfeld, die Lehrenden meiner Lebensberater-Ausbildung und ein paar Freunde einlud, darunter einen ehemaligen Ministersekretär, der kam, obwohl er unter einem akuten Hexenschuss litt, und den damaligen Bürgermeister von Matzen, begannen die beiden zu politisieren, und da sagte der Bürgermeister im Ärger zu dem ehemaligen Kabinettmitarbeiter des durch einen Autounfall verstorbenen Landwirtschaftsministers Schleinzer, „Wenn Sie so ... daher reden, soll Ihnen Ihre Hexenschuss gleich doppelt so weh tun!" Da fuhr ich auch spontan dazwischen mit „Ich dulde nicht, dass in meinem Haus geflucht wird!" – und war dann erschrocken ob meines (Filmtitel!) „die Maus, die brüllte"-Mut. Ich war aber erfolgreich, der Ortskaiser entschuldigte sich.

[174] Dokumentiert in Rotraud A. Perner, Wege aus Gewalt und Abhängigkeiten. 1. Günter Pernhaupt-Symposium 6. Oktober 2006, aaptos Verlag, Matzen 2007).

erst jetzt solch ein Gremium eingerichtet worden wurde, war mir schleierhaft – ich hatte ja keinerlei Insiderwissen, hatte mich auch nicht darum bemüht. Ich vermutete nur, dass künftig die Moderatoren der Sendung (Arbeitstitel „Familienrat") wechseln sollten. Nach einer dieser Sitzungen sprach mich am Gang Intendant Ernst Wolfram Marboe an (der natürlich nicht wusste, dass er einst bei Karlheinz Böhm in meiner Wohnung zu Gast war, ich war ja vor der Sexhotline zwar in Psychokreisen ein Begriff, aber nicht bei den Top-Medienmachern) und sagte mir wörtlich, ich sei für die Sendung „zu sexy", aber vielversprechend, und ich gehörte „betreut". Dabei war ich damals ohnedies schon 46 Jahre alt. Irgendwann sagte mir dann ein ORF-Journalist, das ganze Projekt habe ohnedies niemand gewollt, es wäre nur darum gegangen, dem eifrigen Bemühen des Drehbuchautors Winfried Bruckner (1937- 2003, Chefredakteur der Gewerkschaftszeitung „Solidarität" und Mitglied im ORF-Kuratorium) entgegenzukommen, und das zeige sich auch daran, dass man Toni Zettel damit betraut habe. Daher störte es mich nicht, dass bald darauf Sibylle Fritsch – die ich kannte, weil ich bei ihrer profil-Studie „Österreich intim" (welchen Titel dann zwei Kolleg:innen für ein Buch abkupferten) sexualwissenschaftlich beraten hatte[175] – schrieb: *„Psychologin Rotraud Perner, die sich als Beraterin und Moderatorin versuchte[176], tat dies bis jetzt um Gottes Lohn und überhaupt umsonst: ‚ich habe mich und meine Vorstellungen leider nicht durchgesetzt.'"* [177] Ich bin nicht geldgierig, und als Freiberuflerin gewohnt, dass potenzielle Aufträge unbezahlte Vorlaufzeiten haben. Meine Kollegin im Aufbau der neuen Berufsgruppe der Lebens- und Sozialarbeiter in der Wiener Wirtschaftskammer, Elisabeth Heller, sagte immer: „100 Werbemaßnahmen – 10 Nachfragen – 1 Auftrag!" Was mich gestört hat, ist das Verschwinden der Videobänder, die *mir* der Hamburger Gestalttherapeut Michael Cöllen (*1944), der eine ähnliche Partnerschaftsberatungs-Sendung im NDR mitgestaltete, zur Verfügung gestellt hatte und die ich *nur zum Anse-*

[175] Sibylle Fritsch/ Kurt Langbein, Land der Sinne. Die große Analyse_ Liebe, Sex und Partnerschaft in Österreich. Orac, Wien München Zürich 1991.

[176] Dazu jetzt mein Kommentar: die Formulierung „versuchte" ist abwertend! Ich hatte schon Jahre vorher laufend moderiert und jahrelange Beratungserfahrung – aber möglicherweise hätte die Autorin gerne ihren Ehemann Walter König, einen Psychiater und Gestaltpsychotherapeuten, in dieser Funktion gesehen.

[177] Sibylle Fritsch, „Mütterlicher Typ gesucht" In: profil 5/ 29. 1. 1990, S. 81.

hen in den ORF mitgebracht hatte. Aber vielleicht dachte sich, wer auch immer das war, zwei Videos für den ORF gegen zwei Videos der Pilotsendung mit mir für mich ... und damit quitt.

Die Möwe

In dieser Zeit hielt ich einen Vortrag im Institut für Wissenschaft und Kunst (IWK) zum Thema sexuelle Ausbeutung von Kindern, und diesmal saß Elfriede Abt, damals noch Erwachsenenbildnerin für Sportkurse, später auch Psychotherapeutin, im Publikum und sprach mich an, sie hätte ein Anliegen, bei dem sie Unterstützung bräuchte – und aus dieser Begegnung entstand das Projekt „Die Möwe – Unabhängiger Verein für physisch, psychisch und sexuell missbrauchte Kinder".

Elfriede Abt war im Zuge eines USA-Aufenthalts mit dem Kinderschutz-Projekt von Barbara Sinatra (1927-2017), der vierten und letzten Ehefrau Frank Sinatras, vertraut geworden; es ziele in Anlehnung an das spirituell orientierte 12-Punkte-Programm der Anonymen Alkoholiker (AA) auf die Förderung der Selbstheilungskräfte traumatisierter Menschen, berichtete mir sie mir – und das passte wiederum zu meinem Mit- und Selbstbestimmungs-Engagement, und ich sagte ihr zu, die strategisch-organisatorische Arbeit zu übernehmen.

Ich schlug vor, zur Sicherung der Zugänge zu Fördermitteln und Förderern die – damals einzige – fachlich kompetente Wiener SPÖ-Gemeinderätin und Landtagsabgeordnete Erika Stubenvoll (*1945), studierte Psychologin und Sozialarbeiterin und Professorin an der Akademie für Sozialarbeit in der Seegasse, für die Geschäftsführung anzusprechen, und sie sagte mir als Uraltfreundin gerne zu. Zuerst hatte sich Elfriede Abt als Vorsitzende des Vereins zur Verfügung gestellt; nach ihrem baldigen Rücktritt (am 27. 5. 1991) konnte ich die Juristin Marilies Fleming (1933-2023), die gerade nicht mehr Bundesministerin war, als Präsidentin gewinnen, und zwischenzeitlich (nämlich zwischen zwei unterschiedlichen Ministerschaften) sprang einmal auch Maria Rauch-Kallat ein.

Für die weiteren Vorstandsmitglieder übernahm jede von uns beiden Initiatorinnen die zu besetzende Vorstands-Hälfte: ich brachte Manfred Pawlik (*1943, und der wiederum dem PR-Fachmann Robert Riedl von O & M Medical), Elisabeth Lutter, die Geschäftsführerin des Vereins Initiative Pflegefamilien sowie den Floridsdorfer Kinderarzt Ahmad Turk (der aber aus Zeitmangel bald wieder ausschied); Elfriede Abt brachte die Verlegerin Karin Delle Karth (1939-2013), den Steuerberater Fritz Pfister für die Finanzgebarung, und der wieder holte Franz Temel als Rechnungsprüfer. Viel später kamen noch Rechtsanwalt Manfred Ainedter und die Juristin Doris Sina dazu... Ich übernahm Vorsitz und Organisation des Wissenschaftlichen Beirats, für den ich dann auch Alfred Pritz und Gerti Senger gewinnen konnte. Bei den Vorstandssitzungen war ich die ersten Jahre immer als strategische Beraterin dabei, wollte aber keine Beschlüsse mittragen, weil ich durch mein Pendeln zwischen Wien und der Steiermark und anderen Bundesländern zu wenig Informationen bekommen hätte, um die Verantwortung mitzutragen.

Obwohl Elfriede Abt und ich anfangs nur daran dachten, Sponsorengelder für Therapien traumatisierter Kinder zu akquirieren, bemühte sich Manfred Pawlik intensiv um Aufbau von Beratungseinrichtungen. Wie zu erwarten (so meine Erfahrung aus den Supervisionen der Leiterinnen des Vereins Wiener Frauenhäuser) gab es daraufhin bald Konflikte, einerseits mit den dort tätigen Berater:innen, die sich nicht in ihre Arbeit hineinreden lassen wollten, andererseits mit der neuen Obfrau, der gelernten Volksschullehrerin und Präsentatorin der Kindersendung Am Dam Des im ORF, Maria Graff, der von der Beraterinnen mangelnde Sensibilität gegenüber der heiklen Beratungsarbeit vorgeworfen wurde (was auch gar nicht deren Aufgabe war – die bestand im Gelder auftreiben und PR).

Zu dieser Zeit war das erste Fortbildungs- und Vernetzungsseminar für alle Mitarbeitenden für 10. September1994 (in den Räumen der WKO) geplant, und ich sollte dafür Unterlagen vorbereiten.

Da ich grundsätzlich keine Skripten erstelle (sondern höchstens Resümee-Protokolle), beschloss ich gleich ein Buch zu gestalten – und da sich dafür in der kurzen Zeit bis zum Termin kein Verlag bereits fand, beschloss ich einen eigenen zu gründen. Dabei half mir, der leider viel zur früh verstorbene Absolvent meiner GaMed-Ausbildungen Wolfgang Biedermann, gelernter Volksschullehrer und langjähriger Redakteur der Kleinen Zeitung Graz, der wiederum Karin Delle Karths Verlag aufgebaut hatte. Er riet mir zu einem Namen der mit A beginnt. Ich suchte daraufhin im Gemoll, dem Griechisch-Wörterbuch aus meiner Gymnasialzeit, und wählte aaptos (gesprochen „ahaptos“) und das bedeutet unberührbar oder unberührt. Das passte.

Damals schaltete die Creditanstalt-Bankverein vor allem in Magazinen wie dem WIENER oder EGO „Gedanken zum Erfolg“ mit Porträts von Personen, die gerade medial besonders „in" waren, und hatten auch mich dazu eingeladen. Obwohl mir (wie vermutlich auch allen anderen) fertige Sprüche vorgelegt worden waren, hatte ich es mir nicht nehmen lassen, meinen eigenen Text[178] zu verfassen, und bis die PR-Leute der Bank mit dem dazu gehörigen Foto (vor der Justitia-Statue im Justizpalast, in dem ich meine zweite Staatsprüfung als Juristin abgelegt hatte) zufrieden waren, hatte es einige Probeläufe gebraucht. Also dachte ich, man würde mir dieses Foto doch gerne für mein geplantes Buch zur Verfügung stellen. Doch weit gefehlt!

Der zuständige PR-Chef der CA-BV kanzelte mich im Beisein einer (offensichtlich untergeordneten) jungen Frau ab, er hätte schon genug Zores mit der Kundschaft, die sich bereits an dem Sujet mit dem Psychiater und Universitätsprofessor Erwin Ringel (1921-1994) gestoßen hätten, und er wäre ohnedies gegen meine Wahl gewesen, wo ich mich doch so stark mit sexueller Gewalt gegen Kinder beschäftige, habe sich aber nicht durchgesetzt etc., damit wolle seine Kundschaft nicht in Verbindung gebracht werden. Ich antwortete damals etwas Schnippisches (würde ich heute nicht mehr tun), so im Sinne, er denke doch nicht, dass seine Kundschaft so leicht in Verdacht der Pädophilie geraten könnte, und zog beleidigt ab.

Für das Coverfoto des Buches, ein Porträt von mir, schenkte (!) mir dann über Vermittlung von Wolfgang Biedermann der wunderbare, international hoch angesehene Fotograf Helmut Klein (*1945) eine ganze Bilder-Serie (und später für mein Buch „Management macht impotent" noch einmal). Danke!

Solche Demütigungen wie in der CA-BV gab es viele. So berichtete mir ein Freund (der damals die Volksbanken-Akademie leitete und mich als Trainerin gewinnen wollte), als er mich dafür vorschlug, lautete die empörte (oder witzig gedachte) ablehnende Antwort, „Werden wir jetzt über den Unterleib trainiert?" Und als ich kurz nach meiner Übersiedlung nach Niederösterreich und Gründung meines Instituts für Stressprophylaxe und Salutogenese (ISS) 2004 einen Freund bat, mein Angebot einer Kolumne zur Gewaltprävention an die Niederösterreichischen Nachrichten – wo ich noch niemand kannte – weiterzuleiten, berichtete mir dieser, der damalige Chefredakteur hätte sofort entsetzt abgewehrt, „Das geht nicht – das ist doch eine Sexual-

---

178 „Erfolg heißt für mich mit allen Sinnen leben: Ansatzpunkte ertasten, Visionen erschauen, Einwände hören, riechen, was verwirklicht werden will. Und schließlich: sich den Geschmack des Erfolges auch genießen trauen".

therapeutin – und wir gehören dem Bischof!“ Wieder ein Beweis, wie die unwichtigste Etikettierung genau dort hängen bleibt, wo sie auf nicht bewusstseinsfähigen Betroffenheiten landet (und wie ein Sprichwort so treffend sagt: Ein Dieb sieht auch bei einem Heiligen nur die Taschen!). In der Diözese St. Pölten hingegen sah man meine Fachkompetenz und holte mich einige Zeit darauf als Expertin zur Schulung ihrer Mitarbeiterschaft im Umgang mit Verdachtsmomenten auf sexuellen Misshandlungen.

Zur **Resilienz** gehört auch, sich bei solchen Tiefschlägen so schnell wie möglich aufzurichten, durchzuatmen, den unsichtbaren Giftpfeil mental aus dem Sonnengeflecht herauszuziehen und währenddessen zu überlegen, ob man überhaupt reagieren will. Oft genügt, eine Augenbraue zu heben oder sich zu räuspern.

Deswegen warne ich oft vor der oberflächlichen Übernahme der englischen Bezeichnung „mental health“ für all das, was auf Deutsch „psychische Gesundheit“ heißt. Im deutschen Sprachgebrauch bezieht sich „psychisch“ auf Gefühle, auf Emotionales – „mental“ hingegen auf Denkmuster, auf „Meme“.

Dass es dabei Wechselwirkungen gibt – auch mit den körperlichen Empfindungen, mit dem intuitiven Erahnen –, das wissen und spüren viele Menschen mit zunehmender Lebenserfahrung. Aber um Alternativen überhaupt andenken zu können, braucht man davor einige Denkmuster für Kritik. Die meisten werden üblicherweise bereits in der Kindheit und Jugend verboten oder sogar bestraft (wie es beispielsweise mir geschehen ist, beim Hinauswurf aus der elterlichen Wohnung nach meiner Matura).

Genau deswegen lohnt es sich auch, seine persönlichen Werthaltungen zu überprüfen: Besteht das eigene Denkmuster dabei in der Unterscheidung von richtig und falsch oder von angenehm und unangenehm … oder hilfreich und Schaden anrichtend (was ja, siehe das Pascal-Zitat, vom jeweiligen Blickwinkel abhängt), und besonders wichtig: geht man in Kampfmodus und wird gewalttätig, weil man nicht aushält – nicht aushalten will – dass jemand Anderer andere Werte „verfolgt“ (d. h. um sie um jeden Preis bei sich aufrecht und siegreich zu erhalten – oder bei anderen zu beseitigen, und diese anderen gleich mit dazu).

Am auffallendsten kann man diese Kampfbereitschaft bei Ereignissen beobachten, die in Zusammenhang mit Sexualität stehen.

Sexskandale

Hony soit qui mal y pense[179]
(Ein Schurke sei, wer Schlechtes denkt)

Bis 1990 hatte ich nur Kolumnen und ab und zu einen größeren Buchbeitrag verfasst, aber ein Journalist (Namen vergessen, aber starb bald und viel zu jung ein, zwei Jahre später) sprach mich darauf an, ich sollte doch ein Buch schreiben und stellte den Kontakt zum Verlag Ueberreuter her. Mein Buchprojekt sollte „Manneskraft" heißen und sich mit den veralteten und neuen Männerrollenbildern und daher kritisch mit Dominanzansprüchen und häuslicher Gewalt befassen. Dass es diese auch bei Frauen gab, merkte ich bald, denn die Lektorin, die das Projekt betreuen sollte, kommunizierte nur mit meinem (damals noch weitgehend geistig fitten) Ehemann, und das wollte ich nicht akzeptieren (wie überhaupt manche Leute dachten, er schriebe für mich – dabei war es umgekehrt: da er seine Aufträge immer bis „5 vor 12" unbearbeitet liegen ließ – ein Zeichen seiner Depressivität – musste ich oft einspringen, und tat es gerne – ghostwriten war ich ja aus meiner Favoritner Politzeit gewohnt). Ich stieg also aus dem Projekt aus.

Vermutlich erzählte ich meinen Ärger der Psychologin und Verhaltenstherapeutin Christina Raviola, die ich in der personzentrierten Gesprächspsychotherapie-Ausbildung kennen und im beruflichen Austausch hoch schätzen gelernt hatte; sie wollte sich in ihrer Praxis auf Fragen von Transsexualität spezialisieren. Da sie oder ihre Schwester familiäre Kontakte zur Edition Tau hatten, gab es da plötzlich einen Verleger (männlich) – und einen, der mich respektvoller behandelte als die strenge Herrin bei Ueberreuter.

Dem schlug ich damals vor, die Referent:innen der IWK-Vortragsreihe aus dem Sommersemester 1990 (die übrigens Manfred Pawlik organisiert hatte) um Verschriftlichungen zu ersuchen und übernahm die Herausgeberschaft, schrieb nebst dem Vorwort und meinem Vortragstext noch einen abschließenden Artikel, in dem ich versuchte, die energetische Wirkung der sexuellen Ausbeutung von Kindern zu verdeutlichen – eine Sichtweise, die damals überhaupt nicht registriert wurde (und auch heute nicht wird) und gab dem Buch den Titel

[179] Motto des englischen Hosenbandordens

„Zuliebe zu Leibe“[180]. Das Medienecho auf diese, meine erste Buchproduktion war – verglichen mit späteren meiner derzeit 65 Buchveröffentlichungen – bescheiden.

Sexuelle Misshandlung von Kindern und Jugendlichen war damals in der breiten Medienlandschaft Österreichs noch kein Thema. Das kam erst Ende des Jahrtausends, als 1995 ein ehemalige Schüler (und in der Folge noch weitere) seinen damaligen Religionsprofessor und zu dieser Zeit Erzbischof von Wien, Kardinal Hans Hermann Groer (1919-2003), im Wochenmagazin profil Nr. 13/ 95 sexueller Übergriffe zieh; da spaltete sich die Leserschaft in diejenigen, die den Anklägern beipflichteten und – „Ungläubige“. Erst als 1998 die Missbrauchsfälle in der davor hochgelobten hessischen Odenwaldschule (gegründet 1910, 2015 insolvent eingestellt) publik wurden, wurden diese Anschuldigungen ernst genommen.

Dennoch bedeutete für mich die erste eigene Buchproduktion nach den Negativerlebnissen mit dem Ueberreuter Verlag – für den ich später mit „Lust Macht Mut“[181] einen Bestseller schrieb – trotz all des Stresses vor der Veröffentlichung eine Überwindung des „Schreibfluches“, und ich war ganz froh, dass die ersten Rezensionen freundlich waren und mir Interviews erspart blieben.

Nicht bescheiden sondern vehement hingegen war das Medienecho auf den Hassartikel Ernest Bornemans (1915-1996) gegen mich in der Tageszeitung Der Standard. Dort hatte der ehemalige Jazzpianist, Krimi- und Drehbuchautor und erster Fernsehdirektor der ARD, nach Ausscheiden in dieser Funktion selbsternannter Sexualforscher in Sex-Kolumnen deutscher Illustrierten wie etwa „Neue Revue“, mittels massenhaft unwahrer Behauptungen eine soziale Mobbing-Kampagne eröffnet – anstatt mit mir zu reden, wie ich es erwartet hatte. Ich hatte nämlich im Titelbeitrag des Buches unter dem – allgemein gedachten – Zwischentitel „Berufsliebhaber und Schreibtischtäter“ in Einigkeit mit der Schweizer Jungianischen Psychoanalytikerin Ursula Wirtz (*1946)[182] geschrieben: *„Auch mir ist immer wieder aufgefallen, dass es Männer sind, die in Diskussionen zum Thema sexuelle Miss-Handlung die Aussagen*

---

[180] Rotraud AS. Perner (Hg.), Zuliebe zu Leibe. Über die Möglichkeit und Unmöglichkeit kindlicher Erotik. Edition Tau, Bad Sauerbrunn 1991, S. 9-34. (vergriffen) Die Perner-Artikel sowie die besten aus diesem Buch sind wieder veröffentlicht in Rotraud A. Perner (Hg.), Tabuthema kindliche Erotik, LIT Verlag, Berlin Münster Wien 2015, S.65 – 92.

[181] Rotraud A. Perner, Lust Macht Mut. Ein Strategie-Handbuch für Frauen. Ueberreuter, Wien 2000.

[182] Ursula Wirtz, Seelenmord. Inzest und Therapie. Kreuz Verlag, Zürich 1989, S. 115 ff.

betroffener Frauen verharmlosen oder überhaupt in Frage stellen, ob es nun Aussagen von Publizistinnen, Sozialarbeiterinnen, Therapeutinnen oder anwesender AMACs (Erwachsene, die als Kinder sexuell ausgebeutet wurden) sind. Mir ist weiter aufgefallen, dass sich diese Männer auf ‚den' Fach-Mann beziehen: Ernest Borneman."[183]

Ich kritisierte seine unbelegten Behauptungen – Borneman verzichtete wie bei ihm üblich auf ausgewiesene Literaturangaben – vor allem, weil sie in krassem Widerspruch zu meiner zu diesem Zeitpunkt – 1990/91 – immerhin 15 Jahren nachweislicher Praxis in der Familienberatungsstelle Favoriten sowie damals drei Jahren in den spezialisierten Sexualberatungsstellen[184] – psychotherapeutischen wie auch juristischen Berufserfahrung standen. Borneman berief sich zwar öfters auf seine „klinische Praxis" – aber die existierte nie; er wollte sich allerdings so eine aufbauen – aber als Gründungsobfrau der Lebens- und Sozialberater:innen hatte und besitze ich keinerlei Toleranz für nicht nachweisbare Kompetenzbehauptungen. Als ich einmal – und das einzige Mal – in seinem Haus in Scharten zu Gast war, warnte mich seine Ehefrau Eva, eine renommierte Übersetzerin, ich möge ihm nichts glauben, er sei eben ein Dichter. In dem Buch „Von der Last der Lust" schrieb sie über ihren Ehemann: *„Die Diskrepanz zwischen der realen Welt und ihrer Neuschöpfung in der schriftstellerischen Aussage – sie ist ja künstlich, oder, wenn wir wollen, künstlerisch, da axiomatisch und verfremdet – sollte, meine ich, verringert werden. [-] Oft habe ich Borneman einen allzu leichtfertigen Umgang mit der eigenen Weisheit und den eigenen Erkenntnissen vorgeworfen. Aber es wäre engstirnig, ja dumm und kleinkariert, wollte ich dies nicht als Ausdruck eines faszinierenden und abwechslungsreichen Gefühlslebens betrachten. Dies hat auch eine Schattenseite, und ich muss gestehen, dass ich manchmal Streiche, die ihm (und mir) das Gedächtnis oder die Verdrängung spiele, fürchte.*"[185]

[183] R. A. Perner, Zuliebe zu Leibe, S. 25, in R. A. Perner, Tabuthema kindliche Erotik S. 82.

[184] Die „Erste Wiener Sexualberatungsstelle", gegründet 1987 in 1090 Wien, Lustkandlgasse 50, immer Donnerstag 16 – 19 h, die „Zweite", gegründet 1990/91 in 1210 Wien, Freytaggasse 32, immer Freitag von 15 – 19 h. Dokumentiert in Rotraud A. Perner, Zeugin der Lüste. Lust und Frust der Rundfunksexualberatung. Edition Tau, Bad Sauerbrunn 1991.

[185] Eva Bornemann, Leichen am Legendenrand ... Sehr persönliche Bemerkungen zum innerehelichen Verhältnis von Licht, Identität und Schatten. In: Josef Christian Aigner / Rolf Gindorf (Hg.), Von der Last der Lust. Sexualität zwischen Liberalisierung und Entfremdung. Verlag für Gesellschaftskritik, Wien 1986, S. 263.

Faszinierend war Borneman sicherlich – zwar nicht für mich, denn ich bin bekannterweise extrem kritisch, aber für viele, die ihm bei seinen vielen Gastvorlesungen, vor allem an der Universität Salzburg, begeistert gelauscht hatten, war er ein Guru. Einige davon waren dann in seinem nachfolgenden Vernichtungsfeldzug gegen mich seine Adjutanten, denn er vertrat (als seine „Marke" und Einkommensquelle) eine bisher in deutscher Zunge unveröffentlichte konträre Auffassung von sexueller Freiheit für Kinder in semiwissenschaftlicher Ummantelung.

Als Beispiel zitierte ich in meinem Buch aus Bornemans Beitrag in „Gestörte Sexualentwicklung"[186]: *„Jeder, der sich je mit dem Studium der Kindersexualität befasst hat, weiß natürlich, dass die Anzahl der sexuellen Beziehungen zwischen Frauen und Knaben in fast allen Kulturen der Welt höher ist als die zwischen Männern und Mädchen"* – und diese Formulierungen bezeichnete ich als „Killerphrasen", d. h. wer dem nicht zustimmt, wird indirekt als Ignorant bezeichnet. Ich kritisierte auch seine Aussagen wie *„Eine Gesellschaftsordnung, die jeden Geschlechtsverkehr zwischen* Kindern *untersagt, darf sich nicht wundern, wenn viele* Erwachsene *nachholen wollen, was sie in der Kindheit versäumt haben."*

Dazu: Borneman selbst hatte weder Matura noch ein korrektes Hochschulstudium, sondern sein Doktorat von der – damals als hyperprogressiv bekannten – Universität Bremen in Anerkennung seines ersten Sachbuches „Das Patriarchat" erhalten, Begründung: er hätte (als Jugendlicher und allein!) aus politischen Gründen Deutschland verlassen müssen und hätte daher die geplanten Bildungsschritte nicht absolvieren können (persönliche Mitteilung seiner Ehefrau Eva, als wir uns darüber unterhielten, weshalb er nicht auf solche Abwertungsphrasen gegensätzlicher Sichtweisen verzichten wolle. Sie selbst war im Berufsverband der Übersetzer:innen aktiv und hatte mir davon erzählt, wie verletzend es wäre, dass diese sensible und mühsame Arbeit nicht gleich geschätzt würde wie die der Autor:innen. Die gleiche Klage hörte ich später oft von Restaurator:innen: Man bewerte nur das Handwerk und nicht die Einfühlung in diejenigen, die das jeweilige Kunstwerk geschaffen hatten. Für mich war dies der Anstoß, mich intensiv mit den Interpretationen von Übersetzenden zu beschäftigen;

---

186 Ernest Borneman, Kindersexualität, Kindesmissbrauch, Kinderprostitution, Pädophilie. Ein Beitrag zur Klärung der Begriffe. In: Christian König (Hg.), Gestörte Sexualentwicklung. Begutachtung, Straffälligkeit, Therapie. Ernst Reinhardt Verlag, München Basel 1989.

das habe ich dann in den Gewaltbeispielen im Alten Testament in meiner theologischen Masterarbeit[187] dargelegt).

Heute würde ich wohl milder urteilen; ich würde Verständnis dafür aufbringen, dass er sich auf kreative Weise in die Gruppe derer einreihen wollte, deren Zugangsbarrieren er nicht (mehr) bewältigen wollte. Eine enge Berufskollegin von ihm hatte in reifem Alter zur Behebung ihres jugendlichen Verabsäumens die Hürden der Berufsreifeprüfung überwunden und mit einem extremen Reise- und damit Zeitopfer neben dem Beruf als Journalistin ein passendes Hochschulstudium weitab von ihrem Wohnort bewältigt. Chapeau! (Und da kenne ich noch einige andere, die das ebenso taten – auch Männer wie der Wiener Burgtheaterdirektor Ernst Haeussermann (1916-1984), damit es nicht heißt, nur Frauen brächten diese Disziplin auf.)

Solch ein gütiges Verständnis seiner Überkompensations-Bemühungen war mir aber nicht gleichbedeutend mit Kritikverzicht gegenüber seiner wissenschaftlichen Unredlichkeit. Diese hatte bereits 1987 der international hoch angesehene Psychiater, Begründer der Sexualmedizin als eigenständige Wissenschaft und Gründer des Instituts für Sexualwissenschaft an der Universität Frankfurt Volkmar Sigusch (1940-2023) unter dem Titel „Der Ratschläger" im pro familia magazin 15 / 1987 enttarnt und 1990 in seinem Buch „Anti-Moralia"[188] wieder veröffentlich – aber diesen, eher satirischen Text, kannte ich damals noch nicht. Auf den machte mich erst Peter Pelinka, mein ehemaliger zweiter Chefredakteur in der AZ, aufmerksam, als er die Festschrift zu Bornemans 80. Geburtstag „Ein lüderliches Leben" – vermutlich 1996 (also kurz vor oder nach Bornemans Suizid nach dem Ende seiner Beziehung mit Sigrid Standow, der Herausgeberin dieser Festschrift zu Bornemans 80er, denn im Impressum des Buchs fehlt eine Jahresangabe) auf den Redaktionsschreibtisch bekommen hatte, und in dem Standow in Verkennung der Tatsache, dass Kritik etwas anderes ist als Feindschaft, Sigusch und mich als Feinde Bornemans bezeichnete.[189]

---

[187] Gekürzt und popularisiert als Buch: Rotraud A. Perner, Sexuelle Reformation. Freiheit und Verantwortung. LIT Verl g, Berlin Münster Wien 2017.

[188] Volkmar Sigusch, Anti-Moralia. Sexualpolitische Kommentare. Campus, Frankfurt New York 1990, S 84-94.

[189] Sigrid Standow (Hg.), Ein lüderliches Leben. Portrait eines Unangepassten. Der grüne Zweig 179, S. 49 f.

Nach dem oben erwähnten Bornemanschen Pamphlet im Standard vom 11. 6. 1991 und ähnlich in Salto 3/ 91, in Wolkenbruch 3/ 91 sowie zahlreichen Leserbriefen und Interviews, wurde das Thema u. a. von Kolleginnen aufgegriffen, die ihr Augenmerk primär der Gewalt gegen Frauen widmeten – und die war in Bornemans Agieren gegen mich deutlich geworden. Es war die Film- und Medienwissenschaftlerin Sabine Perthold (*1961) – für deren Film-Schau-Buch „Rote Küsse" ich bereits einen Beitrag verfasst hatte – die mich für die kommunistische Zeitschrift „Stimme der Frau" interviewte, und darin sagte ich in Gedanken an Bornemans Diabetes und Äthylismus[190]: *„Entweder ist Borneman so senil, dass er nicht mehr lesen kann, oder er ist so boshaft und neidig, dass er ganz bewusst versucht, meine Gedanken kaputt zu machen."*[191] Mit „boshaft und neidig" replizierte ich auf Bornemans von der Redaktion erzwungene eigene (!) „Zweitrezension" meines Buches, in der er schrieb „Das Buch ist voller Nazivokabel wie ‚ausmerzen' und ‚Schreibtischtäter', *voller Neid und Bosheit.*"[192]

Diese Sätze klagte Borneman ein – und verlor in allen Instanzen. Zitat Salzburger Nachrichten vom 26. Juni 1992: *„[Borneman] klagte wegen übler Nachrede. Doch die konnte der Erstrichter beim besten Willen nicht erblicken und sprach Perner frei. Begründung des Gerichts: Es handle sich um zulässige kontroversielle Kritik. Die Thesen des Ernest Borneman erzwängen ja geradezu den Widerspruch Rotraud Perners, die in der Frauenbewegung engagiert gegen die Verharmlosung der sexuellen Ausbeutung von Kindern auftrete. Worauf Borneman das Höchstgericht bemühte – und in dieser Woche dort abblitzte. Immerhin habe er, Borneman, den Streit eröffnet, so das Urteil."*

Borneman duldete jenseits aller wissenschaftlichen Gepflogenheiten keine Kritik – wie sollte er auch: er kam aus einer autoritär erzogenen Generation und war mediale Kotaus für seine Propaganda „befreiter Sexualität" gewohnt, und universitär studiert hatte er ja nicht

190 Zitat: „Ich habe Probleme. Ich bin ein Trinker" In: Ernest Borneman, Die Urszene. Das tragische Kindheitserlebnis und seine Folgen. Fischer Taschenbuch Verlag, Frankfurt/ Main 1980, S. 374.

191 Stimme der Frau 7/ 8/ 91, S. 21.

192 Stimme der Frau 7/ 8/ 91, S. 19.

(wobei ich seine umfangreichen Selbststudien[193] durchaus anerkenne – es fehlte ihm nur der wertschätzende Austausch mit „Gleichen"). Zur Zeit meines Jusstudiums 1962-1966 war das auch noch so. Aber als ich 2010-2015 evangelische Fachtheologie studierte, forderte uns Professor Wolfgang Wischmeyer (*1944) im „Augustinus-Seminar" ausdrücklich zur Kritik auf. Damals grenzte ich mich von diesem Ansinnen mit der Begründung ab, ich sähe keinen Anlass, dessen Sichtweisen zu widersprechen, ich respektiere sie als seine persönlichen, aber nicht als wissenschaftlichen Anspruch. Bornemans Thesen wie *„Ich plädiere nicht für das Recht des Erwachsenen auf Geschlechtsverkehr mit Kindern, ich plädiere für das Recht des Kindes auf Geschlechtsverkehr mit Erwachsenen"*[194] sah und sehe ich dagegen als gedankliche Entgleisung.

Im Vorfeld seines Gerichtsfeldzugs gegen mich hatte er einige seiner Freund- und Anhängerschar zu Leserbriefen motiviert, wie ich durch einen Anruf am 8. 6. 1991 von Josef Dvorak (*1934), der mir als Autor des Buches „Satanismus" und aus TV-Talkshows bekannt war – erfuhr, dem einzigen, der bei mir nachfragte, worum es denn da eigentlich ging, denn er habe einen Brief von Borneman erhalten, er solle gegen mich schreiben.

Nun war Borneman durch seinen langen Aufenthalt in Kanada und den USA mit Medienkampagnen vertraut – ich nicht.

Ich kannte nur parteipolitische Strategien *für* politische Anliegen und nicht *gegen* eine Person. (Das hat sich im 3. Jahrtausend sehr zum Schaden eines sachlichen politischen Diskurses leider geändert.) Auch mein Spindoktor-Ehemann konnte mir gegen dieses Leserbrief-Bombardement nicht helfen – war er doch in der Steiermark um die Renovierungsarbeiten an unserem geplanten künftigen Seminarzentrum zu koordinieren und geflüchteten Kosovaren, die wir bei uns aufgenommen hatten, Deutsch beizubringen.

---

[193] In seinem Haus in Scharten, einem ehemaligen Bauernhof, hatte er seine beachtlich umfangreiche Bibliothek in einer ehemaligen Stallung, d. h. auf schätzungsweise 80 m2 untergebracht, und aus den meisten Büchern sahen oben Steckzettelchen heraus. Ich selbst habe wohl gleich viel Bücher – und ebenso markiert – aber die verteilen sich in dem ehemaligen Gasthaus, in dem ich bei meinem Erstgeborenen Untermieterin bin, auf 10 Räume – das wirkt logischerweise nicht so imposant (und erschwert das Auffinden).

[194] (Vermutlich selbst verfasstes) Interview mit Ernest Borneman. In: Aufrisse 13, Jg. Nr. 2/ 1991, zitiert in Rotraud A. Perner (Hg.), Tabuthema kindliche Erotik. LIT Verlag, Berlin Münster Wien 2015, S. 14.

Gegen Phantasien ist man machtlos

Wie also das wöchentliche Perner-Bashing stoppen? Ich war energetisch geschwächt, verletzt, gekränkt – es gab ja keinerlei sachliche Kritik, nur unwahre Behauptungen über mich, auf die ich nicht eingehen wollte um keine „unendlichen Geschichten“ zu produzieren – und da ich ja privat immer schon öffentlichkeitsscheu war und nur zum Arbeiten meine Eremitage verlasse, waren es eher die vielen Interviewanfragen[195], die mich belasteten – und die Auswirkungen auf meine Söhne: Meine Erstgeborener war damals 17 Jahre alt und ging in ein Realgymnasium – und dort schien es daheim Resonanzen gegeben zu haben: Auf unserem Postkasten unseres Wohnhauses stand plötzlich „Porno“, ich erhielt seltsame Anrufe jugendlicher Männerstimmen ... während mein jüngerer Sohn, damals 15 und bereits in berufsspezifischem Schulunterricht, nichts Ähnliches erlebte.

Borneman behauptete, er hätte ein Verhältnis mit mir gehabt und ich wäre rachsüchtig, weil er mich verlassen hätte – und praktizierte, was er in seiner Semi-Biographie „Die Ur-Szene“ in Hinblick auf sich selbst bezogen, beklagte: *„Die Gegner des Fortschritts geben nie auf, denn sie wissen, dass Verleumdungen, wenn man sie nur oft genug wiederholt, eines Tages hängen bleiben.“*[196]. Im konkreten Fall war er selbst der Gegner des Fortschritts, denn auf Grund der Selbstzeugnisse von sexueller Ausbeutung *betroffener* Frauen – die Männer äußerten sich erst mit fast zwanzigjähriger Verspätung – wusste man jetzt auch aus nachfolgenden, nicht nur behaupteten! [197], wissenschaftlichen Erhebungen (d. h. in Institutionen bzw. unter Beteiligung mehrerer voneinander unabhängiger Mitarbeiter), welche Traumata

---

195 Wobei ich einmal sogar von einer feixenden Journalistin sogar erpresst wurde: Sie hätte fürchterliche Aussagen von Borneman über mich, und wenn ich nicht replizieren würde, würde sie einfach schreiben, was ihr dazu einfalle ...

196 Ernest Borneman, Die Ur-Szene, S. 92.

197 Borneman führte immer wieder an, er leite seit einem Vierteljahrhundert das größte Forschungsprojekt und habe „mehr als 5000 Kinder über ihr Geschlechtsleben befragt. In Längsschnittuntersuchungen habe ich zwei Jahrzehnte lang rund 300 Jugendliche und Erwachsene beobachtet, die in ihrer Kindheit sexuelle Beziehungen zu Älteren gehabt hatten.“ (S. 122, in: Christian König (Hg.), Gestörte Sexualentwicklung s. Fußnote 185.) Volkmar Sigusch hingegen monierte, dass er nie irgendwelche Unterlagen der scientific community vorgelegt, dafür aber angebliche Aussagen aus anderen Büchern(z. B. Peter Rühmkorf, Über das Volksvermögen (1967). Rowohlt Taschenbuch, Reinbek bei Hamburg 1969 übernommen hatte.

seine Thesen zur „Befreiung des Kindes“ angerichtet hatten. (In diesem Zusammenhang: In der Reihe der Borneman-Verteidiger findet sich auch ein Text von Peter Pantucek (*1953, heute mit Doppelnamen Pantucek-Eisenbacher Gründungsrektor der Berta v. Suttner- Privatuniversität in St. Pölten), in dem sich der damals „nur“ Diplomsozialarbeiter, heute Dr. der Soziologie – nicht sehr respektvoll um nicht zu sagen höhnisch – Zitat: „... die zur Schau gestellte ‚Betroffenheit‘ und die gezielte Verwendung des Leidens der eigenen KlientInnen zur Beförderung des gesellschaftlichen Aufstiegs der Therapeuten“ – mit dem Begriff Betroffenheit und dem Berufsbild von Therapeut:innen auseinandersetzt, wobei er den Gründer der extramuralen psychiatrischen Versorgung in Wien und damit ersten Leiter des PSD, Stephan Rudas (1944-2010, Name permanent falsch geschrieben) und mich (mehrfach beruflich ausgebildete[198] Gründerin etlicher psychosozialer Beratungseinrichtungen, vom Familienministerium auch als Sozialarbeiterin im Sinne des FamBFG anerkannt, und anleitende/ supervidierende Vorgesetzte von Diplomsozialarbeitern) als „Allerweltsexperten“ herabwürdigte).[199]

Ich vermutete, dass mich der alte Mann mit seiner Wiener Freundin verwechselte (oder verwechseln wollte), die ihn irgendwann zu stalken begann, als er sich von ihr trennte (erzählte mir Bornemans Ehefrau mit „und die hat den gleichen Vornamen wie ich!“, ich wusste und weiß den Nachnamen auch und wie sie aussah, Borneman stellte sie uns ÖGSlern einmal bei einem seiner Vorträge vor).

---

[198] Auch wurde (und wird) mir häufig vorgeworfen, dass ich auf meine Mehrberuflichkeit hinweise – wie wenn ich mich damit „überheben“ wollte! Tatsächlich will ich nicht von „Naturwissenschaftern“ zum unwissenschaftlichen „Psycho“ herabgemindert werden – wie z. B. 2000 bei der Podiumsdiskussion im Rahmen der Festveranstaltung 20 Jahre Club Niederösterreich von Ronald Barazon (*1944), damals noch Chefredakteur der Salzburger Nachrichten – in der Landeshauptmann Erwin Pröll, den ich damals noch gar nicht persönlich kannte, aus der ersten Publikums-Reihe meine nationalökonomische Sichtweise verteidigte, er hatte nämlich den Sinn meiner Ausführungen mitgedacht. Am 12. 9. 2018 versuchte sich der Vorarlberger Schriftsteller Michael Köhlmeier in der TV-Sendung „Stöckl“ ähnlich mit der Moderatorin – „Wir sind ja beide Naturwissenschaftler“ – gegen mich „Psycho“ zu verbünden, aber leider half mir die Moderatorin damals nicht, sondern verhinderte meine Selbstverteidigung. Gerhard Jelinek, damals der Sendungsverantwortliche im ORF, sagt dann nach der Aufzeichnung zu mir, Barbara wäre eben sehr harmonie-orientiert – und ich replizierte, wenn ich ein Mann wäre, würde man mich wohl als „Universalgelehrten“ bezeichnen und nicht auf nur einen meiner zwölf ordentlich gelernten Berufe reduzieren.

[199] Peter Pantucek, Borneman kontra Perner – Ein Beitrag zum Gemetzel. „Therapeutische“ Performance am Markt der Alltagsideologien. In: Wolkenbruch 2/ 91, S. 20 f.

Dazu noch eine Anekdote: Als ich einmal in Telfs in Tirol einen Vortrag hielt, sprach mich ein Mann vertraulich mit Du an und behauptete auf meine Frage, woher wir einander kennen sollten, wir wären doch einmal ein Paar gewesen ... da ich aber einen exakten Überblick über meine Verflossenen hatte, widersprach ich heftig. Darauf präzisierte er, wir wären doch im Herbst 1972 mitsammen auf der Pack Schi fahren gewesen ... und da habe ich ihm gesagt, dass ich am 31. Oktober 1972 meinen ersten Sohn geboren habe – das hat ihn dann überzeugt. (Aber auch als ich an der Universität Salzburg unterrichtete, hat man mich im Sekretariat angesprochen, dass ich doch an dieser Uni studiert hätte – habe ich aber nicht, also scheint es im Westen einen Namenszwilling zu geben, denn jemand anderer hat gemeint, ich hätte mal in Linz Theater gespielt ...)

Also wenn diese (vermutlich jüngere) Doppelgängerin von diesen Zeilen erfährt, würde ich gerne mit ihr in Kontakt treten.

Ich selbst hatte Borneman bei einer SPÖ-Bildungsveranstaltung in Lindabrunn kennen gelernt, hatte nach deren Ende noch lange auf seinem Zimmer mit ihm diskutiert (worauf die Genoss:innen sofort ihre sexuelle Phantasien zelebrierten, zu Unrecht, denn ich hatte damals die Regel – sonst wäre ich bei meinen Gewalterfahrungen nie zu ihm aufs Zimmer gegangen) und bedrängt, seiner ÖGS (Österreichische Gesellschaft für Sexualforschung, die er gegründet hatte um seiner Publizistik wie auch Reisetätigkeit einen institutionellen und finanziellen Rahmen zu geben) beizutreten; später hatte ich ihn bei seinen Wienaufenthalten besucht, einmal in einem Studentenheim, wo er referierte und mich danach sehr umgarnte, viel später zweimal in zwei verschiedenen Pensionen, in denen er nächtigte und einmal in der Wohnung eines Freundes von mir, weil er wegen der Brisanz der Themen, die wir zu besprechen hatten, nicht in Cafehäuser gehen wollte (oder zu sparsam war, er jammerte immer, dass er kein regelmäßiges Einkommen habe – was ich heute gut verstehen kann, nur finanziere ich Mitarbeiter:innen, er nur sich selbst). Dazwischen lagen immer Monate! Und: Ich hatte seine Bitten um Treffen sicherheitshalber immer nur dann angenommen, wenn ich zu diesen Zeitpunkten die Regel hatte[200] – denn ja, er hatte sich sehr

---

200 Insofern hat Borneman im BASTA-Interview auf die Frage nach dem Ende der angeblichen „Beziehung" mit „aus hygienischen Gründen" ausnahmsweise die Wahrheit gesagt.

drängend um mich bemüht, aber nicht aus Liebe oder Verliebtheit, wie er nun in Interviews behauptete (und auch in einem späteren Jammerbrief an mich, den ich sicherheitshalber aufgehoben habe), sondern um Abhängigkeit[201] zu schaffen, weil er durch mich Zugang zu SPÖ-Politiker:innen und Fördergeldern (und später berufliche Starthilfe für seinen Sohn) erhoffte. Aber ich war nicht so einflussreich, wie er phantasierte.

In meiner Verzweiflung über die medialen Dauer-Angriffe Bornemans wandte ich mich auf der Suche nach einer kompetenten Helferperson an Kurt Bergmann (1935-2016), den ehemaligen Hauptabteilungsleiter für Öffentlichkeitsarbeit des ORF, der vor kurzem aus dem Nationalrat ausgeschieden und als Generalsekretär wieder in der ORF zurückgekehrt war. Ich kannte ihn flüchtig aus vergangenen Wahlkämpfen, weil er sein Mandat aus dem Wahlkreis bezog, zu dem auch Favoriten gehörte, und außerdem mein Ehemann früher im Aufsichtsrat der Kabel-TV saß, der von Bergmanns zweiter Ehefrau Alfreda Fiala geleitet wurde, und da hatte es gesellschaftliche Begegnungen gegeben. Ich weiß noch, dass ich beim Schildern meiner Angst vor den etablierten Medien, für die der deutsch-amerikanische Medienstar Borneman logischerweise anderes Ansehen genoss als ich zur Sexualtherapeutin[202] „verkleinerte" (tiefenpsychologisch: „kastrierte") Psychoanalytikerin, die Metapher erfand: „So wie man einer Tänzerin nicht in die Beine hacken darf sonst kann sie ihren Beruf nicht ausüben, darf man auch einer Psychotherapeutin nicht auf der Seele herumtrampeln."

Und dann sagte Kurt Bergmann den genialen Satz „Die Zeitung von heute ist das Klopapier von morgen!" und ich solle mich nicht kränken lassen – gegen Phantasien sei man machtlos. Es sei schade um jegliche Energie, diese zu bekämpfen, und gegen Unterstellungen, deren Unwahrheit man nicht oder nur schwer beweisen könne, helfe

---

201 Mit dem Thema gezielt Abhängigkeit zu schaffen durch sexuelle Bindungen hat sich Harald Picker in seinem Beitrag „Missbrauchsbeziehungen – Suche nach Bindung und Verwandtschaft" in Gerda Mehta/ Klaus Rückert (Hg.), Bindungen. Brüche. Übergänge. Beziehungen und ihre Veränderungen in unterschiedlichen Lebensphasen", Falter Verlag, Wien 2002, beschäftigt.

202 Eine Medienbezeichnung, die es tatsächlich nicht gibt – da stimme ich mit Volkmar Sigusch überein: es gibt nur „Psychotherapie sexueller Störungen", und Methoden, die sich jeweils mehr oder weniger gut eignen. (Volkmar Sigusch, Die Behandlung sexueller Störungen. In: Volkmar Sigusch (Hg.), Therapie sexueller Störungen, Georg Thieme Verlag, Stuttgart 1975, S. 7 ff.

vor allem zu beweisen, dass man nicht so sei wie die Feinde behaupten, daher solle ich „Steherqualitäten" beweisen. Das schaffe Anerkennung und Respekt. Also Standfestigkeit.

Psychisch entlastet hat mich auch, dass Peter Huemer, der Erfinder des legendären Club II, mir später sagte, Borneman habe sich mit mir bewusst einen Popanz geschaffen, auf den er hinhauen konnte um sich in den Medien breiten Raum zu sichern. Das ist heute zu gängiger Öffentlichkeitsarbeit verkommen.

Als 1997 eine langjährige Freundin Bornemans eine gleichartige soziale Mobbing-Kampagne gegen mich startete, weil sie mir unterstellte, ich hätte einen Negativartikel gegen sie initiiert, war ich daher schon **resilienter** und nahm sofort mit dem damaligen Vorsitzenden des ÖBVP (Österreichischer Berufsverband der Psychotherapeut:innen), Alfred Pritz (*1952), heute Rektor der Sigmund Freud Privatuniversität, Kontakt auf und bat ihn um mediatorische Vermittlung – doch er war damit nicht erfolgreich. Auch der Ehemann der Kollegin, der damals bei mir die Ausbildung zum Lebens- und Sozialberater mit Spezialisierung auf Fragen der Sexualität und Gewaltprävention absolvierte, seufzte nur und bedauerte, seine Frau sei „unversöhnlich". Ich wandte mich daraufhin an Freda Meissner-Blau – die ich noch aus der Zeit kannte, als wir beide für Johanna Dohnal Frauen-Seminare „Selbstbewusstsein kann man lernen" abgehalten hatten – und die Mitglied des Presserats war. Ich zeigte ihr den profil-Artikel, der die Kollegin so in Rage versetzt und motiviert hatte, ihren Freundeskreis zu Perner-Bashings à la Borneman in diversen Medien zu veranlassen, und wollte Selbstanzeige machen. Freda fand alles lächerlich und nicht der Rede wert, also unterließ ich es.

Jahre später berichtete mir ein Mitglied der profil-Redaktion, die Kollegin hätte sehr darauf gedrängt, einen positiven Artikel über ihre neu gegründetes Institut zu bekommen, und der wäre auch so konzipiert gewesen – aber dann hätte eine fesselnde Titelgeschichte gefehlt und da habe die Redaktion entschieden, den bereits verfassten Text zu „pointieren".

Als ich im Zuge dieses neuerlichen Feldzugs gegen mich als Person, von einer Kurier-Redakteurin angerufen wurde, ob ich die zitierten O-Töne – und nur die O-Töne! Alles andere war ja außer meiner

Macht gewesen[203] – wirklich gesagt hätte, sie hätte nämlich einen „offenen Brief" des damals von mir dem Kurier als Kolumnisten empfohlenen Kollegen, habe ich dies wahrheitsgemäß bejaht. (Was in dem „offenen Brief" stand, sagte sie mir nicht.) Seit meiner bereits früher erwähnten Schulerfahrung habe ich nämlich nie mehr gelogen (sondern ich formuliere stattdessen sehr bewusst – und manchmal – z. B. vor Gericht – lässt man mich leider einen Satz nicht zu Ende reden oder streicht die wesentliche Endaussage, aber dazu später noch mehr unter dem Kapitel Litigation).

In diesem „offenen Brief", den der Kurier samt Meuchelfoto von mir abdruckte, verstieg sich der Psychologe und Psychotherapeut (jenseits aller professionellen Berufsethik) zu der wahrheitswidrigen aber unwiderlegbaren Aussage, Borneman hätte gesagt, er habe mich verlassen, „weil sie stinkt"[204] – ganz im Sinne von Bornemans oben für sich selbst beklagten Verleumdungsstrategie s. Seite 197 mit Fußnote 196 – denn wie soll frau das Gegenteil beweisen? Durch Testimonials ihrer Verflossenen? Oder durch ein öffentliches „Smell in" am Stephansplatz?

Hätte sich irgendeine linguistisch kompetente Person – so wie ich es bis vor kurzem oft in meinen „Briefen gegen Gewalt" (alle nachzulesen auf www.haltgewalt.at) getan habe – unter Berücksichtigung gegenseitiger Verletztheit – die Mühe einer Sprachanalyse angetan, hätte er oder sie gemerkt, wie sehr ich mich um Korrektheit bemüht habe und wie sehr mich Borneman und sein Freundeskreis zu Nichts machen wollte.

Und ja, es war vielleicht ein Fehler von mir, mir kein entsprechendes „Netzwerk" aufzubauen. Ich bin aber keine Spinne, und auch keine bissige Wespe oder ein bunt flatternder Schmetterling – auch wenn mich manche so sehen wollen. Ich bin überhaupt nicht in diese Kategorien einordenbar, wenn man schon andere Lebewesen zum Vergleich heranziehen will. Ich bin „the cat that walkt by himself"[205] –

---

[203] Und genau deswegen verlange ich seitdem immer meine vorherige Freigabe, wenn ich Interviews gebe – aber wenn ich dann wiederum nur meine O-Töne zur allfälligen Korrektur bekomme, bin ich wieder machtlos und könnte nur mein ganzes Interview zurückziehen – was auch keine Garantie bietet, dass dann nicht doch etwas darauf jemand anderem in den Mund gelegt wird.

[204] Kurier, 15. 2. 1997, S, 22.

[205] Rudyard Kipling, The cat that walkt by himsef (Deutsch: Die Katze geht ihre eigenen Wege) In: Rudyard Kipling, Just so stories for little children, mit Illustrationen des Autors. Bernhard Tauchnitz, Leipzig o. A., S. 205 – 229. (Deutsch: Das kommt davon! Geschichten und Märchen, Illustrationen Walter Trier. Paul List Verlag, Leipzig 19296. – 8. Auflage, S. 65-82.

so bin ich erzogen worden, von meinen Eltern, im Knabengymnasium und auch in meinen Ausbildungen als Juristin, Nationalökonomin, Sozialtherapeutin und Erwachsenenpädagogin. Hirnlastig. Nur Leistung zählt. Anerkennung kommt dann von selbst – so hieß es. Ja, von denen, die davon profitieren – aber nicht von der Konkurrenz.

Es gab dann Jahre später noch eine weitere Nachahmungsaktion durch einen Borneman-Adlatus. Dieser Psychoanalytiker (!) hatte phantasiert, ich hätte gegen ihn als Referenten eines Symposiums interveniert (was nicht stimmte). Ich war nur von meinem obersten Vorgesetzten im ECESSR (European Center for Environment, Stress and Spa Research – ich war für die aufzubauende Abteilung Stress verantwortlich), der diesen Kollegen aus der ÖGS nicht kannte und lieber jemand Bekannten haben wollte, gefragt worden, ob mir kein anderer Referent einfiele, der zum politischen Umgang mit Straftätern etwas sagen könne, und da fiel mir spontan der langjährige Wiener Polizeipräsidenten Günther Bögl (1932-2020) ein. Wie es weiter ging weiß ich nicht, ich war mit der Planung nicht befasst, da ich sie an eine von mir ausgebildete ÖGS-Kollegin weitergeleitet hatte – aber vermutlich hatte der Geschäftsführer des ECSSR – der dann später wegen Malversationen gehen, und den ich auf Bezahlung meiner Honorare verklagen musste – irgendetwas Unwahres von sich gegeben; jedenfalls berief der Kollege eine Pressekonferenz gegen mich ein, von der aber, meiner Erinnerung nach, nur Täglich Alles und die SN berichteten. Winzigst. Es war keine „G'schicht". Eh nicht.

Als ich dann 1996 anlässlich des 2. Psychotherapie-Weltkongresses in Wien den (ohne Inanspruchnahme der dafür vorgesehenen Fördermittel – mir war das nach Vorsprache erklärte Prozedere zu zeitaufwändig) von mir verfassten Österreich-Teil der Internationalen Enzyklopädie der Sexualität als Buch editieren wollte und merkte, dass das ein sehr schmales Bändchen würde, dachte ich an, das Buch[206] mit Interviews der Personen bereichern, die ich für dieses Thema als kompetenteste Zeitzeugen erachtete, darunter auch den Innsbrucker Sexualmediziner Kurt Loewit (*1934); der war für den „linksrevolutionär" auftretenden Borneman immer der „rechtskonservative" Kooperationspartner, wenn er etwas von der katholischen Kirche brauchte. Ich kannte ihn von ein, zwei Sitzungen. Als ich ihn mit der diesbezüglichen

206 Rotraud A. Perner (Hg.), Sexualität in Österreich – Eine Inventur. aaptos Verlag, Wien 1996.

Bitte anrief, lehnte er zuerst ab, weil ich so eine feindselige Person sei ... und dann fragte ich ihn, ob das sein persönlicher Eindruck von mir sei – oder Ergebnis dessen, was Konkurrent:innen oder sensationsheischende Journalist:innen über mich medial platzierten. Da dachte er kurz nach, und dann bekam ich sein Interview.

Ich verstand das alles nicht, denn es gab aus meiner – bei Konflikten primär juristischen – Sicht keinerlei ursächliche Zusammenhänge, wofür ich Verantwortung hätte übernehmen müssen. Auch mein Supervisor fand keine. Und da mich niemand persönlich angesprochen hatte, so dass ich ihn oder sie fühlen und mich einfühlen hätte können, fehlten die wesentlichen Wahrnehmungsbereiche um sich etwas bewusst zu machen. Wie so oft war ich naiv vertrauensvoll – und vermutlich habe ich deswegen auch unbewusst meine zwei „aufdeckenden" Hauptberufe gewählt (Jus und Psychoanalyse). Im Zuge meiner personzentrierten Ausbildung sagte mir der Gastausbildner Reverend Douglas Land allerdings bereits 1986 im Rahmen des La Jolla-Programms in Großrußbach, ihm falle auf, wie sehr ich mich um (mein) Gleichgewicht bemühe. Dass es dabei auch um das Balancieren von bewusstem Vertrauen (Naivität) und bewussten Misstrauen (Gewaltprävention) gehen könnte, fiel mir erst auf, als ich meine „Ganzheit" entdeckte, und die dazu fehlenden Bewusstseinsbausteine habe ich in meiner Focusing-Ausbildung bei Agnes Wild-Missong (1931-2022) wiedergefunden und in mein So-Sein integriert. Die in der Schweiz lebende und lehrende Wienerin hatte nämlich die Focusing-Methode des in die USA emigrierten Wieners Eugene Gendlin (geb. Eugen Gendelin 1926-2017) mit der Bewusstseinsquadrinität von C. G. Jung (1875-1961) ergänzt.

> ***Exkurs:*** *C. G. Jung unterscheidet die bewussten Denkformen nicht nur als kognitive (intellektuelle) und im Gegensatz dazu emotional, sondern ergänzt sie mit körperlichen Empfindungen und intuitiven Ahnungen. Die so zu erzielende Ganzheit liegt auch der Wild-Missong-schen Focusing-Methode zugrunde.*

Die Sex-Skandale rissen aber auch in Folge nicht ab. Nach dem ersten in der Übungsschule, dem zweiten im Studentenheim und dem dritten durch Bornemans Sex-Phantasien (auf den Wolfgang Höllrigls Kalauer s. S. 150 tatsächlich gepasst hätte) folgte der vierte, allerdings mit existenzgefährdenden Folgen, im Zuge der Aktion Landslide des Innenministeriums 2002[207].

Dazwischen musste ich wieder als Beschuldigte vor Gericht, diesmal von einer Mutter, die ihre sechs Monate alte Tochter in Kontakt mit den Genitalien fremder Männer fotografiert, und die Bilder in einem Fitness-Studio zum Verkauf angeboten hatte. Ich war vom Familienministerium um Begutachtung gebeten worden, diagnostizierte an Hand bestimmter Merkmale „Dokumentation sexueller Übergriffe" und gab Fotokopien der Bilder ans Jugendamt weiter – das dann auch einschritt. Der Vater, der sich ans Familienministerium gewandt hatte, wandte sich auch an Medien, und Täglich Alles berichtete[208]. Die Mutter klagte mich auf einen hohen Geldbetrag, weil ich ihr Copyright verletzt hätte – die Bilder seien Kunstwerke, mit denen sie „Jugend und Alter" darstellen wollte. Mag sein. Meine Anwältin vereinbarte damals – ohne meine Zustimmung! – „ewiges Ruhen". Ich hätte lieber ein Urteil gehabt. Als ich am einige Zeit später als Expertin an einer parlamentarischen Enquete des Justizministers Nikolaus Michalek (*1940) teilnahm, konfrontierte ich diesen mit der Frage, seit wann das Zivilrecht stärker sei als das Strafrecht und ließ meine Fotokopien (die ich im Sexualberatungs-Unterricht verwende um zu zeigen, woran man erkennen kann, dass das Baby eindeutig gegen die Gewalt Widerstand leistet) unter den Abgeordneten reihum gehen. Der Minister schwieg.

Die Aktion Landslide

Bei der Aktion Landslide in der Nacht vom Montag, 15., auf Dienstag, 16. April 2002 ließ das Innenministerium in ganz Österreich konzertiert Hausdurchsuchungen bei Personen durchführen, deren Kreditkartennummern bei einem texanischen Versandhändler von pornographischen Darstellungen mit Kindern gefunden worden waren.[209] Darunter war auch die meines jüngeren Sohnes Robin. Wie ich Jahre später beim Mittagessen im Rahmen meines bisher letzten Seminars für das Innenministerium (nämlich zum neuen Stalking-

---

207 Ausführlich beschrieben in der Einleitung meines Buches „So a Hetz! Über Empörungsmeuten und die Lust am Menschenjagen" s. Fußnote 33.

208 „Eigenes Baby für Sexfotos missbraucht" In: Täglich Alles, 17. 2. 1993, S. 6 – 7.

209 Salzburger Nachrichten, 17. 4. 2002, S. 4.

Paragraphen § 107 a) von einem der damaligen Ermittler erfuhr, war Robins VISA-Kennzahl offenbar anlässlich der Buchung eines Mietwagens bei seinem USA-Aufenthalt von jemand anderem missbraucht worden; Robin konnte aber bereits bei seiner ersten Vernehmung seine Protestkorrespondenz gegen die ungerechtfertigten Abbuchungen nachweisen, daher wurde die Anzeige gegen ihn bereits 14. August 2002 von Amts wegen zurückgelegt. Davon erfuhr die Öffentlichkeit aber nichts.

Was die Öffentlichkeit – am Mittwoch – erfuhr war, dass „der Sohn einer bekannten Psychologin“ unter den Verdächtigen (von denen sich einer kurz darauf umbrachte) sei, und „Er soll den PC seiner Mutter benutzt haben, der Computer mit gespeicherten Gesprächsprotokollen namhafter Persönlichkeiten (etwa aus der Politik) wurde beschlagnahmt.“[210] Skandal! Skandal! Diese behauptete Benützung war eine Unwahrheit – aber sofort stürzten sich die Medien auf mich[211], denn der Polizeijurist Roland Horngacher[212] hatte den Namen eines meiner Söhne den Journalisten nebst den Namen von anderen prominenten Verdächtigen (ohne „Unschuldsvermutung“) weitergegeben – und diese stürzten sich auf mich, eine unbeteiligten Person. Dazu die Fakten: Ich hatte am Montag einen Vortrag in Graz und mein nunmehr beschuldigter Sohn Robin hatte mich chauffiert, war also nach Mitternacht in seine damalige Wohnstätte, einem Kabinett in meiner ehemaligen Ehewohnung in der Laxenburger Straße (in der sich dazumal mein aaptos Verlag befand und in der ich meine Lebensberater-Ausbildungen durchführte) zurückgekehrt; die Polizei traf bei ihm um ca. 5 h früh ein, nachdem sie zuerst vergebens bei meinem anderen Sohn, Roman, sowie in einem Studentenheim, in dem Robin kurzfristig gewohnt hatte, gesucht hatten – was wiederum beweist, dass man sich juristisch korrekt abmelden soll, wenn man irgendwo auszieht!

Diesen anderen Sohn nahmen die Polizisten gleich mit – er hätte ja seinen Bruder warnen können. Ich erfuhr also erst am Dienstag um 8 h von Roman von den Vorkommnissen der Nacht (und auch, dass sich die Polizisten vorbildlich korrekt verhalten hätten).

Mein erster Schock war, dass die Polizisten meinen alten Computer mitgenommen hatten, den ich kurioserweise erst Tags zuvor – am

[210] Kurier, 17. 4. 2002, S. 9 (Text von Oliver Jaindl).

[211] Siehe ausführlich auch in: Rotraud A. Perner, „So a Hetz!“ s. Fußnote 33, S. 8 f.

[212] „Urteil gegen Horngacher bestätigt“ unter: https://wiev1.orf.at/ stories/312567/ (abgerufen am 18. 1. 2024).

Montag! – in den Verlag gebracht hatte, weil ich einen neuen gekauft hatte, dort aber gar keinen Internet-Anschluss hatte, weil ich ihn nur als Schreibmaschine benutzen wollte. Ich war in Panik, da in diesem Rechner ja unter anderem auch Teile von Korrespondenzen beinhaltet waren, die meiner Schweigepflicht unterlagen. (Was ich nicht wusste, war, dass Roman sicherheitshalber vor der Überstellung allen Inhalt gelöscht und auf den neuen Rechner übertragen hatte.) Da ich an diesem Dienstag um 9 h ein Seminar für die Verwaltungsakademie der Stadt Wien abzuhalten (mein letztes! Danach wurde ich nicht mehr gebucht!) und daher kaum mehr Zeit frei hatte, kontaktierte ich daher den mir aus der SPÖ bekannten Franz Schnabl (*1958, damals Generalinspektor für die Sicherheitswache) und wies darauf hin, dass der Inhalt meines Computers nur in meinem Beisein gesichtet werden dürfe. (Wie ich später erfuhr, hätten auch meine Verlags- bzw. Redaktionsräume nicht durchsucht werden dürfen, denn damals gab ich als Vorsitzende der ÖGS noch das Magazin SEXUS heraus – sondern nur Robins Zimmer. Beschlagnahmt wurden dabei auch meine Originalbänder von Bernhard Frankfurters Sendungen aus dem Projekt „Bürger machen Programm". Sie befinden sich seit der Rückgabe aller beschlagnahmten Videos in den seither nicht geöffneten und noch immer polizeiversiegelten Schachteln auf meinem Dachboden. Den auf meinen neuen Computer überspielten Inhalt meines alten Computers ließ ich am 30. April 2002 von meiner Webmistress unter Beiziehung von zwei unabhängigen Zeuginnen und meiner damaligen Sekretärin notariell sichern – und in dieser Kanzlei befindet sich diese Festplatte sicherheitshalber noch immer und das kostet mich jährlich € 300,- Aufbewahrungs-Gebühr.)

Wie ich erst später erfuhr, wurde mein „Protest" an Roland Horngacher weitergegeben.

Gleichzeitig mit Wien wurde auch mein Seminarzentrum in der Steiermark durchsucht, nachdem der lokale Gendarm – der Bruder des mit meinem Ehemann verfeindeten Vis-à-vis-Nachbars (daher „völlig unbefangen") – über ein von ihnen eingeschlagenes Kellerfenster (dessen Reparatur mir nie ersetzt wurde!) ins Haus eingestiegen war – nehme ich an, denn niemand von uns war dabei und auch keine Vertrauensperson, und niemand hat mich gefragt, welches Zimmer das Robin zugeordnete wäre (obwohl meine Telefonnummern außer über die regionalen Telefonbücher auch übers Innenministerium leicht eruierbar gewesen wären – ich war ja Langzeit-Dozentin an dessen Sicherheitsakademie). Ich unterstelle Neu-Gier, Skandallüsternheit und bewusst ignorierte Grenzüberschreitungen – denn es wurde auch mein Kleiderkasten samt den Fächern mit Damenunterwäsche durchwühlt, mein Therapiezimmer, mein Seminarraum ... Ein paar Trivialpornos fanden sie nur im Zimmer meines Ehemannes – aber das war für mich relativ unbedeutsam. Sein Spiel.

Was für mich bedeutsam war zum ersten die Verletzungen meiner Privatsphäre an beiden „vermuteten" Tatorten. Hätte man mich angerufen, hätte ich selbstverständlich, weil selbstbestimmt (!) die Erlaubnis zum Kontrollieren aller Räume geben. Diese Verletzung meines Raums der Sicherheit war viel ärger, als die bei den vorherigen (insgesamt vier) Wohnungseinbrüchen, wobei ich nur beim ersten Hochstress hatte – danach war ich „abgebrüht" (was nicht gesund ist!, dadurch wird die seelische Fühlfunktion geschädigt), aber jetzt wieder total verletzt. Allerdings wusste ich – als diejenige, auf deren Forschungen die Initiative zur Strafbarkeit des Besitzes von sexualisierten Gewaltdarstellungen mit Unmündigen (§ 107a StGB) zurückging[213], dass pflichtbewusste Polizeibeamte auch alle Räume fotografieren müssen, um zu überprüfen, ob sich dabei Hintergründe von anderen bereits bekannten Videos etc. ausmachen ließen. Ich hätte diese Arbeit keinesfalls behindert. Dass daraus aber ein Trigger entstand, dass ich die Räume nicht mehr betreten wollte, ahnte ich nicht.

Man hatte mir völlig Unverdächtiger unnötigerweise die Möglichkeit der Selbstbestimmung genommen – also wieder Gewalt zugefügt – und auf Grund welcher Phantasien will ich gar nicht andenken, so beschämend wäre dies...

Als zweite Herausforderung musste ich – selbst in einem Ausnahmezustand – bei meinem Sohn Robin Krisenintervention leisten, der (damals 28 Jahre alt, von erlerntem Beruf Diplomsportlehrer spezialisiert auf Wildwasser- und Behindertensport – der Comic-Detektiv Nick Knatterton[214] hätte „Kombiniere!" gedacht, „schleicht sich an behinderte Jugendliche heran...", mit Praktika in Jugendeinrichtungen, und wieder hätte Nick Knatterton „kombiniert" ... aber außerhalb der Saison als Kamera-Assistent arbeitet – und wieder hätte Nick Knatterton „kombiniert"...) von seinen Kamera-Kollegen, die alle Pornos zu

[213] Vgl. Rotraud A. Perner, „So a Hetz!", s. o., S. 7.

[214] Nick Knatterton war eine von Manfred Schmidt (1913s1999) gezeichnete Comic-Figur der 1950er Jahre in deutschen Illustrierten, ein Detektiv mit scharf ausladendem Kinn und Pfeife im Mund in einem karierten Knickerbocker-Anzug, dessen Gedankengänge in Sprechblasen mit „Kombiniere!" verdeutlicht wurden.

drehen als besonders schwierige filmische Aufgabe sahen, unsensibel „geneckt“ wurde. Ich weiß noch, wie ich meinen Sohn im Stehen in den Armen hielt und wir beide uns frei weinten – und ich dann den besten Menschenrechtsanwalt für solche Causen und meinen Stellvertreter als Vorsitzenden der ÖGS, Helmut Graupner anrief und er mich quasi wie Lohengrin für Elsa psychisch entlastete. Außerdem gab er mir die Information (und eine Fotokopie für mein Archiv), dass ich wie alle Forschenden in der ÖGS[215] laut einem Brief vom 25. August 1994 von Staatsanwalt Fritz Zeder vom Justizministerium derartige Produkte bei „rechtmäßiger Berufsausübung“, die „der Wissenschaft, der Erfüllung einer Berufspflicht oder sonst einem anerkannten Zweck“ und in diesem Sinne auch als Dokumentationsmaterial dienten, hatte besitzen dürfen.

Apropos „geneckt“: In diesem Zustand der Vulnerabilität wurde ich von der damaligen Kinder- und Jugendanwältin des Bundes, Henriette Naber (1976-2023), bei meiner Ankunft zur Enquete „Jugend und Gewalt“ im Bundeskanzleramt am 13. Mai 2002 zusätzlich seelisch brutal attackiert, indem sie mich für alle Umstehenden laut vernehmlich mit „Was – Du traust Dich noch unter die Leut‘?“ begrüßte.[216]

Die dritte Herausforderung bestand darin, dass ich – abgesehen von meinen treu gebliebenen zufriedenen Klient:innen – neuerlich fast alle meine regelmäßigen Aufträge verlor, nur jetzt österreichweit. Besonders leid tat mir, dass ich ab da nie mehr vom Kulturverein Goldegg eingeladen wurde (obwohl ich regelmäßig Bücher zu genau den Themen veröffentlichte, die dort behandelt wurden). Meine Mails blieben unbeantwortet.

Der einzige „nachhaltige“ Lichtblick in dieser Zeit kam vom Chefredakteur der Wiener Zeitung, Peter Bochskanl (*1940), der mir für jeden Montag eine themenfreie Kolumne „Perners Notizen“ anvertraute.

Am 18. Jänner 2007 konnte ich dann gemeinsam mit meinem Sohn Roman den nunmehr Ex-Innenminister Ernst Strasser (*1956) im Café Tirolerhof treffen und ihm meine Beschwerde über die inkorrekten Verhaltensweisen (Durchsuchung von Redaktionsräumen, psychothe-

---

[215] Daher galt dies auch für meine von mir als Lebens- und Sozialberater mit Spezialisierung auf Fragen der Sexualität und Gewaltprävention ausgebildeten Söhne (und später auch meine Stieftochter) als Mitarbeiter in meinem Firmenverbund (und Verlag) sowie damals noch als ÖGS-Mitglieder. Aber das wusste ich noch nicht.

[216] „So a Hetz“., S. 8 f.

rapeutischen Praxen ohne Anwesenheit von Berufskollegen, Durchsuchung von Privaträumen unbeteiligter Familienangehöriger) vortragen. Entschuldigt hat er sich nicht – aber fast: Er bat uns um Verständnis, dass ein Minister immer schützend vor seinen Beamten stehen müsse. (Diese Ansicht teile ich allerdings nicht: Was nicht in Ordnung ist, muss auch so genannt werden – auch wenn es Entschuldigungsgründe dafür geben sollte. Man muss immer das gesamte Konfliktfeld sichtbar machen, anstatt sich auf nur *eine* Seite zu schlagen – denn sonst wird Krieg daraus und man übersieht die Verbesserungsmöglichkeiten.)

Dennoch gab es – abgesehen von meinen erfolglosen Versuchen, vor Gericht Gerechtigkeit für die Verletzung *meiner* Privatsphäre zu erhalten – später noch einmal ein Nachspiel: Die FPÖ hatte am 15. 11. 2011 unter dem Titel „Helige[217] als Prüferin ist eine Verhöhnung der Opfer", nämlich als Vorsitzende einer Kommission zur Klärung der Vorwürfe über Missstände in Wiener Kinderheimen, unter Zitierung wiederum meines Namens, aber auch des von Udo Jesionek, dem engagierten langjährigen Präsidenten des Jugendgerichtshofs, „die Behauptung verbreitet, dass Roman Perner im Jahr 2002 einer der 275 verdächtigen österreichischen „Forscher" gewesen sei, der sich mittels Kreditkarte Zugang zu einer Homepage verschafft und sich dort mit Kinderporno-Material eingedeckt und dieses auch getauscht habe.", und wurde außer einem Bußgeld zur Veröffentlichung verurteilt: „Diese Behauptung ist unwahr. Gegen Roman Perner wurden niemals strafrechtliche Ermittlungen in Verbindung mit Kinderpornographie geführt und hat sich dieser niemals mit Kinderporno-Material eingedeckt und dieses getauscht." (Text der von Gericht verfügten Gegendarstellung nach § 13 Abs. 3 Mediengesetz u. a. auch als OTS, 12. 2. 2012)

Zuflucht in der echten Heimat suchen

2002 „überflutete" mich also wieder einmal ein neuerlicher „ungeklärter" Medienstrom (d. h. auf „Kläranlagen" wurde verzichtet, der „Schmutz" diente der herbeigeschriebenen Sensation) – gleichzeitig überschwemmte kurz darauf in diesem Jahr das große Hochwasser Niederösterreich. Da ich ohnedies einen Besuch bei der zweiten Ehe-

[217] Richterin Dr. Barbara Helige (*1958), Präsidentin der Österreichischen Liga für Menschenrechte.

frau des verstorbenen Mannes der Tante, in deren Haus ich geboren wurde, geplant hatte, fuhr ich in Begleitung meines Onkels Karl Wöginger, Direktor des Realgymnasiums in der Rosasgasse in Meidling und Vater meiner Cousine Sophie Lauringer, nachschauen, wie die Hochwasserlage rund um mein Geburtshaus wäre[218]. Diese angeheiratete Tante, die mich sehr gerne mochte, erzählte mir nun, dass sie in ein Pflegeheim übersiedeln wolle und da kam ich auf die Idee, mein Geburtshaus zu kaufen und für meine Berufszwecke zu adaptieren (vor allem auch, um meine über 20.000 Bücher Bibliothek aus der Steiermark näher bei Wien zu wissen, aber auch, weil ich es dort seit der Hausdurchsuchung nicht mehr aushielt – ich spürte die feindselige Fremdenergie). Mir unbekannte Nichten dieser Tante aus Tirol schrieben mir nach Kenntnis meines Angebots einen bitterbösen Brief, indem sie mir unterstellten, ich würde erbschleichen – wieder einmal eine Projektion des eigenen Balkens im Auge! – und erdreisteten sich, mir den Umgang mit meiner Tante zu verbieten. Dabei hatte ich Zeugen, dass ich wirklich zahlen wollte, damit sich die Tante wunschgemäß in ein Pensionistenheim einkaufen könnte. Aber Roman gefiel das Haus nicht – es war ihm zu klein und die Donau zu nahe.

Da ich weder Lust noch Zeit hatte, mich mit solch primitiven Projektionen auseinanderzusetzen, bat ich einen damals zufälligerweise vorübergehend arbeitslosen Ex-Klienten, einen Architekten, mit Roman und meinem Auto die von mir aus dem Internet herausgesuchten potenziellen alternativen Objekte zu besichtigen: aufgelassene Cafés, Postämter, Bahnhöfe, Kaufhäuser, eine Tischlerei war auch dabei, und Bauernhöfe. Und so fuhren die beiden als Immobilien-Scouts im regionalen Karree ober der Donau nach Osten bis Staatsgrenze zur Slowakei, nach Norden bis Mistelbach plus der halbwegs guten Erreichbarkeit rundum, bis Tulln – mit der Voraussetzung: genug Raum für Bücher und um Seminare abzuhalten und eine dafür passende Infrastruktur. Aber immer wieder winkte der Architekt ab: zu nass, zu brüchig, zu renovierungsbedürftig. Dann bekamen wir von einer Maklerin den Tipp, in Matzen würde in Bälde ein Gasthaus zwangsversteigert – und das passte ideal. Ich übernahm die Schulden der Wirtin und ich konnte mich endlich wieder „daheim" fühlen – im Geruch meiner Kindheit.

---

218 Außerdem hatte ich von meiner Großmutter einen kleinen Biedermeier-Fauteuil geerbt und Sophie zur Hochzeit geschenkt. Von dem sollte bei jedem der Geschwister meiner Großmutter ein weiteres Exemplar existieren – Sophie hatte also nunmehr zwei, und ich hoffte, in Orth ein drittes zu entdecken. Es war aber keines (mehr) da.

Gleichzeitig ereignete sich etwas Unvorhergesehenes: Der Medizinhistoriker der Universität Wien (und Bürgermeister von Spillern im Weinviertel) Karl Sablik feierte seinen 60 Geburtstag und lud mich zur Feier ins Landhaus in St. Pölten ein. Als einer der vier leitenden Beamten der Niederösterreichischen Landesakademie war er der für Soziales und Gesundheit Zuständige und kooperierte mit der Wiener Internationalen Akademie für Ganzheitsmedizin (GaMed), die von Univ. Prof. Alois Stacher nach dessen Ausscheiden aus der Wiener Landesregierung zur Fortbildung von Ärzteschaft und anderen Angehörigen von Medizinberufen im komplementärmedizinischen Fächern gegründet worden war. Ich unterrichtete dort Sexuologie für Ärzt:innen und implementierte die von mir konzipierte Ausbildung von Lebens- und Sozialberater:innen mit Spezialisierung auf Fragen der Sexualität, Gewaltprävention, Gender und Diversity. Sablik hatte mich bei einem der GaMed-Symposien referieren gehört und lud mich in Folge ein, im neu gegründeten European Center for Environment, Stress and Spa Research (ECESSR) in Baden die Abteilung Stress aufzubauen. Zur Zeit seiner Geburtstagsfeier 2002 war das ECESSR allerdings bereits liquidiert, nur der Leiter der Abteilung Spa Research – damals als „Vertrauensarzt Dr. Ehrenberger“ in ATV „ordinierend“ – konnte seine Arbeit in St. Pölten weiterführen. Das wollte ich auch, hatte mich aber durch mein großes Projekt „Gewaltfreie Bundesländer“ (1998 und 1999 in der Steiermark, wo es auch eine halblustige Attacke auf mich gab[219], 1999 in Niederösterreich und Beginn im Burgenland, in dem es dann Landesrätin Verena Dunst übernahm) sowie die Wirren rund um die Aktion Landslide noch nicht darum kümmern können. Nun ergab sich der Ansatz einer Chance – denn Sablik hatte wie Landeshauptmann Erwin Pröll am 24. Dezember Geburtstag, daher war dieser bei der Feier anwesend und ich sprach ihn – den ich vorher in den 1990er Jahren nur zweimal im Publikum bei Vorträgen von mir gesehen und nie mit ihm gesprochen hatte, sehr vorsichtig mit meinem Wunsch an.

---

219 Im Zuge der Arbeit an der „Gewaltfreien Steiermark“ ließ ich von Erich Sokol (1933 – 2003), dem international hoch angesehenen Langzeit-Karikaturisten der Arbeiter Zeitung und aus dieser Zeit Kollege und Freund meines Ehemannes, ein Bild des steirischen Panthers (dem Landeswappen) „lächelnd“ kreieren und zog damit die Wut und Klagsdrohung des steirischen Verfassungsdienstes auf mich: Gewaltverzicht wurde mit Gewalt beantwortet! Nach dem Bericht darüber in der Kleinen Zeitung am 10. 2. 1999 bekam das Bild aber sehr viel Unterstützung aus der Bevölkerung und der lächelnde Panther durfte am Leben bleiben.

Pröll verwies mich auf seinen nebenstehenden damaligen Büroleiter Helmut Miernicki, ich bekam einen Termin im Landhaus und präsentierte dem Landeshauptmann in meiner Funktion als Leiterin meines 1984 gegründeten Instituts für Projektberatungen, Personal Training & Supervision (IPPS) mein nunmehr stärker auf Landesinteressen erweitertes Konzept – und es gefiel ihm, daher beauftragte er Miernicki, dafür zu sorgen, dass ich es im Rahmen (und unter Kontrolle) der Niederösterreichischen Landesakademie (NÖLAk) realisieren könnte.

Da ich nicht wollte, dass (wie meiner Erfahrung nach zu erwarten) mir feindlich gesinnte Gegner – ich war ja eine „Rote", er und die Seinen „Schwarze"– ihn über meine anhängigen Klagen (wegen der illegalen Durchsuchungen meiner Räume) informieren und mir Verheimlichung vorwerfen könnten, erzählte ich ihm alles gleich selbst, aber dies wischte er mit der Bemerkung weg, er habe mich zweimal auf Podien erlebt, er kenne mein Denken und meine Kompetenzen, das Land hätte niemand mit meiner Qualifikation, brauche aber so jemand wie mich, und im Übrigen könne ich mich ja in der NÖLAk beweisen. Und so war Sablik (auch ein „Roter") wieder mein „Chef" und ich konnte bis zur Auflassung der Landesakademie 2017 erstmals „gefördert" forschen. (Bisher hatte ich alle dies ohne Förderungen bewerkstelligt, worauf die Linzer Universitätsprofessorin Irene Dyk in ihrer Laudatio, als ich das Goldene Ehrenzeichen des Bundes verliehen bekam, anerkennend hinwies: erstens weil mir das How-to-do der Kenntnis der Förderlandschaft fehlte, zweitens weil mich bürokratische Kommunikationserfordernisse abschrecken, und drittens weil ich bei meinem üblichen 150%igen Arbeitspensum (ich übe ja alle meine 12 Berufe puzzleartig synchron aus[220]) diesen Zeitverlust nach Möglichkeit einspare.

Dieses Vertrauen des Landeshauptmanns und die Dankbarkeit dafür, dass meine Kompetenzen und Leistungen endlich anerkannt und wertgeschätzt wurden, waren auch mein Motiv, dessen politische Gespür im Landtagswahlkampf 2003 lobend zu bestätigen – mit der Folge, dass mich der damalige Wiener SPÖ-Parteisekretär, eine ehemaliger Feuerwehrmann und Bezirksrat des 21. Bezirks, den ich noch als auch Hausleiter im Verein Jugendzentren der Stadt Wien kannte, mit dem Parteiausschluss drohend anrief und fragte, was mir die ÖVP gezahlt hätte, damit ich sie unterstütze – wieder (s)eine Projektion!

---

220 Das gelingt deswegen, weil ich, seitdem ich im Sinne der Jung'schen Quadrinität „in Balance" bin, kaum mehr Energieverlust erfahre – außer ich muss Attacken, d. h. Fremdenergie abwehren (und deswegen werden sie ja auch zugefügt, nicht nur mir).

Sein Pech war, dass er mich im Auto erreicht hatte – und dieses, ein Audi Quattro, hatte vor mir dem Mariazeller Gemeindearzt gehört und hatte eine Freisprecheinrichtung, die man (ich) nicht abschalten konnte, und da ich nicht allein im Auto war, sondern mit zwei Medienarbeiter:innen, berichtete eine dieser Personen das Mitgehörte im Magazin Format – worauf der Parteisekretär seine Worte abstritt, Format aber zeugen- und wahrheitsgemäß das letzte Wort nutzte, dass es für sein Agieren Ohrenzeugen gäbe[221]. (Aus der SPÖ wurde ich nicht ausgeschlossen – sehr wohl aber vom BSA. Deswegen bin ich dem BSA in meiner neuen alten Heimat nicht mehr als Mitglied beigetreten, als man mich dazu eingeladen hat. Sehr wohl komme ich aber, wenn man mich als Referentin anspricht, wie es weniger fundamentalistische Genossen schon getan haben.)

Nach der ein halbes Jahr dauernden Übersiedlung meiner Habe aus dem steirischen Haus tauschte ich meine große Praxis im Haus Weihburggasse 14 (im zweiten Stock über der Bel Etage von „Baulöwen" Hans-Peter Haselsteiner und schräg auf der zweiten Stiege vis-à-vis einen Stock unter der Stadtwohnung des – nach mir dort eingezogenen – Doyen des Wiener Burgtheaters Michael Heltau auf der ersten Stiege, die ich beide gelegentlich im Stiegenhaus traf, ebenso wie Helga Papouschek oder Fabio Luisi, alle im dritten Stock) auf eine um ein Drittel kleinere im Nebenhaus Nr. 16 – und hatte erstmals einen Balkon!

Im Zuge dieser Monsterübersiedlung schied ich aus dem Vorstand der ÖGS aus – vor allem auch, weil mein Thema (sexuelle Gewalt gegen Kinder) dem Thema der neuen Mehrheit der Vorstandsmitglieder (Diskriminierung von LGTBIQ-Personen) weichen musste, und das war auch gut so, denn wenn ich auch bei meinem Thema Pionierin war und die Zweifel, Abwehr und Verhöhnungen hatte aushalten müssen, gab es in der Zwischenzeit sehr viele Vereine, die sich dem Kinderschutz-Thema angenommen hatten, und die machten ihre Arbeit sehr gut; außerdem konnte und wollte ich nicht mehr zu Abstimmungen nach Wien kommen – denn dann wäre ich in der Gesamtverantwortung „mitgefangen" gewesen – und Freiheit ist für mich ein sehr großer Wert.

Gleichzeitig legte ich meinen Lehrauftrag „Didaktik der Gewaltprävention" am Zentrum für die schulpraktische Ausbildung der Universität Wien (bei Friedrich Oswald, (*1938) und meine Listung als allgemein beeidete Gerichtssachverständige für Psychotherapie beim

221 Format vom 21. März sowie 28. März 2003.

Oberlandesgericht Wien zurück – und bereitete mich auf meinen Pensionsantritt 2004 vor: ich wollte primär forschen, Seminare abhalten und Bücher schreiben. Und die Aktion Landslide vergessen.

Aber das Thema Sexuelle Gewalt hinkte mir weiter nach.

Im August 2003 wurde ich beispielsweise von den besorgten Eltern ihres 15jährigen Sohnes kontaktiert, welche die „Initiationsriten" für die Nachwuchsfussballer in einem steirischen Sportklub bewertetet wissen wollten: **„Pastern"** lautete das Schlüsselwort und bedeutete, dass die Halbwüchsigen mit einem mit Schuhpaste bedeckten WC-Besen in der Aftergegend malträtiert wurden. Aus meiner Sicht kein Spaß sondern Gewalt – und ein Versuch, jemand hierarchisch auf einen untergeordneten Platz zu verweisen. Kaum war meine Stellungnahme (im Kurier vom 10. August 2003, S. 23) publiziert, bekam ich Drohanrufe – ein Beweis, dass echte Gewalttäter ihre Gewalttaktiken verstärken, wenn man – vor allem aber frau – Widerstand leistet. (Das leidige Thema dieser Brutal-Initiationsrituale ist leider noch immer nicht verschwunden. Am 22. 12. 2016 kritisierte ich dies neuerlich in einem meiner „Briefe gegen Gewalt" unter dem Titel „Sexuelle Übergriffe im Sport"[222], aber knapp ein Jahr später berichtete Der Standard am 2. 12. 2017 schon wieder von derartigen Misshandlungen[223], die Gratiszeitung HEUTE am 13. 9. 2021[224] und die Kleine Zeitung am 10. 1. 2023[225].

2004 ging Michael Chmela, der Obmann des Selbsthilfevereins „Omnibus" in Vorarlberg, in die Medien und beschuldigte einen aus dem Fernsehen bekannten Kaplan sexueller Übergriffe an Knaben[226]. Dabei zitierte er mich als Zeugin – und wieder stürzten sich die übli-

222 Sexfoto. (abgerufen am 23. 1. 2024)

223 https://www.der.standard.at/story/200006888794/sexuelle-uebergriffe-in-skigymnasium-da-wurde-eine-tube-eingeführt. (abgerufen am 23. 1. 2024)

224 https://www.heute.at/s/-mädchen-wurden-im-genitalbereich-gepastert—53551527. abgerufen am 23. 1. 2024)

225 https://www.kleinezeitung.at/kaernten/6236078/Pastern_Brutale-Aufnahmerituale-in-Vereinen-sollen-ein-Ende-finden#:-:text=Gemeint ist dem Vernehmen nach soll jetzt ein Ende haben. (Sic!) (abgerufen am 23. 1. 2024)

226 https://www.derstandard.at/1781388/war-als-kaplan-sehr-offen-und-zugänglich—-tv-kaplan-august-paterno-wehrt-sich-gegen-vorwuerfe-des-sexuellen-missbrauchs. (abgerufen am 23. 1. 2024)

chen Medien auf mich, die wahrheitsgemäß sagte, ich hatte zwar (bei meinen Ausbildungsseminaren in unterschiedlichen Vorarlberger Städten) in einer Supervisionsgruppe davon gehört, könne aber nichts Definitives dazu sagen – außer dass es wichtiger als Sensationshascherei wäre, den Betroffenen persönliche Aussprachen mit dem oder den Beschuldigten zu ermöglichen – und dazu brauche es einen vor der Öffentlichkeit geschützten Rahmen[227].

Berichte über diese Beschuldigungen gab es vor allem in den Landesstudios der ORF und immer wurde ich zitiert, wie wenn ich mit dem Öffentlichkeitsgang des Sozialhelfers irgendetwas zu tun gehabt hätte – gesprochen hat niemand mit mir. (Ich wusste aber aus meinen absolvierten Medienschulungen in der Gewerkschaft – ich war eine Zeit im Vorstand der KMfB – dass Journalisten sich eigene Interviews ersparen, wenn sie aus der Kollegenschaft oder aus dem Parlament zitieren können, und so werden Unwahrheiten fahrlässig weiter transportiert.) Ich habe dann bei einer mir bekannten Journalistin gegen ihren Bericht protestiert – und wurde von der viel jüngeren Frau, einer ehemaligen AHS-Lehrerin, brüsk zurückgewiesen. Und vom für die Religionssendungen im TV Zuständigen wurde ich bei einer unvorhergesehenen Begegnung am Gang auf dem Küniglberg schroff „verhört", wie ich etwas behaupten könne, wo ich nicht zugesehen hätte – und wieder musste ich mich gegen Formulierungen mir unbekannter Journalisten verteidigen, die auf Stille-Post-Art vermutlich unbewusst Legendenbildung betrieben hatten.

Da ich den Zeitdruck kannte, unter dem Journalisten gerade über Nachrichtendienste hereingekommene Meldungen für Druck- oder Sendetermine aufbereiten müssen (was sich zwischenzeitlich noch enorm beschleunigt hat), haben mich diese Fehler wenig gestresst – mein Gewissen war ja rein. Auch die immer wiederkehrenden Verhöre konnte ich gut akzeptieren – ich hätte auch nachgefragt, was denn nachweisliche Tatsachen sind und was „dichterische Freiheit" – aber der respektlose Ton, die aggressive Energie, die da immer wieder auf mich losgelassen wurde, die hat mich körperlich geschädigt. Wer sich mit östlichen Heilmethoden wie Ayurveda, TCM etc. auskennt, weiß, dass diese „Nehmergie" in den solar plexus (das Sonnengeflecht) hineinschießt – und unser Volksmund weiß das auch, der spricht dann davon, dass es einem „den Magen umdreht", oder von „Tiefschlag", im harmlosesten Fall von „magerln".

---

[227] Interview mit Georg Pulling für Kathpress, 7. September 2004.

Kurz darauf bekam ich einen Mahnbrief von der damaligen Vorsitzenden meines Berufsverbandes ÖBVP: irgendjemand, vermutlich aus der missgünstigen Kollegenschaft, hatte mich beschuldigt, meine Verschwiegenheitspflicht verletzt zu haben, weil in profil ein Vorarlberger Kollege (Psychotherapeut), den ich, natürlich mit dessen Einverständnis als Auskunftsperson vermittelt hatte, irrtümlich als Klient von mir bezeichnet worden war. Ich hatte damals sofort (per mail) bei dem Redakteur protestiert, aber der hatte nur lakonisch gemeint, ich solle das „sportlich" nehmen.

Mich hat das sehr getroffen: gerade als eine, die selbst Ethik für helfende Berufe unterrichtet, 10 Jahre lang Mitglied der Ethikkommission im Psychotherapiebeirat des Gesundheitsministeriums war und sowohl als auch Juristin wie Neurolinguistin davon ausgehe, in meiner Sprachgestaltung sehr bewusst auf mögliche Inkorrektheiten zu achten (dies unterrichte ich auch, gelegentlich sogar für Journalist:innen, früher an der Universität Salzburg, später für die Katholische Medienakademie).

Ich würde mir wünschen, dass wer auch immer sich über mich ärgert oder aufregt, direkt mit mir *redet*! Mich in sachlich- ruhiger Weise persönlich zu kontaktieren, finde ich einfach selbstverständlich, denn mich wenigstens (weil überhaupt) zu fragen, ob ich richtig zitiert wurde, ob die behaupteten Fakten stimmen bzw. mir die Möglichkeit zu Erklärungen zu bieten, ist für mich eine Frage des Anstands. Alles andere sehe ich als persönliche Animosität – und feige Hinterfotzigkeit.

Es gibt aber auch eine listige – oder auch nur oberflächliche Verdrehungen: Als ich 2013 das Buch „Der überflüssige Mensch" von Ilja Trojanow las und davon total begeistert war, wurde ich von unser beider Residenz Verlag (in dem ich zur gleichen Zeit mein Buch „Die reuelose Gesellschaft" herausbrachte) gefragt, ob ich dazu für die Tageszeitung Kurier ein öffentliches Statement abgeben wolle und war gerne dazu bereit. Umso entsetzter war ich, als ich meine Worte dann unter „Das Buch meines Lebens" wieder fand – denn diese Auszeichnung hätte ich nur einem anderen Buch gegeben: Gustav Meyrinks „Das grüne Gesicht".

Ich fühlte mich ausgetrickst – verstand aber auch: Im „System" von Marketing-Experten zählt nur die Platzierung in einem Massenmedien, in „meinem System der Gewaltprävention" zählt hingegen der „informed consent"[228], d. h. die Zustimmung in allen für die

228 Der „informed consent" ist beispielsweise Voraussetzung für „freiwillige sexuelle Beziehungen" – sich nicht zu wehren ist zu wenig, um als Zustimmung zu gelten: es

Angefragten „relevanten“ Details, und da zählt die Einordnung unter eine Rubrik auch dazu. Ich habe mich damals aber dazu entschieden, auf ein Konfliktgespräch zu verzichten, denn ich war mir erfahrungsgemäß sicher, in meinem verletzten Anspruch auf umfassende Selbstbestimmung nicht verstanden zu werden.

Ich plädiere unentwegt für's „Energie sparen“ – und meine damit auch unser aller Kraftpotenzial: je mehr wir „heiß laufen“, desto mehr brauchen wir das ausgleichende „cooling down“. Zwischen den Appellen, uns „zusammenzunehmen“ und Gefühle zu unterdrücken (und damit den Lebensfluss zu stoppen und uns zu Panzermaschinen zu machen) wie auch umgekehrt, alle Gefühle „authentisch“ auszudrücken (und unbedacht und ungefiltert anderen an den Kopf zu schmeißen, ins Herz zu stechen oder Tiefschläge zu versetzen) gilt es eine salutogene Form zu finden: als Mitteilung, wie es einem, einer selbst geht. Dann wird aus der Attacke eine Information, und man bleibt – objektiv gesehen – innerhalb der eigenen Grenzen. Wie es andere subjektiv empfinden (wollen), ist deren Entscheidung. Sie ist variabel, weil dem eigenen Willen unterwerfbar.

---

gibt Schockstarren, Bewusstseinstrübungen (durch Drogen, Medikamente inklusive) und etliche andere Manipulationen.

Stressprophylaxe

Wer nie sein Brot mit Tränen aß,
Wer nie die kummervollen Nächte
Auf seinem Bette weinend saß,
Der kennt euch nicht, ihr himmlischen Mächte.
Johann Wolfgang von Goethe[229]

In meinem Konzept für das – bald darauf eingestellte – ECESSR wollte ich dialogisch mit Betroffenen zu deren Gewalterfahrungen forschen; dazu zählen für mich auch Formen der Exklusion wie Mobbing, Diskriminierungen, Verleumdungen etc. und anderen (transaktionsanalytisch formulierten) Power Plays zur Beseitigung unerwünschter Konkurrenz. Solche „Fälle" hatten in meiner Praxis überproportional zugenommen – bis hinauf ins Top Management.

Dieses Interesse hatte logischerweise auch mit mir zu tun, denn einerseits war ich ja selbst oft genug davon betroffen, andererseits war ich dazu erzogen worden, fördernd nur auf andere zu schauen, aber nicht auf mich selbst. Als ich bei Harald Picker supervidieren lernte, erweiterte er meine Draufsicht auf die jeweiligen Beziehungsdynamiken zum Doppel- und Mehrfachblick auf die gleichzeitig ablaufenden Psychodynamiken mit dem Ziel, zu erkennen, wer oder was primär „anzusprechen" sei.

Dabei fiel mir auf, dass manche Personen bei sich selbst wie auch anderen Hochstress produzierten, um sich lebendig (nicht depressiv) zu fühlen, aber nicht bereit waren, ihren Anteil dabei wahrzunehmen oder zu verantworten. Dazu zählte auch mein Ehemann.

Da wir in unserer Wohnung in der Laxenburger Straße weder einen Balkon noch einen Park in unmittelbarer Nähe hatten, hatte sich Reinhold schon während meiner Schwangerschaften für einen Kleingarten im Böhmischen Prater angemeldet – und damit Kritik bei den Vereinsfunktionären hervorgerufen: Der Promi nimmt einem Arbeiter einen Kleingarten weg! (Dass der Promi der Sohn eines analphabetischen Bahnarbeiters aus Knittelfeld und einer Putzfrau vom Zirbitzkogel war, wussten die ja nicht, und wenn, wären sie erst recht neidig gewesen – denn Kreativität und andere geistige Leistungen, die man nicht sieht und daher nicht kritisieren kann, und die einen nicht schmutzig machen, galten vielen noch immer nicht als Arbeit.)

---

229 J. W. Goethe, Wilhelm Meisters Lehrjahre, 2. Buch. In: Goethes Werke, in zwei Bänden, Band I, Büchergilde Gutenberg, Wien 1949, S. 537.

Bei der Durchforstung meines Archivs für dieses Buch fand ich Briefe des Kleingartenobmannes aus 1987 an mich – dabei dachte ich immer, dass mein Ehemann das Mitglied im Verein war – in denen bemäkelt wurde, dass er – wie er es als Projektleiter Freizeit ja auch für ganz Wien initiiert hatte, z. B. am Praterstern, Beleuchtungsmasten mit Veitschi zuwachsen ließ (er hatte eben eine andere Vorstellung von Kleingärten als der Orthopäde und Namensgeber Daniel Gottlob Moritz Schreber (1808-1861), dessen grausam „zurecht-stutzende" Erziehungsmaßnahmen seine Söhne in Wahn und Selbstmord trieben[230]). Mein Ehemann blieb wie fast immer lustvoll stur – er war sich der Rückendeckung seines Stadtrats sicher, da er ja in dessen Auftrag am Konzept einer „naturnahen Begrünung" der Stadt arbeitete. Aber der wechselte 1984 ins Parlament – und alle, die etwas (meist zu Recht) am Gehabe meines Ehemannes auszusetzen hatten, bliesen zum Halali. (Heute blasen die Wiener Oppositionsparteien zur Jagd auf Bezirksvorsteher und Gemeinderät:innen der SPÖ, die für sich auf Kleingartengrund stolze Häuser bauen und in gleicher Manier auf einen ÖVP-Bürgermeister in NÖ, der allerdings auf den „ökonomisch" erworbenen Grundstücken Siedlungen für die Bürgerschaft errichtet.)

Eines meiner Lieblingssprichwörter lautet, wie bereits schon erwähnt: Ein Dieb sieht auch bei einem Heiligen nur die Taschen. Mein Ehemann sah überall puritanische Strenge, und von der wollte er sich und andere „zwangsbefreien".

Bei mir war es die zwei Stunden Sexhotline alle paar Wochen in knapp drei Jahren (weil abwechselnd mit drei anderen Kolleg:innen), also in Summe 22 Sendungen, die sich als Trigger im Gehirn etlicher (nicht nur Medien-)Männer verankerten; all meine vielen Stunden caritative Arbeit in Vereinen (Möwe, ÖAPS, VFB) und Institutionen (z. B. der Gewerkschaft KMfB, d. h. Kunst Medien freie Berufe, wie auch der WKO), Unterricht und Therapie, wurden ignoriert – sie passten nicht zur „Zeugin der Lüste". Ich hingegen sah mich als „Zeugin des Elends", des generell-sexuellen wie auch kommunikativen.

Bei meinem Ehemann sahen die Neider nur die Vorteile, die er auf Grund seines Informationsvorsprungs für seine berufliche wie private Freizeit-Orientierung (und die PR seines für Freizeit zuständigen Stadtrats) zu nutzen wusste, zum Beispiel „ein Schlüssel" für das

---

230 Nachzulesen in Jeffrey M. Masson, Was hat man dir, du armes Kind, getan? Sigmund Freuds Unterdrückung der Verführungstheorie (1984). Rowohlts Taschenbuch Verlag, Reinbek bei Hamburg 1986.

abgesperrte Aufforstungsgebiet am Laaer Berg, mit dem er, begeisterter Fischer, Zugang zu dem darin verborgenen Teich hatte (so genau weiß ich das nicht, weil ich Stubenhockerin nie mitging, weil für mich lesen oder stricken daheim gemütlicher war und ist als von Gelsen umschwirrt im Gras zu lungern). All seine kreativen Leistungen für die Wiener Bevölkerung (s. Fußnote 116) sah man ja nicht – als echtes Rumpelstilzchen hatte er seinem Stadtrat gedient, und der hatte Reinholds Arbeit gut „verkauft". (Ich habe meinen Ehemann in meinem Buch „Die starken Zweiten" dazu interviewt[231] und ein Denkmal gesetzt.)

Bei der Bewältigung des Rathaus-internen Mobbings (1984-1987) hatte ich ihn noch psychisch stützen können (wie später etliche Führungskräfte – vor allem weibliche), ich hatte ja schon reichlich Erfahrung durch die medialen „Mordversuche" meiner drei Kolleg:innen und die Anti-Mobbing-Schulungen, die ich danach für Gewerkschaften abhielt. Seinen Bemühungen um neue Arbeitsmöglichkeiten war keine Erfolg beschieden: die Erzdiözese Wien suchte damals einen Pressereferenten – aber Reinhold war evangelisch; Hill International suchte einen Kontakter für Wien – aber das Psychologenteam sprach sich gegen Reinhold aus (vermutlich merkten sie bereits sein Psychosyndrom). Genau deswegen hatte ich ja die Idee mit dem Seminarzentrum in der alten Schule in der Steiermark – und war dort ja auch mit meinen Seminaren erfolgreich: ich machte die Pädagogik, er die Organisation und PR.

Und dann schlug der Kleingarten-Obmann, ein ehemaliger Polizist (Name in seinen Briefen enthalten), zu: Als 1990 der dritte „Favoritner Mädchenmord"[232] an einer Neunjährigen in der Aufforstung am Laaer Wald entdeckt und nach dem Mörder gesucht wurde, gab dieser meinem Ehemann als hochverdächtig an. Weil er einen Schlüssel zur Aufforstung besaß. Ich weiß noch genau, wie vorsichtig der Leiter des Wiener Sicherheitsbüros, Max Edelbacher (*1944) – wirklich ein „edler" Polizeijurist – damals meinen Ehemann und mich in meiner Praxis befragte. Ich selbst, klassische Juristin, führe ja seit den 1980er

---

[231] Unter dem Pseudonym Reimund Körner (S. 199). In: Reginald Földy/ Rotraud A. Perner, Die starken Zweiten – Träger des Erfolgs. Motive und Motivation zur Spitzenleistung. Wirtschaftsverlag Langen Müller / Herbig, München 1992.

[232] Die sognannten Favoritner Mädchenmorde betrafen 1988 eine 20jährige, 1989 eine 10jährige, 1990 eine 8jährige s.

https://de.wikipedia.org/wiki/Favoritner_Mädchenmorde .

Jahren ziemlich genaue Dokumentationen über mein Tun und Lassen – mein Ehemann, klassischer Reporter, nahm es damit nicht so genau, daher fiel ihm erst mit großer Zeitverzögerung ein, dass er zur Tatzeit ein lupenreines Alibi hatte – nämlich eine Panne mit längerem Aufenthalt auf einer Tankstelle auf der A 2 und Rechnungen mit genauer Uhrzeit.

Er schied damit aus dem Kreis der Verdächtigen aus. Doch einerseits die Unverfrorenheit der Vernaderung und andererseits die Denkweise, dass man ihm so etwa überhaupt zutrauen konnte, waren zu viel für ihn, für sein körperliches wie geistiges Immunsystem. Sein begonnenes Ethnologie-Studium brach er ab, saß nur mehr mit Journalistenkollegen in Kneipen herum und zog sich irgendwann eine offene TBC zu, brauchte daher eine getrennte Wohnung, fand sich eine in der Mark-Aurel-Straße, und bezahlt habe wieder einmal ich, war mir auch egal, denn erstens habe ich meine sozialen Beistandspflichten immer sehr ernst genommen, und zweitens verdiente ich zu dieser Zeit mehr als doppelt so viel als je mein Ehemann, und drittens war ich immer schon eine Asketin, eine Kollegin sagte einmal, sie kenne niemand, der so frei von jeder Gier sei wie ich.

Was er damals gebraucht hätte, wäre Arbeit gewesen – einen angesehenen Beruf unter seinesgleichen, unabhängig von mir, unabhängig vom Rathaus, unabhängig von der SPÖ. Aber wer nimmt schon einen schwer Depressiven – dem man dieses Leiden ins Gesicht geschrieben sieht? Dazu kam noch die Abwendung aller angeblichen Freunde, die sich von seinem Elend abgestoßen (oder belästigt) fühlten und mich brüsk aufforderten, ihm doch zu helfen. Dabei dürfen Psychotherapeuten nicht mit ihren Anverwandten arbeiten: sie wären ja immer parteiisch, hätten eigene Wünsche oder Ziele, und korrekte Psychotherapie muss immer ergebnisoffen sein, darf nur fördernde Anstöße zur Selbsterkenntnis, Selbststeuerung und Selbstermächtigung liefern – alles andere wäre Pädagogik (Zitat Marianne Springer-Kremser (1940-2023) im Psychotherapiebeirat, dem ich 1991-2001 angehörte). In meinem Time- und Destination-Management war zwar viel Arbeit zu leisten und das machte ihm auch Freude – bis ihm sein Führerschein auf Dauer abgenommen worden war.

Die Psychotherapeut:innen in seinen immer häufigeren Aufenthalten in Entzugskliniken explorierten ihn in ihren Therapieansätzen, ob er nicht aus innerem Konflikt zur „erfolgreichen Ehefrau“ autoaggressiv geworden wäre ... So erzählte mir das eine Kollegin aus meiner / unserer seinerzeitigen Ausbildung in Psychoanalytischer Sozialtherapie, die damals in Kalksburg[233] praktizierte. Eine naheliegende Vermutung. Dabei hatte er aber seit seiner Magenoperation mit selektiver Vagotomie immer schon mehr als üblich getrunken, weil ihm dies angeblich sein Chirurg zwecks Ersatz der nunmehr fehlenden Magensäure geraten hatte. Aber: dass seine depressive Grundstimmung und seine weiteren psychiatrischen Diagnosen (die ich teilte, weil sie mir schon lange vorher bewusst geworden waren, die aber hier unerheblich sind und ich gelernt hatte, damit konstruktiv umzugehen), so wie ich das sah, damit zusammenhängen könnten, dass er von seiner Schwester erfahren hatte, dass seine Mutter mehrfach versucht hatte, die Schwangerschaft mit ihm abzubrechen (wie ihm seine Schwester erst spät berichtet hatte –, deswegen vermutlich auch sein Unbehagen in kleinen geschlossenen Räumen) und die Tatsache, dass er als Elfjähriger von einer älteren Kusine sexuell missbraucht worden war (was ihm auch erst durch meine Studien bewusst geworden war), kam nie zur Sprache. Schade. Er hätte halt doch eine Einzeltherapie in Anspruch nehmen sollen, wie ich ihm immer wieder nahegelegt hatte – aber da hätte er seine seelischen Verletzungen zugeben müssen – und er wollte doch so gerne ein unverletzlicher Macher und Sieger sein (wie es ja bei vielen Sportler:innen so ist). Aber vermutlich wäre auch dann niemand auf die Idee gekommen, dass er ein Abtreibungsüberlebender und ein missbrauchtes Kind war, und sich mit den seine Stimmung verändernden Substanzen und Prozessen (Alkohol, Koffein, Nikotin, Sex und Sport) den Halt seiner bedrohten und verletzten Grenzen immer wieder versichern wollte.

233 Therapiezentrum Kalksburg: https://www.api.or.at (abgerufen am 23. 1. 2024)

Ab- und Zuschreibungen

Ich habe Hymnen, die ich schweige.
Es gibt ein Aufgerichtetsein,
darin ich meine Sinne neige:
du siehst mich groß und ich bin klein ...
Rainer Maria Rilke[234]

Jeder Mensch hat so Sätze, die sich gedanklich aufdrängen und die er oder sie immer wieder von sich gibt. Meist stammen sie von den Bezugspersonen der frühen Kindheit. Die Transaktionsanalytikerin Mary McClure Goulding (1925-2008), die ich gerne zitiere, nennt ihre Urheber „Kopfbewohner"[235]. Zu den meinigen gehören „Die Hunde bellen – die Karawane zieht weiter" (habe ich von Eduard Harrant), „Wer was los lässt, hat die Hände frei für was Anderes / Neues" und „Du kannst nicht verhindern, dass Vögel über deinen Kopf ziehen, aber du kannst verhindern, dass sie in deinen Haaren ein Nestbauen" (beides chinesische Weisheiten), „Wenn man Dreck angreift, wird die Hand schmutzig" (hab ich von Rainer Fischer-See), und dann habe ich selbst formulierte wie „Sich vertragen heißt Verträge schließen" oder „Gegen Gewalt hilft nur Öffentlichkeit".

Zu diesen meinen selbst formulierten gehört auch: „Was krank macht, ist die Lüge, was heilt, ist die Wahrheit."[236] Deswegen habe ich auch mein Grundsatzbuch zu sexuellen Übergriffen in der Katholischen Kirche mit dem Johannes-Zitat „Die Wahrheit wird euch frei machen" (Joh 8,32) betitelt.

Mein Salutogenese-Konzept

Von dem US-amerikanisch-israelischen Medizinsoziologen Aaron Antonovsky (1923-1994) stammt die neue, weil umgekehrte – Frage: „Was erhält Menschen gesund (was ist salutogen)?" statt wie vormals: „Was macht Menschen krank (was ist pathogen?).

---

[234] Aus Rainer Maria Rilke, Das Stunden-Buch, Erstes Buch: Vom mönchischen Leben, s. o., S. 34.

[235] Mary Goulding, „Kopfbewohner" oder: Wer bestimmt dein Denken? Wie du die Feindschaft gegen dich selbst mit Spaß und Leichtigkeit in Freundschaft verwandelst. Junfermann Verlag, Paderborn 1988/93 [4], S. 17 ff.

[236] Joh 8, 32: „...und werdet die Wahrheit erkennen, und die Wahrheit wird euch frei machen."

Das herauszufinden verglich er Personengruppen von weiblichen Holocaust-Überlebenden, die zum Zeitpunkt seiner Forschung im Klimakterium waren, nach deren erwartbaren Gesundheitsschäden, und dabei fand er als wesentlichen Gesundheitsfaktor bestimmte Denkformen, die er unter der Neuwortschöpfung SOC (sense of coherence[237], Kohärenzgefühl, Kohärenzsinn) zusammenfasste. Dabei beschrieb er Bestandteile der gedanklichen Verarbeitung, die er als *Verstehbarkeit* (des Erlebten), *Gestaltbarkeit* (eigener Reaktionen) und *Sinnfindung* (dass es sich lohnt, so zu handeln) bezeichnete.

Ich wurde in den 1990er Jahren im Unterricht in Krankenpflegeschulen immer wieder gefragt, wie man Patient:innen Salutogenese vermitteln könnte – denn nur Empfehlungen für gesunde Ernährung und regelmäßige Bewegung sowie Entspannungsübungen wären ohnedies im Standardrepertoire ihrer Ausbildungen und leider wenig zielführend. Sie wurden einfach nicht oder kaum befolgt.

Kein Wunder, dachte ich, denn es geht ja nicht um die Vermittlung von Ratschlägen, sondern um eine teilnehmende Beziehung und die muss das Gegenüber *emotional* erreichen, *nicht bloß kognitiv* (wie im üblichen Schulunterricht).

Antonovsky war Soziologe – er beforschte Menschengruppen in der Gesellschaft. Ich bin primär Psychotherapeutin und auch Erwachsenenpädagogin – mich interessiert die Einzelperson in ihrem Erleben, und welche Coping-Strategien – also Formen der Problemlösung – sie dabei verwendet bzw. kennt. Das betrifft logischerweise auch mich selbst – denn nur, wenn etwas mit uns selbst zu tun hat und „bereichernd" erlebt wird, sind wir „aufnahmebereit". (Deswegen ist das angebliche „Einschlafen" von Berater:innen während der Arbeit ein Zeichen, dass die sprechende Person nur „G'schichterln" erzählt ohne ihre echten Gefühle zu offenbaren – sie „zapft" quasi „Aufmerksamkeitsenergie" ab wie ein Vampir (betreibt also nach Pietschmann „Nehmergie"). Wenn das von ihr angesprochen wird (was sich viele aus „Höflichkeit" nicht trauen – in einer Sitzung ist man aber nicht bei Hof!), findet wieder Energieaustausch statt, und dann verändert sich sofort der Zustand des Energiemangels.)

---

237 Aaron Antonovsky, Salutogenese. Zur Entmystifizierung der Gesundheit. DGVT (Deutsche Gesellschaft für Verhaltenstherapie), Tübingen 1997 S. 36 ff.

Wahrnehmung

Bei mir heißt es nun aber statt „Verstehbarkeit" „*Wahr*-Nehmung", Betonung auf Wahrheit: also weder Dramatisieren noch Verharmlosen. Vor allem aber Verzicht darauf, sich z. B. aus Anpassung an den Main Stream selbst zu belügen. Dabei muss man aber damit rechnen, dass diejenigen, die keine objektive Wahrnehmung wollen, diese Sachlichkeit unfair als Verharmlosung „etikettieren" werden, wenn es nicht in ihre manipulative Argumentation passt (wie es beispielsweise die derzeitige Leiterin des von mir 1989 aufgebauten Vereins Die Möwe in der Fernsehsendung am 14. 9. 2023 auf Puls TV versuchte, als ich mich bemühte, den Besitz von pornographischen – was bedeutet, man sieht Genitalien, das müssen nicht unbedingt die von Kindern sein! – Darstellungen mit Kindern von der Diagnose Pädophilie zu differenzieren).

Um die Vorherrschaft ihrer eigenen Sichtweisen zu kämpfen, sehe ich als Beispiel für unkooperative Subjektivität und „psychologische Kriegsführung". Das allerdings scheint zu einem Zeitproblem geworden zu sein und mit eine der Ursachen für die – ursprünglich im Zuge der Pandemie-Bekämpfungsmaßnahmen vermutlich organisierte – Spaltung der Gesellschaft mit oder ohne Wokeness-Anspruch[238]).

*Wahr*nehmungen und die daraus folgenden *Wahr*heiten sind immer subjektiv, solange sich nicht alle auf eine einzige geeinigt haben (wie in der Mathematik, aber dort eigentlich auch nicht, es kommt ja immer auf das Denksystem an) und das ist höchst un*wahr*scheinlich. Deswegen werden ja auch Psychotherapeut:innen in ihren Ausbildungen zu Einzel- oder Gruppenselbsterfahrungssitzungen verpflichtet, damit ihr Selbstbild durch die Fremdbild-Rückmeldungen relativiert wird – gestärkt oder geschwächt. (Wird es gestärkt, haben dann Partner und Anverwandte meist keine Freude mit der nunmehr widerstandsbereiteren Person.)

Genau diese Selbstkontrolle, Selbsterkenntnis, Selbstbestimmtheit und Selbstbehauptung ist die Basis von Salutogenese. Und die entsteht durch einfühlsame Begleiter:innen (Laien wie Profis), die mithelfen, die vermutete objektive Wahrnehmung kritisch zu hinterfragen und der subjektiven schrittweise und ohne Power Plays ergänzend anzu-

---

[238] Wokeness gilt als „erwachte" Wachsamkeit gegen soziale Ungerechtigkeiten, produziert aber, fanatisch angewendet, genau dasjenige, wogegen gekämpft werden soll.

gleichen. So kann man dem Gaslighting[239], einer Abart der von Borneman zitierten und selbst kopierten Verleumdungsstrategie (s. Fußnote 196 auf Seite 197), entkommen: indem man Beweise einfordert, in Frage stellt, Gegenbeweise sucht – und bei unbeweisbaren Behauptungen sich unter Protest und in Würde zurückzieht (wenn das möglich ist – es ist es nicht immer).

Soziales Gaslighting findet dort statt, wenn die Strategien von Strafverteidigern vor Gericht medial derart berichtet werden, dass die Argumentationen unter Auslassung von Worten wie „behauptet" oder „angeblich" als Tatsächlichkeiten berichtet werden – und Herrschsucht und Rachsucht zu Eifersucht umgedeutet wird, Widerstandsunfähigkeit zu Einverständnis oder naives Vertrauen zu Mitschuld. Dies vor allem deshalb, weil „Litigation" – die bewusste Beeinflussung der Öffentlichkeit (inklusive Richterschaft, Laienrichter:innen) durch rechtskundige Medienexperten (oder umgekehrt medienkundige Juristen) – im Zunehmen ist. So wie alles, was aus den USA stammend, nach Europa transportiert wird.

Deswegen plädiere ich auch seit langem dazu, dass künftige Bewerber:innen für das Richteramt Kurse zum Vorurteilsabbau bzw. zur Wahrheitsfindung absolvieren müssten (analog dem Wiener Primarärztelehrgang), um sich dieser subtilen Beeinflussungen bewusster zu werden – und das besonders in Sexualstrafsachen.

Alternativen andenken

Statt Antonovskys Begriff „Gestaltbarkeit" plädiere ich für das Suchen und Finden (und allenfalls Erfinden!) von *alternativem Verhalten*. Das war ja die Permanent-Frage der Krankenpflegeschülerschaft: Sind da Diätpläne gemeint? Oder Qigong? Oder Autogenes Training? Ja – das alles kann darunter subsummiert werden – aber tatsächlich geht es um das Prinzip der Salutogenese: Was ist der aktuelle

239 Gaslighting heißen Methoden des „crazy making" durch absichtliches Verwirren der objektiven Wahrheit. (in dem Namen gebenden Theaterstück „Gaslicht" von Patrick Hamilton, nach 1940 noch einmal 1944 verfilmt als „Das Haus der Lady Alquist" mit Ingrid Bergman als Hauserbin, die von ihrem kriminellen Ehmann um den Verstand gebracht werden soll, indem er ihr ihre Wahrnehmungen aus- und seine Fiktionen einredet.)

Stand? Mit welchem Gefühl, mit welchem Verhalten habe ich mich zu reagieren entschieden? Ist es Gesundheit fördernd? Oder ist es verbesserungsbedürftig? Wie ist es verbesserbar? Habe, kann ich alles, was dazu nötig ist? Wie erlange ich es?

Und da geht es nicht nur um Materielles wie Essen, Turnen, Chillen – da geht es um die Bereitschaft zur Selbstfürsorge, zum seelischen und mentalen Detox beispielsweise bei Beziehungen, beim Medienkonsum, bei politischem Engagement ... und wieder braucht man dazu Dialogpartner:innen um diese Selbstbefragungsmethode („Gewissenserforschung" nach Inigo de Loyola) einzuüben – bis man sich selbst im inneren Dialog zum Hinabtauchen in den eigenen Wesenskern – dorthin, wo körperliches Empfinden, seelisches Fühlen, intuitives Erahnen und vernünftiges Kontrollieren zur Ein-heit zusammenfallen – begleiten kann, und das in einer realistischen Zeit. Denn dort, im Solarplexus, „spürt" man auch, was richtig ist – oder falsch.

Verantwortung

Und statt „Sinnfindung" heißt es bei mir *Entscheidung* treffen und *Verantwortung* übernehmen: **Resilienz** besteht auch darin, sich der Gewalt, und sei sie noch so minimal, nicht zu beugen (das verbiegt – siehe meine Lumbalgie 1984/85!), sondern sich zu entscheiden ob kämpfen Sinn hat, flüchten oder auch „sich totstellen" (z. B. krank – depressiv – zu werden). So wie Schneewittchen nach der Aufnahme des Giftes der konkurrierende Stiefmutter. (Echte Mütterlichkeit bestünde im Akzeptieren, dass etwas Neues entsteht und das zu fördern – wie ich es in meinen „Königin"-Büchern als Aufgabe der Königin-Mutter angeregt habe. Gilt natürlich auch für Väter.)

Verantworten heißt auch antworten: zu sich zu stehen und erklären, weshalb man sich wofür *entschieden* hat.

Wir leben in einer dualen Welt – wir entscheiden uns jede Sekunde – und wenn es nur ist, welches Bein wir über das andere legen.

Manchmal muss man aber lange warten, bis der richtige Zeitpunkt gekommen scheint – und diese Art von Geduld bzw. Dulden gehört aus meiner Sicht auch zur **Resilienz** dazu (vgl. das Odysseus- Beispiel auf Seite 176): Energie bei sich behalten zu können – und nicht gleich auszuplappern oder auszuagieren.

Mir ist bis heute nicht klar, weshalb so viele Menschen ihre eigenen Probleme auf mich projizieren und mich dann verleumden, d. h. mir einen Charakter, eine Denkweise, ein Verhalten andichten, wovon nichts der Realität entspricht. Dort, wo Medien dramatisiert haben, war es ja klar ersichtlich – und meine Entscheidung richtig, nicht darauf zu reagieren. Ich wusste ja aus den Warnungen meines Ehemannes, dass Beschwerdemanagement dort kein Ziel einer respektvollen Kultur mit dem Widerspruch sei (vgl. Herbert Pietschmanns Aussage, die Reife einer Kultur ersehe man an ihrem Umgang mit dem Widerspruch), denn je mehr „Gladiatorenkämpfe" es gäbe, desto eher würden ihre Produkte konsumiert – von der jeweils entgegengesetzten Anhängerschar. Außerdem müsse man damit rechnen, dass die Redaktion immer das letzte Wort beanspruche und das sei meist vor allem selbstgerecht.

Die Macht der Unwahrheit

Am 7. September 2010 sollte ich nach einem kurzfristigen Anruf vom Direktor des Bundeskriminalamts und Generaldirektors für die Öffentliche Sicherheit, Franz Lang (*1958, der mich von meinen Seminaren „Wahrheitsfindung bei Vergewaltigung" aus den 1990er Jahren wie auch sonstiger Zusammenarbeit mit dem Innenministerium wie auch meiner umfangreichen Fachpublizistik kannte) um 17.30 h im Innenministerium in der Herrengasse als Präventionsexpertin bei einer Pressekonferenz von Innenministerin Maria Fekter einen Kurzvortrag zur ersten Präsentation des mir unbekannten künftigen Projekts „Bündnis gegen Gewalt" halten – und das, obzwar ich um 19.30 h in Tullnerbach einen Vortrag für das niederösterreichische Präventionsprojekt „Gesunden Gemeinden" zugesagt hatte. Meine Kommunikationsfirma managte also die Termine, und so wurde ich weit vor der Zeit von dort ins Innenministerium gebracht, um danach dank eines Polizeiwagens zurück gebracht mit nur einer halben Stunde Verspätung dort meiner Verpflichtung nachkommen konnte. Meine Ausführungen und Ideen, wie solch ein Vorhaben interdisziplinär aufgebaut werden könnten, überzeugten die anwesende Beamtenschaft, sodass ich nach Abklärung mit meinem Team (d. h. mit mir insgesamt 9 Personen aus 3 Firmen) in einem nachfolgenden Gespräch mit General Lang und seiner Mitarbeiterschaft am 21. 9. die Vereinbarung treffen konnte, mit meinem Institut für Projektberatungen (IPPS) all die Dienstleistungen zu übernehmen, die nicht dem Aufgabenbereich des Ministerium entsprachen (z. B. die Erhebung und Auflistung aller bisherigen wie auch geplanten Präventionsaktivitäten in allen österreichischen Bundesländern, was monatelange Telefonate meiner Kommunikationsfirma mit Erklärungen des Vorhabens voraussetzte, Vernetzungs- und Kooperationsversuche mit allen Ministerien, Aufbau von Informationsträgern, Literaturempfehlungen, Verfassung eines Handbuches sowie laufende Beratungssitzungen und Berichte – wobei die offizielle Zusammenfassung und Berichterstellung vom BMI bewerkstelligt wurde, weil die Beamten dafür eigene Formulare entwickeln wollten – wie auch interne Schulungen oder laufende Mitwirkung in der Öffentlichkeitsarbeit des Ministeriums, zu Beginn BM Maria Fekter, später BM Johanna Mikl-Leitner). Das Projekt wurde von den zuständigen Ministerialbeamten auf drei Jahre anberaumt; da die aktuellen Vorarbeiten im Budget 2010 nicht vorgesehen waren, wurde diese Zeit der Monate ab September berücksichtigt – aber erst mit Jahresbeginn 2011, daher in weiterer Folge jahresübergreifend rückwirkend budgetiert.

Bereits am 22. 9. konnte ich mir in Linz von der dortigen Universitätsprofessorin Irene Dyk die Informationen holen, was (unter deren Vorsitz in einem Beirat im Innenministerium) bisher auf dem Präventionsgebiet geschehen war, und sie sah nämlich nichts Vergleichbares, sondern primär die Verteilung von Fördermitteln an die wenigen im Beirat vertretenen Pioniervereine.

Als ich mit der von mir geplanten Werkvertrags-Arbeit bereits zum Jahreswechsel 2012/13 mehr oder weniger fertig war, mir die Dotierung für die Verwirklichung einer von mir konzipierten, ab Frühjahr 2013 aufzubauenden Preisvergabe (€ 10.000,-) nicht kostendeckend erschien, ich dieses Konzept daher zurückzog, gewann ich viel Zeit, die ich ohnedies für mein (2010 begonnenes) Theologiestudium brauchte.

Umso irritierter war ich, als ich am 11. Februar 2013 von einem Zeit-im-Bild- Mitarbeiter des ORF telefonisch mit Fragen konfrontiert wurde, die ich nicht beantworten konnte, weil sie Interna des Innenministeriums zur Abwicklung des Projekts betrafen. Irgendjemand musste dort (wie schon seinerzeit andere) Amtsverschwiegenheit gebrochen haben, denn viele Formulierungen des Journalisten zeigten, dass er von Seiten der Wiener Männerberatungsstelle mit Un- oder Halbwahrheiten „gefüttert" worden war, ich dazu (z. B. Buffetkosten bei ministeriellen Pressekonferenzen) aber nichts sagen konnte, weil ich damit nichts zu tun hatte. Daher lehnte ich Stellungsnahmen dazu ab (was der Journalist auch erkannte und verstand, wie sich aus dem darauf basierenden Informationsaustausch meiner Mitarbeiterschaft zeigte). Wieso es am 11. April 2013 während meiner Autofahrt nach einem Supervisionstermin neuerlich zu insistierende Fragen – diesmal von einem ORF-Hörfunkmitarbeiter – kam, war mir unverständlich, und da berief er sich auf Katharina Beclin, eine Assistenzprofessorin der Universität Wien, die sagte, „*meine* Arbeit" sei „unwissenschaftlich, wirr und lächerlich" (es war aber das betreffende Produkt das einer erfahrenen Mitarbeiterin, nie als wissenschaftliche Arbeit, sondern als Handreichung gedacht und aus meiner Sicht O.K.) und sie wolle mich bei der Staatsanwaltschaft anzeigen. Ich sagte damals, das könne sie ruhig tun – der gäbe ich gerne Auskunft, Medien nicht. Darauf sagte der Journalist, er habe das Interview mit ihr „im Kasten und wenn ich ihm kein Interview gebe, zitiere er mich halt so." (Zitiert aus meinem Gedächtnisprotokoll, das ich dem Hörfunkintendanten sofort nach meiner Heimkehr mailte.) Schon wieder so ein Erpressungsversuch wie schon 20 Jahre vorher seitens des Magazins BASTA!

Wie seine Reportage im Hörfunk danach lautete, weiß ich nicht – aber ich wurde in der Folge von der Wirtschafts- und Korruptionsstaatsanwaltschaft vorgeladen, die aber nach Überprüfung alles korrekt und in Ordnung befand und weitere Erhebungen einstellte.

Wirklich schockiert war ich hingegen von dem Bericht in der Wiener Stadtzeitung FALTER[240] vom 2. Mai 2013, einem Hetzartikel *gegen mich*, der offensichtlich auf gezielte Fehlinformationen durch die offensichtlich konkurrierende Assistenzprofessorin beruhte. Die behauptete nämlich, sie hätte die gleiche Leistung um 60.000,- Euro erbringen können – und das hätte sie nicht: eine juristische Dienstleistung schon – aber keine psychologisch-pädagogische, keine medienpädagogische, keine sozialtherapeutische und keine neurolinguistische. Ich hatte keinen „wissenschaftlichen" Auftrag übernommen, sondern einen multidisziplinären Werkauftrag. Wie die Arbeit intern bezeichnet wurde, war außerhalb meines Wissens und meiner Macht. Sie hätte sich nur bei mir informieren müssen.

---

240 https://www.falter.at/zeitung/20130502/wie-die-innenministerin-210-000-euro-ausschüttet. (abgerufen am 28. 1. 2024)

Allerdings hatten wir einmal ein Gespräch, in dem sie mich kritisierte, dass ich Präventionskriterien aus dem Medizinbereich verwende und nicht aus der Kriminalprävention – und genau darum geht es mir: als Stress- und Gewaltforscherin sehe ich eben den Zusammenhang tagtäglich live und umfassend bei leidenden Menschen und setze „systemisch" dort an, wo ich aus den Erfahrungen aus 55 Berufsjahren weiß, das Veränderung nachhaltig eintritt. Daraus neue Methoden zu entwickeln, ist auch Wissenschaft – und wenn man dabei nicht das Privileg genießt, Fachliteratur über die Institutsbibliothek bestellen und in Dienstzeit lesen zu können, sein Einkommen nicht sicher am Monatsersten aufs Konto zu bekommen, sondern im Stundelohn zu erreden oder erschreiben zu müssen, dann ist man benachteiligt – und Benachteiligung ist auch eine Form von gezielter Diskriminierung, Exklusion und Gewalt – und das ist mein Forschungsthema, und da gehören die Gesundheitsfolgen auch dazu, denn die schaffen der Sozialgemeinschaft ebenso Kosten wie die der Justizverwaltung.

Als ich am 5. September 2023 anlässlich eines gemeinsamen Talk-Show-Auftritts das erste Mal mit dem Falter-Chefredakteur (und Juristen) sprechen konnte, kritisierte ich, dass er damals nicht korrekt gegenrecherchiert habe. Daraufhin zeigte er mir eine Notiz in seinem Handy, wonach er das sehr wohl getan habe (was ich auch respektierte – ich pflege niemand Urkundenfälschung zu unterstellen solange ich es nicht beweisen kann). Im Nachrecherchieren für diesen Lebensrückblick habe ich dann seine Mail-Anfrage vom 24. April 2013 gefunden, auf die ich am 25. April geantwortet habe, und da war mir mein Missverständnis klar: Ich verstehe unter Recherche, dass man mit mir *unter Klarlegung allfälliger Vorwürfe redet* – für ihn reichten anscheinend mail-Antworten auf *selektive* Fragen (so wie einst im Kurier auf den „offenen Brief" von Karl Stifter s. Seite 169, wo mir auch die ehrenrührigen Behauptungen nicht mitgeteilt wurden). Das habe ich jetzt gelernt – da werde ich, falls noch einmal so ein „Mistkübel" über mich ausgeschüttet wird, nachfragen.

Was mich so sehr verletzt hat, war die deutlich erkennbare Absicht, mich zu diskreditieren indem ich als Nutznießerin von „Freunderlwirtschaft" definiert wurde. Tatsächlich ist mein Leben eine Anhäufung von Ausschluss, Diskriminierung, Gegeninterventionen, Verleumdungen und anderen Formen von Gewalt. Projektionen eben ... und dazu kam noch die ignorante Abwertung meines persönlichen Abschlussberichts auf meiner Homepage mit „er wirke wie ein Schulaufsatz". Ja so ähnlich war er auch gedacht – als Schilderung subjektiver Eindrücke! (Die eigentlichen Abschlussberichte machten die Ministerialbeamten selbst – und als ich im Auftrag der WKStA befragt wurde, hatten die diese schon längst durchforstet, wie ich am Schluss erfuhr.)

Wie aus der Form (und Formulierung) deutlich erkennbar sein sollte, folgt er dem Aufzeigen von „Parallelprozessen“: aus psychoanalytischer Sicht wird jede deklarierte Beschäftigung (Thematisierung) von Gewalt durch parallel auftretende Gewalt begleitet wie Übertragungs- und Gegenübertragungs-Geschehen, Wiederholungszwänge und andere Psychodynamiken – *und diese Erfahrungen beschreibe ich logischerweise nicht für meine Auftraggeber- oder allfällige Konkurrentenschaft, sondern für meinen psychosozialen Unterricht.* Denn, wie ich mich immer wieder nachzuweisen bemühe: die Wurzel der Gewalt ist der Vergleich (siehe Kain und Abel in der Bibel): man schaut scheelen Auges auf die Person, die nahe genug steht, dass man Unterschiede ahrnehmen kann – fühlt sich unterlegen und versucht, die andere Person zu beseitigen.

In meinem oben zitierten Gespräch am 5. September 2013 konnte ich dem Chefredakteur nur aus dem Gedächtnis mitteilen, dass die von ihm als „mutig“ bezeichnete Kritikerin auf den von mir veranlassten Anwaltsbrief (vom 25. April 2013, also auf das Hörfunk-Interview) „zurückgerudert“ habe. Im Nachforschen habe ich Beweise in meinem Archiv gefunden: Sie schrieb damals (am 2. Mai 2013 an meinen Anwalt), sie hätte sich nur auf die „*sichtbaren* wissenschaftlichen Leistungen“ bezogen (dass es gar nicht um „Wissenschaftliches“ ging, wurde wieder übergangen), und „die zweite Aussage habe ich in der von Ihnen angeführten Form gar nicht getätigt, sondern nur (auf Nachfrage von DI Bernt Koschuh) zugstimmt, dass die Nähe zur ÖVP NÖ ein möglicher Grund für die Auftragsvergabe sein könnte“ – eine Phantasie. Seit der Zurücklegung meines SPÖ-Mandats habe ich mich um größtmögliche Neutralität bzw. Allparteilichkeit bemüht. Ich habe daher alle Aufträge angenommen, egal von wem, die meinem Forschungsinteresse entsprachen: Ich habe zumeist als Trainerin für Verwaltungseinrichtungen, Krankenanstalten und Gesundheitseinrichtungen, Pharma- aber auch Industriefirmen, Bildungs- und Medienunternehmen sowie NGOS gearbeitet – aber ja, selten, aber doch auch für Parteien: für die KPÖ, die Grünen, die FPÖ (z. B. zu „Waffennarren“, „Killerhunden“ und zur sexuellen Misshandlung von Kindern), die ÖVP (z. B. zu „Identität“) und am wenigsten für die SPÖ (wie zu NLP für partei-interne Medienarbeiter) – nur für die

NEOS noch nie, und ich habe nie irgendwo Analakrobatik betrieben, ganz im Gegenteil, habe Aufträge verloren, weil ich meine Rechte eingefordert habe (wie z. B. die Bezahlung ausständiger Honorare bei Procter & Gamble oder beim Mucha-Verlag), hatte auch keinerlei „Freunderln“ oder war mit irgendwem „befreundet“ – ich bin Niemands Weib oder Niemands Freundin (auch nicht der Männer, die ich echt geliebt habe oder noch immer liebe) – ich bin „The cat that walked by himself“.

Litigation?

Das bisher letzte Medienbashing erlebte ich 2017: Da hatte ich am 9. Februar 2017 beim Baugewerbetag in der Wirtschaftskammer in Eisenstadt das Festreferat „Schreckliche Jugend? Der Kulturschock beim Anleiten und Lehren“ zu halten und kam knapp vor 16 h, dem Beginn meins Referats, in den Saal, und da ich schwer zu tragen hatte (ich nahm wie meist meine zum Thema passende Bücher mit), setzte ich mich kurz auf den einzigen freien Sessel gleich links neben dem Eingang. Der daneben sitzende Mann sagte „Da ist besetzt!“ und ich sagte, „Ich setze mich doch eh nur kurz nieder.“ (Es war ja in der ersten Reihe ein Platz für mich reserviert.)

Da packte er mich an den Schultern, riss mich mit wutverzerrtem Gesicht hoch, dreht mich um 180 Grad und stieß mich weg – und hätte ich nicht gleich versucht, mein Ungleichgewicht auszupendeln, wäre ich wohl mit meinem Hals auf einer der Lehnen der letzten Publikumsreihe aufgeprallt (und möglicherweise heute querschnittsgelähmt).

Ich war empört – blickte hilfesuchend zu den Männern, die rechts neben dem Eingang saßen, aber die waren mit ihrer Aufmerksamkeit ganz bei ihren Smartphones, daher gab ich, empört wie ich war, dem jungen Mann als Grenzsetzung einen Streich auf die linke Backe – und er mir einen Faustschlag voll ins Gesicht. Meine Brille flog weit weg und ich stürzte zu Boden. Da erst reagierten die Männer neben dem Eingang und eilten zu mir, aber ich war total benommen. Als ich mich nach einigen Minuten halbwegs aufrichten konnte, um wieder in die Höhe zu kommen, kam der Moderator der Veranstaltung, deklarierte sich als Reiki-Meister und bot mir eine Kurzbehandlung an. Die lehnte ich mit dem Hinweis ab, dass Autogenes Training reichen müsste (außerdem bin ich selbst ausgebildete und erfahrene Prana-Heilerin, das ist eine stärkere und christliche Heil-Methode), aber ich wäre dankbar, wenn er mich einige Minuten nur „halten“ würde – und das tat er. Danke, Wolf Gruber!

Die Veranstalter zogen nun die eigentlich nach meiner Rede angesetzte Buffetpause vor, gestatteten mir, mein Referat von geplant 45 auf 20 Minuten zu verkürzen und da der Vorfall zum Thema passte, nützte ich ihn, zwar mit Sehstörungen und Schwindelempfindungen, gleich als Beispiel, dass die alten Benimmregeln nicht mehr in Kraft wären – dass man(n) eine Frau, noch dazu eine über 70jährige, nicht schlägt – aber auch zu meiner psychischen Entlastung. Gegen Gewalt hilft nur Öffentlichkeit.

Da mich mein jüngerer Sohn nach Eisenstadt chauffiert hatte (weil ich die Tage davor einen grippalen Infekt zu bewältigen hatte), brachte er mich sicherheitshalber ins nächste Spital und die forderten mich auf, polizeiliche Anzeige zu erstatten, denn sonst müssten sie es tun, allerdings wären sie zu der späten Stunde personell minderbesetzt. Also brachte mich mein Sohn ins angegebene Wachzimmer, die Ereignisse wurden aufgenommen, legte mir den Sitz um sodass ich auf der Heimfahrt liegen konnte, denn mir war speiübel – aber wieder konnte ich mit Atemübungen den Brechreiz bis daheim in Schwebe halten. Am Nächsten Tag diagnostizierte mein Hausarzt eine arge Gehirnerschütterung, Jochbeinprellung und den Riesenbluterguss am gesamten linken Oberschenkel, verordnete Bettruhe und am Montag sollte ich mich in Mistelbach in der Augenambulanz vorstellen. Dort war ich dann die nächsten Wochen, aber das Sehtraining half mir nicht, meine Sehstörungen los zu werden – das passte für schielende Kleinkinder, aber nicht für willensstarke Erwachsene.

Mehr als einen Monat später, am 14. März 2017, ich wollte gerade mit meinem Vortrag für das Bundesrechenzentrum beginnen, bekam ich einen Anruf: Polizei Innere Stadt. Der Mann, der mich niedergeschlagen hatte – übrigens der ORF-Redakteur, der über die Tagung berichten sollte (und sich nicht vorab informiert hatte z. B. über das Festreferat) – sei durch meinen Backenstreich auch verletzt worden, was zwar nicht ärztlich festgestellt wurde, aber reichte, dass er – Retourkutsche! – bzw. sein Anwalt mich nun anzeigte. Und dann erlebte ich Litigation de luxe: gezielte Medienberichte um mein Verhalten zu skandalisieren. Das hatte schon am Tag nach meinem Niederschlag begonnen, und auch der Betriebsrat vom ORF Burgenland hatte mich gegen Mittag – verletzt darniederliegende – unter Druck zu setzen versucht, die Anzeige zurückzuziehen (was ja nur bei Ehepartner geht, aber so informiert war der nicht) und glücklicherweise waren meine Söhne neben mir und hatten alles mitgehört und mir beigestanden. Nur ORF-Generalintendant Alexander Wrabetz und der burgenländische Landesintendant Werner Herics hatten sich gleich in der Früh bei mir stellvertretend entschuldigt – der Redakteur nie.

Dass die Burgenländer zu ihrem Landsmann hielten, hatte ich schon am Tag des Geschehens registriert, als niemand den Redakteur kennen (oder auch festhalten) wollte. In der Verhandlung gegen ihn, trat dann eine angebliche Zeugin auf, die beim Eintreten in den Saal gesehen haben wollte, dass ich wie wild auf den Redakteur eingeschlagen hätte – tatsächlich hatte ich einen einzigen symbolischen Backenstreich gegeben (ich habe altersbedingt Arthrose in beiden Händen, mehr wäre gar nicht möglich gewesen). Und dann habe diese angegeben, ich hätte mich absichtlich fallen gelassen! Dabei war keine Frau in den Saal eingetreten, denn den Eingang hatte ich ja im Blick – in der Hoffnung, dass einer der dort sitzenden Männer mir zur Hilfe eilen würde. Als ich protestierte, „Diese Behauptung ist unwahr!" fiel sofort der gegnerische Anwalt über mich her: „Wollen Sie sagen, die Zeugin lügt?" Eine Falle! Hätte ich ja gesagt, hätte ich sofort eine Verleumdungsklage am Hals gehabt – man kann ja nur beweisen, dass etwas ist und nicht, dass etwas nicht ist! Und Gegenüberstellungen gibt es nur bei Polizeiermittlungen ... und das hätte mir auch nicht genützt, da man Bilder von mir im Internet zu Hauf findet. Ich sagte also, „Nein – das will ich nicht. Aber ich weiß, dass es Irrtümer gibt und false memory..." Und eine Richterin, die mich in der Verhandlung gegen den Redakteur nicht ausreden ließ: sie fragte, ob *er* im Reflex gehandelt habe – und nicht, ob *ich* im Reflex auf seinen Angriff gehandelt hätte! – und da ich nie lüge, antwortete ich „Ja, denn er ..." und da unterbrach sie mich schon und sagte, „Das genügt", und ließ mich nicht ausreden „denn er war ja im Kampfmodus wie bei einem Boxkampf!" und ließ mich zum Schweigen verdammt stehen.

Als es dann einige Wochen später zur Verhandlung gegen mich – und daher mit einer anderen Richterin – kommen sollte, nahm diese mit meiner Anwältin Kontakt auf und bot mir Diversion an, denn es hätten sich unzählige Medienvertreter angemeldet ... und der stimmte ich zu, weil ich mich nicht vor der Verantwortung drücken wollte: statt dem Backenstreich hätte ich auch – alternatives Verhalten! – laut schreien können: „Rühren Sie mich nicht an!", aber ich wollte die Tagung nicht stören.

Ich hatte also den Fehler gemacht, nicht zu mir zu halten, sondern zu den Veranstaltern.

Und dabei frage ich meine Klient:innen immer: Zu wem wollen Sie halten – zu sich oder zu den anderen?! Ein bitterer Lernprozess. Denn obwohl wir beide Kontrahenten den gleichen Diversionsbetrag an den Staat abliefern mussten und ich durch das mir zugesprochene Schmerzensgeld schadlos gehalten war, wurden die tatsächlichen Folgeschäden (und zwar erst nach den Untersuchungen der von den gegnerischen Anwälten angeforderten Gerichtssachverständigen) von den heimatlichen Fachärzten festgestellt, die mich gründlicher untersuchten: ein 30%ig vermindertes Hörvermögen am linken Ohr und eine Verschiebung eines Wirbels in der Halswirbelsäule, die die gelegentlichen Sehstörungen verursachte. Unter beidem leide ich noch heute. Außerdem war ich mein ganzes Leben nie wetterfühlig – seit damals bin ich es.

Wenn ich heute beim Erforschen meiner **Resilienz** all diese Widrigkeiten wiedererlebe, ist es nicht so, dass ich gelassen zurückblicke: ich spüre sehr wohl den Schmerz der Miss-Achtung, Miss-Handlung und meinen Zorn, meine Wehrkraft, aber auch meine Vernunft, und es fühlt sich an, wie wenn in der Mitte meiner Brust, eine Handbreit über dem Solarplexus, all diese Puzzlesteinchen meines Gesamtbildes sich mit jedem Atemzug mehr zu einer Einheit kreisartig zusammendrehen und verdichten würden. Es fühlt sich warm an. Und es ist auch ein Gefühl von Dankbarkeit dafür, dass ich nie durchgedreht habe.

Befreiungen

Was in deinem Herzen so mächtig pocht,
ist der Mensch, der du wirklich bist.
Du hältst ihn gefangen.
Unablässig schlägt er
gegen die Tür seines Kerkers.
Lass ihn frei!
Ernst Schönwiese (1905-1991)
(von einer Postkarte)

Eines der Zitate, die mich besonders berührt haben, stammt aus dem Buch „Der Verrat am Selbst" von dem Berlin-gebürtigen, lange Jahre in den USA lebenden Psychoanalytiker Arno Gruen (1923-2015), in dem er schreibt:

> *Einer anderen Sicht der Dinge begegnen wir, wenn wir uns Erfahrungen von Künstlern wie zum Beispiel Anton Tschechow zuwenden, die ihre eigene Entwicklung als inneren Kampf um Authentizität ansahen. Tschechow schrieb einem jungen Schriftsteller: ‚Schreibe eine Geschichte über einen jungen Mann, den Sohn eines Leibeigenen, einen ehemaligen Gehilfen in einem Lebensmittelladen, einen Chorknaben, einen Gymnasiasten und Universitätsstudenten, erzogen, Klassenunterschiede zu respektieren, die Hände der Priester zu küssen, sich den Ideen anderer zu unterwerfen – einen jungen Mann, der sich für jedes Stückchen Brot bedankte, der oft gepeitscht worden ist, der ohne Galoschen herumlief, um Privatstunden zu geben, der seine Fäuste gebrauchte, Tiere quälte, der gerne zum Abendessen reicher Verwandter kam, der ein Heuchler gegen Gott und Menschen war, unnötigerweise, und nur aus der Erkenntnis seiner Bedeutungslosigkeit – schreibe, wie dieser Mann den Sklaven aus sich herausdrückt, Tropfen um Tropfen, und wie er, eines Morgens erwachend, merkt, dass das Blut, das in seinen Adern fließt, nicht mehr das eines Sklaven, sondern das eines echten Menschen ist.'"*[241]

---

[241] Arno Gruen, Der Verrat am Selbst. Die Angst vor Autonomie bei Mann und Frau (1984). dtv, München 1986, S. 30 f.

Wie ein Baum wächst und Jahresringe erwirbt, ist Wachstum wohl auch unsere Aufgabe – und das bedeutet immer auch an Grenzen zu stoßen, und die gilt es dann möglichst salutogen zu überwinden. Das beginnt mit dem Mutterleib und hat soziale Grenzen zum Übertritt ins nächste, größere Revier. Kindergarten, Schule, Vereine ... und immer dabei: Kontrolle durch Übergeordnete. Ich musste mich nur in Schulen anpassen – denn daheim gab es gar keine alternativen Vorbilder für Unangepasstheit – außer in der Literatur, und das war ja Fiktion. So wurde es mir verdeutlicht. Und dennoch wurden Geschlechterunterschiede – als Ergänzung zu Tschechows Klassenunterschieden, die aber auch – in Frage gestellt, aber ohne Antwort auf die Frage „How to do?".

Meine erste Befreiung

Der Hinausschmiss aus der elterlichen Wohnung **1962** unmittelbar nach meiner Matura war zwar Gewalt, aber auch die Chance neuer Freiheit: zwar allein – aber das war ich daheim ja auch. Echtes Interesse an mir gab es nicht – nur als Vaters Permanent-Schülerin bzw. Mutters Anziehpuppe.

Meine zweite Befreiung

In der Partei bzw. ihren Vorfeldorganisationen ging es damals genauso „familiär", sprich patriarchal kontrollierend zu (auch bei den Frauen), nur ohne „Inzest-Tabu". Das geistert immer noch in manchen Köpfen herum – und ja, wenn man nächtelang an der Verwirklichung von Utopien arbeitet, kann man einander schon recht nahe kommen – genauso wie in den klassischen Elternersatzberufen (pädagogischen, medizinischen, helfenden...), und da gilt es eben sich von den eigenen Phantasien zu befreien – und nicht gleich Zustimmung heischend zu posten. Wenn in der ersten Woche des Jahres 2024 Andreas Kollross, der Bürgermeister von Trumau (bei Baden in Niederösterreich) und Nationalratsabgeordneter (SPÖ), nach Konsum des TV-Films „Braveheart" in sozialen Medien phantasiert, ob man über Gemeinderatsbeschluss Bürgermeistern ein Erstnachtsrecht[242] gewähren könnte, zeigt sich der frauenpolitische flash back der letzten 30 Jahre – trotz eingeforderter Political Correctness und Wokeness. (Es geht nämlich

---

242 Der Standard, 5./ 6. 7. 1. 2024, S. 14. Dazu: Das „ius primae noctis" stand im Mittelalter nicht nur dem „Herren über seine Leibeigenen", sondern regional auch dem Pfarrer zu (persönliche Mitteilung von Johannes Wahala, meinem Nachfolger al Vorsitzenden der ÖGS, früher r. k. Pfarrer, jetzt systemischer Psychotherapeut).

nicht ums „immer und ewig“-Gendern, sondern um sinnerfassendes Denken zwecks Erkenntnis eigener Gewalttätigkeit – und die beginnt im Gehirn!)

Und es gilt ernst zu nehmen, wenn jemand anders reagiert, als von dem oder der Akteur:in erwünscht – und genau da fehlt es an der richtigen Sprache (für beide Seiten!). Wenn man enttäuscht ist, genügt es, zu der Enttäuschung zu stehen – anstatt sie zu Ärger, Wut und Zorn zu steigern. Wir sollen ja alle Energie sparen!

Bei mir war es meine zweite Befreiungsaktion, **1987** mein Mandat zurückzulegen. Ich war es leid, dass meine Vorschläge so oft abgeschmettert und dann ein, zwei Jahre später von einer anderen Partei verwirklicht wurden. Kurzfristig dachte ich daran, mich den Grünen anzuschließen, hatte auch ein einmaliges Kaffeehaus-Gespräch mit Günther Nenning (1921-2006, ehemals sozialistischer Vorsitzender der Journalistengewerkschaft) aber das entwickelte sich unangenehm, weil er mich sofort „anbaggerte“, worauf ich erschrocken abwehrte. Es mündete aber immerhin in der hilfreichen Information, ich würde dort das Gleiche erleben wie bei den Roten, nur nicht so straff organisiert, und ich solle mich vor der Isolation der Freiheit nicht fürchten, ich würde sie schon überleben – so wie er.

Allerdings kam auch hier die Retourkutsche des abgewiesenen Möchte-gern-Beischläfers für meinen Widerstand: Bei einer Podiumsdiskussion zum Thema „Esoterik: Sinnsuche oder Seelenverkauf?“ am 17. November 1997 in Villach, also kurz nachdem ich als Gastprofessorin an die Universität Klagenfurt berufen worden war, schleuderte mir Nenning, als ich als Gründungsobfrau gegen seine Abwertung der Lebens- und Sozialberater:innen protestierte, den Satz hin: „Budel Dich nicht auf – nur weil Du wissenschaftlich nicht weiter gekommen bist!“ Das Publikum erstarrte. Der Satz war so absurd, dass er wohl alle verwirrte. Mich auch. Nur die Wissenschaftsjournalistin Krista Federspiel, die ebenso wie der Klagenfurter Hochschulpfarrer Hans-Peter Premur am Podium teilnahm, sagte dann – nachher – sich distanzierend und mir erklärend: „Jemand, der vor nichts Achtung hat wie Nenning, hat auch vor Menschen keine Achtung!“

Und eben, weil ich so oft solche Tiefschläge erlitten habe, trete ich immer, und sofort, und laut, und deutlich, an die Seite all derer, denen so etwas widerfährt. Man kann – und soll auch – konkretes Verhalten kritisieren[243], aber man sollte nie dulden, dass jemand abgewertet – entwürdigt – wird.

Meine dritte Befreiung

Mein Ehemann, Dein Vater Judith, hingegen war (abgesehen von mangelnder Prävention bei irrelevanter sexueller Treue) ein echter Partner, denn so hatte er es bei seinen einfachen Eltern vorgelebt bekommen. Und ein „Kümmerer“ – bei allen möglichen Leuten (Frauen!). Er wollte geliebt werden. Dass er vieles davon vor allem auch zu seinem eigenen Vorteil machte (beispielsweise Kochen – denn er aß ja mit und würzte nach seinem Geschmack), wollte er nicht sehen.... Im Grunde hat er mehr im Haushalt gemacht als mir damals lieb war (Konkurrenz!), und das habe ich al Lernprozess fürs Teilen genutzt: es musste in der Küche ja nichts so „aussehen“, wie es mein Auge erfreute, wenn es ihm Körpermenschen um „Zugriff“ und „schnell loswerden“ ging. Ich „entschied“ mich damals bewusst zwischen Entlastung von lästigen Haushaltspflichten oder optischem Wohn-Genuss, und die Befreiung siegte. Auch war er ein vorbildlicher Vater (zumindest für den sportaffinen Robin und auch für Christian aus seiner ersten Kurzehe – nur mit dem hochintellektuellen Roman tat er sich schwer, denn bei dessen Interessen (Astrophysik, Futuristik) kamen wir alle nicht mit, aber er ging getreu regelmäßig in dessen Schulen, um ihn zu verteidigen). Gluckhahn nannte ich ihn immer. Ob er es in seiner ersten Ehe schon war, muss ich Edith einmal fragen, aber leider fehlte mir dazu bisher dir nötige freie Zeit (auf das Thema Freiheit will ich abschließend noch eingehen).

Leider war er, als Du, Judith, Dich ans Jugendamt gewandt hast, um feststellen zu lassen, wer nun Dein Vater wäre, bereits im geistigen Abbau und in seiner paranoiden Parallelwelt, faselte frei nach Boris Becker von Samenraub und verstand die Welt nicht mehr, wollte sie auch nicht verstehen. Mir hat Dein Schritt damals sehr imponiert – ich hätte auch so gehandelt. Aber da ich mich ja längst entschieden hatte, zwischen *seinem* Leben und seinen Verantwortlichkeiten und *meinem* Leben und meinen Verantwortlichkeiten eine deutliche Grenze zu ziehen, konzentrierte ich mich auf die Erhaltung all dessen, was ich aufgebaut hatte – und das war schwer genug, denn Reinhold versuchte

243 Un wie so etwas zu gestalten wäre, habe ich in meinem Buch „Sprechen ohne zu verletzen“ s. Fußnote 24 beschrieben.

immer öfter mit unberechtigten Forderungen, Verleumdungen und polizeilichen Anzeigen und gerichtlichen Klagen von mir (aber auch seinem älteren Bruder) Geld zu erpressen, wurde aber überall abgewiesen.

Dass und wie er ausgebeutet wurde, versuchte er zu ignorieren: Er spielte das Spiel anderer mit. Meine Hinweise gingen bei einem Ohr hinein und beim anderen hinaus, und als er es nicht mehr vor sich verleugnen konnte, war das ein Schritt mehr in die beginnende Demenz. Die war *sein* Weg der Befreiung: „Glücklich ist, wer vergisst ...", und sein Helfer dabei war der Alkohol.

Da ich ja bewusst rund um die Uhr arbeitete um die Familie zu erhalten, seine Schulden zu bezahlen (und mich seiner Depressivität zu entziehen), seine Klaustrophobie kannte, schöpfte ich auch keinen Verdacht, wenn er mich in andere Bundesländer chauffierte (ich trainierte damals z. B. regelmäßig für die Kärntner Landesregierung) und nach meinem Tagewerk „noch eine Runde drehen" wollte, „um besser schlafen zu können". Das Argument stimmte – die Methode war aber eine andere. Natürlich erschrak ich, als er einmal, von diesem Spaziergang zurück, im Badezimmer des Klagenfurter Hotels einfach nach hinten zurückkippte, aber er fand immer eine passende Ausrede. Er war halt auch ein Dichter.

Erst als er 1992 in unserem steirischen Haus einen Kugelschreiber nicht mehr als das erkannte, was er war („Was ist das?"), und ebenso einen Kopfpolster („Was tut man damit?"), stellte ich ihn meiner Konsiliarpsychiaterin vor, und die diagnostizierte Korsakow-Syndrom[244]. Von da an begab er sich, voll krankheitseinsichtig, von Zeit zu Zeit auf Entzug – aber jedes Mal in eine andere Institution. So sehr schämte er sich seines Versagens – was heißt, dass er noch nicht am Tiefpunkt angekommen war, dort, wo etwas Neues beginnen könnte – denn dort angekommen, hätte er seinen Stolz loslassen müssen. Das hatte er nicht. Er fand immer Verbündete. Ich kann mich noch erinnern, dass er im AKH einmal das Zimmer mit Willibald Sluga teilte, der mir seine dort listig versteckten heimlichen Alkoholvorräte zeigte (und ein Buch von ihm mit Unterschrift widmete). Es brauchte Monate – und Gespräche mit Kollegen, bis ich Durchblick und wertschätzende Pro-

244 Eine spezielle Form von Amnesie als Folge von Schädigung von Gehirnstrukturen, beispielsweise durch Mangelernährung, Vergiftungen sowie als Hauptrisikofaktor chronischer Alkoholismus.

fessionalität im Umgang mit dem abzusehenden Verfall gewann. Besonders geholfen hat mir das Buch „Helfen oder Aufgeben" von Ursula Lambrou[245], aber auch mein psychoanalytischer Kollege Alfred Pritz, der mir damals erklärte, Alkoholkranke würden versorgt werden wollen wie kleine Kinder – und deshalb fühlten sie sich unbewusst von Partnerpersonen von hoher Disziplin und Ernsthaftigkeit angezogen, quasi „vorbildlichen Elternersatzfiguren". Deshalb reduzierte ich meine eheliche Beistandspflicht – wie es sich juristisch korrekt gehört – auf die eines „ordentlichen Sachwalters", denn Helfersyndrom habe ich bei mir nie eines bemerkt, nur Abwägen aller Möglichkeiten samt deren Kurz- und Langzeitfolgen, und einer darauf aufbauenden Entscheidung: diesmal zwischen sich aufopfernder Ehefrau oder verantwortlicher Familienerhalterin, und ich entschied mich für die letztgenannte Möglichkeit und suchte Ersatz für die erstgenannte.

Nun war von den geflüchteten Kosovaren, die wir in unserem steirischen Riesenhaus aufgenommen und betreut hatten, einer bei uns dauerhaft wohnen geblieben, dem mein Mann Deutsch- und Kulturunterricht gab, und damit war die Kontrolle und allfällige Betreuung meines Ehemannes gesichert. Das war die erste, zeitweilige Befreiung von den Ehepflichten.

Die endgültige Befreiung kam 1994, als ich einmal ein paar Tage Zeit hatte und sie zum Nähen nutzen wollte; ich hatte meine Nähmaschine in der Steiermark, da in der Wohnung über meiner Praxis zu wenig Platz war, die in der Laxenburger Straße war vorübergehend vermietet – witzigerweise an den Verein für eine drogenfreie Zukunft.

In der zweiten Nacht stand mein Ehemann plötzlich mit einem Gewehr in der Hand vor meinem Bett und wollte, dass ich mich mit ihm gemeinsam umbringe – „so wie Kronprinz Rudolf und Mary Vetsera". Und wieder reagierte ich ganz kühl und vernünftig: Ich wusste, ich muss Zeit gewinnen, muss in den Besitz des Gewehres kommen, und dazu muss ich mich mit ihm gleichschalten, genau so atmen wie er, im selben Rhythmus sprechen wie er (das hatte ich in meiner NLP-Ausbildung bei dem wunderbaren Psychiater Helmut Jelem gelernt)

---

245 Ursula Lambrou, Helfen oder aufgeben? Ein Ratgeber für Angehörige von Alkoholikern. Rowohlt Taschenbuch Verlag, Reinbek bei Hamburg 1996. Das Buch enthält eine entlastende Erklärung der Krankheit wie auch der dieser innewohnenden Aggression (Herabwürdigung der Personen, von denen vermutet wird, dass es ihnen besser geht) samt Gesprächsmodellen, wie man sich dazu gewaltverzichtend verhalten kann.

und ihm geistige Bilder suggerieren, damit er meinen Anweisungen folgt. Ich nahm also sein Vorbild Kronprinz Rudolf auf und sagte, dass der diesen Doppelsuizid ja rituell vorbereitet habe, und so etwas macht man nicht spontan, dass muss zelebriert werden, und das sei mir schon wichtig und darüber würde ich gerne am nächsten Morgen sprechen – er wisse ja, ich sei ein Morgenmensch und spätnachts könne ich so etwas Wichtiges nicht planen. Das sah er ein und trollte sich in sein Zimmer (das Gewehr nahm er mit, aber ich war mir sicher, dass diese Nacht ruhig weiter verlaufen würde).

Ich äußerte bald darauf die Absicht, nicht mehr im Nebenraum meiner kleinen Praxis in der Fischerstiege wohnen zu wollen, und argumentierte, dass ich kaum mehr Bewegung außerhalb machte, obwohl ich ja eine begeisterte Geherin sei, und das sah er als gelernter Turnprofessor auch ein. Daher sah ich mir einige freie Wohnungen im Umfeld an und fand eine passende in der Schottengasse – und zu der hatte mein Ehemann keinen Schlüssel und ich war nächtens sicher.

> ***Exkurs:*** *Um sich zu befreien, braucht es Mut – und das bedeutet, das angstvoll zusammengezogene Herz zu öffnen. Das Wort Angst stammt ja vom Lateinischen angustus, eng, und wenn man Angst hat, versucht man die Angriffsfläche seines Körpers zu verkleinern: man krümmt sich, hält den Atem an (damit er einen nicht durch Hörbarkeit verrät) und sucht gedanklich nach Fluchtwegen oder Verstecken. Kämpfen sollte nur, wer darauf trainiert ist – und da kann man wie ich – 2017 in Eisenstadt – herbe Überraschungen erleben.*
>
> *Damit dieses Körper- wie Geisteshaltung nicht chronisch wird (wie beispielsweise bei Kindern, die mit Angstmache erzogen wurden oder Menschen, die permanent bedroht werden), muss man sie durch Gegenbewegungen und Gegengedanken bewusst ausbalancieren. Nicht damit sie verschwindet – sonst wäre sie ja als Alarmsignal nicht mehr nützlich – sondern nur zur Prävention von folgenden Gesundheitsschäden. Bewusstes Ignorieren oder unbewusste Verdrängung von realen Gefahren (d. h. Realangst) oder der Triggerwirkung unbewusst eingespeicherter Nervenreaktionen (d. h. neurotische, also auf alten Neurosignaturen beruhende Angst), behindert den Wachstumsprozess, der* ***Resilienz*** *aufbaut. Und man muss es aussprechen, damit es – vor allem für sich selbst – „öffentlich" wird.*

Ich halte gar nichts von den Werbestrategien „Resilienz kann man lernen" mancher Kolleg:innen. Selbst wenn man wie die Angehörigen von Blaulicht-Berufen permanent Einsatztrainings absolviert, findet man sich immer wieder ungeahnten Belastungen gegenüber. Ich hab in den vergangenen Jahren sehr viel für Spitalsangehörige, Feuerwehrleute, Polizist:innen und Angehörige von ehrenamtlichen Helferberufen beraten, supervidiert, trainiert und unterrichtet (und dazu einschlägige Bücher verfasst[246]*) und weiß genau, wo alles bisherige Training nicht hilft. Aber ich weiß auch, was hilft. Meine Methode dazu heißt Salutogenergethik ®.*

Sie umfasst und balanciert alle vier Grundformen des Bewusstseins – und sie dekonstruiert einerseits die klassischen Beratungs- und Psychotherapiemethoden und integriert andererseits spirituelle Zugänge. Denn so wie man sich von religiösen Indoktrinationen befreien muss, um den „lebendigen Gott" zu finden (nämlich das Erleben, das wir „Gott" nennen, denn wir sollen uns bekanntlich kein Bild machen, auch kein geistiges! Um nicht dem beschriebenen und bebilderten „Gott der Bücher" nachzueifern, denn sonst sind wir im Sehen und „eh schon kennen", aber nicht im Erkennen!), muss man sich auch von propagiertem Atheismus und Agnostizismus befreien. „Eifern", egal wofür oder wogegen, hilft nicht: es fokussiert auf ein Ziel und damit verengt man sich und wird wie eine Waffe (Stilett, Pfeil, Lanze, Schusskanal etc.).

„Gott ist Liebe", heißt es im 1. Johannesbrief 4, 16, „und wer in der Liebe ist, ist in Gott und Gott ist in ihm". Lieben ist aus meiner Sicht ein Zustand von Balance: wenn das Herz – bekanntlich ein Muskel – entspannt und damit weit offen ist und dies in gleichzeitiger Achtsamkeit und Bewusstheit gesteuert werden kann, so wie ein Musiker die Melodie intoniert. Unser leibliches Instrument ist unsere Seele (wo auch immer wie sie spüren und verorten) und die steuert unsere Stimme, Mimik, Gestik samt zugehörigen Neurotransmitterausschüttungen.

---

[246] Z. B. Pflegen ohne auszubrennen; Sprechen ohne zu verletzen; PROvokativpädagogik – PROvokativmethodik; alle auf www.aaptos.at.

Rückblickend muss ich ergänzen, dass die medialen Angriffe auf mich in den 1990er Jahren meinem Ehemann mehr zugesetzt haben als mir, denn als Journalist wusste er ja, dass es auch von der Geisteshaltung der jeweiligen Verfasser:innen abhängt, zu wem sie halten. Als beispielsweise eine Kollegin, diesmal wieder ein:e Psychoanalytiker:in, eingeladen worden war, mein in Deutschland sehr erfolgreiches Buch „Darüber spricht man nicht – Tabus in der Familie“ (in dem ich die Wirkung von Talkshows auf die als Betroffene eingeladenen Gäste thematisierte) für die Kulturbeilage der Zeitung Die Presse zu besprechen, lieferte sie eine Druckseite ausschließlich personenbezogenes Perner-Bashing, aber da entschuldigte sich erstmals der verantwortliche Redakteur im Nachhinein bei mir: Im Abwägen, den Beitrag zu bringen oder Abstandshonorar zu zahlen, hätten sie sich in der Redaktion für die Kostenersparnis entscheiden, weil sie dachten, der Hassartikel spräche ohnedies für sich und flöge wie ein Bumerang auf die Verfasserin zurück.

Rund um die Jahrtausendwende trat dann eine Permanent-Hasserin in mein Leben: Bei einem seiner Entzugsaufenthalte hatte mein Ehemann eine Schicksalsgefährtin (dieser Krankheit halber frühpensionierte Kunsthistorikerin) kennengelernt und wieder einmal eine Selbsthilfegruppe zu zweit gegründet (statt zu den Anonymen Alkoholikern zu gehen); so etwas hatte er bereits zweimal vorher mit männlichen Akademikern versucht. So wie das Butler-Ehepaar in einem Horrorfilm – Namen vergessen – schrittweise das Kommando über ihre „Herrschaft“ übernimmt, tat es auch diese Frau; immer wenn Reinhold frisch entgiftet war, kam er mich in Niederösterreich besuchen (wo ich ihm ja auch ein eigenes Zimmer eingerichtet hatte) und beklagte sich über die Tyrannei dieser Frau, dass sie ihn zu verführen suche (was nicht mehr klappe) und ihre Hasstiraden gegen mich, dass sie aber gut koche und ihm das genüge, sie gewähren zu lassen. Mir auch.

Wieder traf ich meine Entscheidung im Abwägen mehrere Alternativen, gemeinsam mit meinen nunmehr erwachsenen Söhnen (und zwecks Außensicht war ich auch in Supervision, und zur Abwehr der juristisch untermauerten, aber unberechtigten Begehrlichkeiten vertraute ich meiner SPÖ-Uraltfreundin Helene Klaar). Dass vieles von meinem Hausrat, Mobiliar sowie Bildern und Kunstwerken verschwand (vermutlich verkauft wurde), störte mich nicht, auch dass die Frau mich gelegentlich am Telefon beschimpfte, weil ich meinem

„Noch-Ehemann“ keine Apanage zahle (er hatte mehr Pension als ich – und was meine Firma betraf, die ich gemeinsam mit meinen Söhnen aufgebaut hatte, seitdem ich zu meiner Sicherheit einen getrennten Wohnsitz bezogen hatte, hatte er daran keinerlei Anteil) und ebenso ihre Flunkereien in ihrem Bekanntenkreis, die über Umwegen zu mir zurück kamen. Es war außerhalb meiner Macht, also verschwendete ich keine Energie darauf, egal wie sehr sie mich provozieren wollte. Mir tat nur mein Ehemann leid, der sich regelmäßig bei mir beklagte – er wollte nur mehr Ruhe haben, „am liebsten im Spital“. Aber das war schon immer so bei ihm: dort fühlte er sich am wohlsten.

Sehr wohl in meiner Macht lag es, die Möbel, die ich für unser niederösterreichisches Seminarzentrum (ein ehemaliges Gasthaus) nutzen wollten, in mehreren Übersiedlungen zu transferieren, vor allem aber auch meine umfangreiche Bibliothek. Es gehörte ja alles mir – und meinen Söhnen. Die Übersiedlung all der Dinge, die Reinhold für seine beiden Wiener Wohnungen – die erste hatte er verweigert, weil ihm deren Standard zu niedrig war – benötigte, ließ ich ihm dabei gleich an seine neue mitliefern.

Irgendwann bekam er einen Erwachsenenvertreter (früher: Sachwalter), vermutlich auf Initiative von Krankenhaussozialarbeit oder -seelsorge. Davon erfuhr ich erst, als ich zur Vorsprache bei dem betrauten Rechtsanwalt eingeladen wurde. Diesen akzeptierte Reinhold aber nicht – er fühlte sich nicht respektvoll behandelt. Daher übernahm sein Sohn Christian aus erster Ehe, unser aller Anwalt, diese Aufgabe und erfüllte sie hervorragend – und liebevoll. Anfang 2009 erkrankten dann beide, Reinhold und seine Betreuerin, an einer Salmonellenvergiftung, sie starb, er überlebte – aber nur ein halbes Jahr. Ich war erleichtert, als ich vom Geriatriezentrum am Wienerwald angerufen wurde, dass er in der Nacht (drei Wochen vor unserem 40. Hochzeitstag) sanft entschlummert war – wie er es sich immer gewünscht hatte.

Freiheit

Ich lebe mein Leben in wachsenden Ringen,
die sich über die Dinge ziehn.
Ich werde den letzten vielleicht nicht vollbringen,
aber versuchen will ich ihn.

Ich kreise um Gott, um den uralten Turm,
und ich kreise jahrtausendelang;
und ich weiß noch nicht: bin ich ein Falke, ein Sturm
oder ein großer Gesang.
Rainer Maria Rilke[247]

Aaron Antonovsky formuliert die Basis salutogenen Verhaltens als „sense of coherence" – als Sinn oder Gefühl für Zusammenhänge von Ursachen und Wirkungen oder anders gesehen, für Kontinuitäten.

Genau in diesem Sinn zitiere ich das Rilke-Gedicht von den wachsenden Ringen: wie ein Baum seine Wachstumsringe bildet, können auch wir unser Wachstum erfahren – nicht nur das körperliche oder geistige, wenn wir klüger werden, sondern auch das seelische, soziale und spirituelle.

Als ich in den 1990er Jahren die österreichweite Sendung „Ich und Du – ein Ratgeber für das Leben zu zweit" gestaltete, erlebte der Sendungsverantwortliche eine massive „Dekapitation" (Kopfverkürzung), nachdem er massives Fehlverhalten eines Vorgesetzten kritisiert hatte. Wie so oft, wurde nicht Unrecht skandalisiert, sondern der Bote der Nachricht. Da er ein aufrechter Mann war, traf dieses neuerliche Unrecht nun auch ihn selbst – und tief ins Herz. Ich sagte ihm damals, er möge sich vorstellen, er sei ein Baum – und er wachse – und die Verletzung, die ihm jetzt zugefügt wurde, bleibe mit jedem Wachstumsschub tiefer unten am Stamm, der gleichzeitig immer stärker werde – und dann sei die Schramme nicht mehr im Herzen sondern in der Wade.

Resilient wird man, wenn man Stress (körperlich wie seelisch) *wahr-nimmt* und sich in den seelisch-geistigen Zustand bringt, in dem

[247] Rainer Maria Rilke, Das Stundenbuch, s. o., S. 11.

man *vernünftig denken* kann – und dann die eigene *Kreativität zulässt*, Verhaltensalternativen zu überprüfen. Das entspricht dem Aufbau, der Förderung der eigenen Ganzheit (entsprechend der Bewusstseinsquadrinität nach C. G. Jung) – einer Ganzheit ohne Kraftverlust durch Einseitigkeit.

Wenn man in die eigene Biographie zurückblickt, was wann hilfreich war – und wie man Fehlendes ersetzen konnte bzw. könnte (und allenfalls nach Vor-Bildern sucht), kommt man vermutlich bald zu den großen Figuren der Weltliteratur bzw. deren Verfilmungen. Hüten muss man sich vor den Opferfallen: die Märtyrerrolle hat etwas Verlockendes – aber sie beinhaltet die Gefahr, in ihr stecken zu bleiben.

Kohärenz zeichne ich daher gerne als eine Wellenlinie mit Höhen und Tiefen: in Hoch-Zeiten läuft man Gefahr, die Bodenhaftung – die Realitätssicht – zu verlieren, und an Tiefpunkten in Verzweiflung hängen zu bleiben und zu erstarren. Da gilt es, sich der eigenen Schöpferkraft zu erinnern (die wir alle als Kinder hatten, auch wenn wir darin möglicherweise extrem eingebremst wurden) – und Kreativität braucht immer Freiraum, damit etwas – z. B. Stärke – wachsen kann (sonst kommt nur ein Bonsai heraus).

Freiraum – Freiheit – kann auch Angst machen – vor allem, wenn einen der kalte Wind umpfeift.

In seinem seinerzeitigen (1976) – hochmanipulativen – Hit über das Frei-Sein sang Roland Kaiser (*1952), „Frei, das heißt allein, / So wie der Wind, ohne ein Ziel, / Frei, das wollt ich sein / Warum lag mir daran so viel?“ und dann folgt eine Klage über das Unerfülltsein durch kurze Abenteuer: „Ich sitz zu Haus und schau‘ stumme Wände an“ und die Sehnsucht nach der verlassenen Freundin.

Damit wird vermittelt, dass es nur *einen* Weg zur Erfüllung geben kann. Es gibt aber mehrere – denn jeder Mensch hat seinen Lebensauftrag.

Der Schweizer Jungianische Psychoanalytiker Adolf Guggenbühl-Craig schreibt etwa in seinem Buch „Die Ehe ist tot – lang lebe die Ehe“[248] es gäbe *vier* Formen gelingender Ehe – juristisch ein Ver-

---

248 Adolf Guggenbühl-Craig, Die Ehe ist tot – lang leben die Ehe“, Kösel, München 1990, S. 29 f.

trags auf gegenseitigen Beistand! – und das wäre die „bäurische", in der Mann und Frau gemeinsamen Besitz bearbeiteten, die auf Nachwuchs ausgerichtete „Kinderheim-Ehe", die „politische", in der sich große Familien – Fürsten wie Mafiosos – verbündeten – und die „Sklavenehe", in der eine:r mehr oder weniger kontrollierend die andere Person dominiert. Sie sei nicht etwas biologisch Vorbestimmtes, sondern kulturabhängiges Menschenwerk, „das immer wieder neu geschaffen und neu verstanden wird". Liebe ist allerdings nicht vorgesehen – und wenn sie sich begleitend ergíbt ist das nicht unbedingt förderlich (außer unter der „Bedingung" der „unbedingten" Liebe).

Die zwei pathogenen Faktoren in Kaisers Song (Text von Frank Thorsten nach Guido und Maurizio De Angelis) finden sich in „Ohne ein Ziel" und „... schau stumme Wände an".

Im Klartext bedeutet dies erstens, dass man immer ein Ziel haben müsse. Dabei gilt es, darauf vorbereitet zu sein, dass sich Ziele auch erst mit der Zeit ergeben bzw. als die richtigen (oder unrichtigen) herauskristallisieren, und zweitens, dass „stumme Wände" keinen Energieaustausch bieten.

Für beides braucht man Gespür – und das ist eine Wahrnehmungsform des fühlenden Herzens – nicht des erwartenden Hirns. Denn aus diesem stammen die Worte, mit dem wir unsere Wahrnehmungen benennen: aus dem von klein auf eingespeicherten Wortschatz. Der aber muss nicht stimmen ... frei nach dem Satz „Die Landkarte ist nicht die Landschaft"[249]. Das Wort ist nicht die Sache.

Resilienz besteht für mich in der Freiheit, sich aus den eigenen (und damit auch aus den fremd-induzierten) Erwartungen zu lösen: zu wissen, dass immer als erstes im Denken schnell das Gewohnte auftaucht, aber ebenso schnell überprüft werden muss (dazu zitiere ich Paulus von Tarsus: Prüfet alles und das Gute behaltet, 1 Thess 5,21).

Je öfter man etwas wiederholt, desto schneller geht es – vor allem, wenn man sein Denken, Empfinden, Fühlen und Intuieren in Einklang gebracht hat. Dann verbraucht man keine Energie im Unterdrücken

[249] Peter Schütz u. a., NLPt. Theorie und Praxis der Neuro-Linguistischen Psychotherapie (s. Fußnote 74), S. 49 f.

der einen oder anderen Wahrnehmungsform – vor allem der so oft verspotteten oder verbotenen Intuition. Sie ist es, die als Kreativität, Phantasie oder Vision oft Neues andenken lässt (es muss nur wieder sofort überprüft werden).

Im Grimm'schen Märchen vom Froschkönig (oder „Der eiserne Heinrich") hört der entzauberte Prinz bei der Heimfahrt ein Krachen „als wäre etwas zerbrochen" und ruft voll Angst seinem getreuen Gefährten am Kutschbock zu „Heinrich, der Wagen bricht", doch der, von der Sorge befreit, antwortet „Nein, Herr, der Wagen nicht, es ist ein Band von meinem Herzen, das da lag im großen Schmerzen, als Ihr in dem Brunnen saßt, als ihr eine Fretsche (Frosch) wast (wart)."[250]

Ich habe jedes Mal, nachdem ich solch eine existenzielle Erschütterung überlebt hatte, festgestellt, dass ich eine andere geworden war – es war der neuerliche Ring von meinem Herzen verschwunden. Es war tatsächlich ein körperliches Empfinden – „so ganz bei sich".

Freiheit bedeutet auch zu wissen, dass man allein ist, wenn man ganz bei sich ist.

Und doch auch wieder nicht: Denn wenn man ganz bei sich und tief in sich ist, ist man auch ganz im Hier und Jetzt und eins mit und in allem – wie ein Funke Energie im großen Kraftfeld.

Innehalten ohne zu atmen (was nicht bedeutet, die Luft anzuhalten!). Loslassen. Gelassenheit. Dann hat man auch die Freiheit, den nächsten Schritt, den nächsten Gedanken zu wählen. Das nächste Risiko. Vertrauen. Hingabe ans Leben.

So verstehe ich auch die Worte im 1. Johannesbrief – und das, was wir Gott nennen (denn wir sollen uns kein Bild machen – auch kein geistiges):

4,16: Gott ist Liebe; und wer in der Liebe bleibt, der bleibt in Gott und Gott in ihm.

4, 18: Furcht ist nicht in der Liebe, sondern die vollkommene Liebe treibt die Furcht aus; denn die Furcht rechnet mit Strafe. Wer sich aber fürchtet, der ist nicht vollkommen in der Liebe.

---

250 Märchen der Gebrüder Grimm, Droemer Knaur, München 1937, S. 8.

Liebe ist ein Zustand der Entgrenzung – des Überschwebens der eigenen Grenzen, des sich Vereinigens, auch mit dem, das Angst machen könnte. So geht Loslassen. So geht auch seelisches Wachstum.

Ich habe einmal in dem Frauenmagazin BRIGITTE, für deren Österreichteil ich eine Zeit lang auch eine Kolumne schreiben durfte, ein Gedicht entdeckt, mit dem ich schließen möchte:

Jetzt merk ich
Täglich
Wie ich wachs
Schau mir staunend
Dabei zu
Und während
Kleine Runzeln sich
Langsam häuslich
Einrichten
Auf meiner Stirn
Wächst in mir
Eine vielköpfige
Sonnenblume
Einem
Fruchtbaren Herbst
Entgegen.

Gisela Schalk

* *
*

Anhang

Abkürzungen

AMACs:	Adults molested as child (Erwachsene, die als Kinder durch Gewalt belastet/ belästigt wurden)
ASM	Akademie für Salutogenese & Mesoziation (Teil der PMG)
BSA	Bund Sozialdemokratischer Akademiker:innen (meinerzeit: Bund Sozialistischer Akademiker)
ATV	Austria TV
ECESSR	European Center for Environment, Stress and Spa Research
FBFG	Familienberatungsförderungsgesetz
GaMed	Wiener Internationale Akademie für Ganzheitsmedizin
IPPS	Institut für Projektberatung, Personal Training & Supervision (Teil der PMG)
ISS	Institut für Stressprophylaxe & Salutogenese (Teil der PMG)
IWK	Institut für Wissenschaft und Kunst, 1090 Berggasse
KMfB	Gewerkschaft Kunst Medien freie Berufe
LGBTIQ	International gebräuchliche Abkürzung für Lesben, Schwule, Bisexuelle, Trans*und Inter*, Queer&Questioning
Queer	(Lesbian, Gay, Bisexual, Trans*, Inter*, Queer).
NÖLAk	Niederösterreichische Landesakademie
ÖBVP	Österreichischer Bundesverband der Psychotherapeut:innen
ÖAPS	Österreichische Arbeitsgemeinschaft für Psychoanalytische Sozialtherapie
ÖGS	Österreichische Gesellschaft für Sexualwissenschaft
OeNB	Oesterreichische Nationalbank
PMG	Perner Management Group
PSD	Psychosozialer Dienst
VFB	Verein Familie und Beratung
VSM	Verband Sozialdemokratischer Mittelschüler:innen (meinerzeit: Verband Sozialistischer Mittelschüler)
VSStÖ	Verband Sozialdemokratischer Student:innen Österreichs (meinerzeit: Verband Sozialistischer Studenten Österreichs)
WKStA	Wirtschafts- und Korruptionsstaatsanwaltschaft

Glossar

Abortus	natürlicher Abgang der Leibesfrucht
Brand	Werbe-Marke
Camouflage	„Überschminken", Tarnung
Challenge	Herausforderung
Curativ	heilend, heilsam, fürsorglich
Detox	Entgiftung, Entgiftungsmittel
Ecoutismus	sexuell lustvolles Belauschen
Fötus	Ungeborene Leibesfrucht
Genese	Entstehungsgeschichte
Hymen	Jungfernhäutchen
Klandestin	geheim, heimlich (Clandestin)
LitigationPR	PR zur Beeinflussung eines Gerichtsverfahrens
Mem	Begriff für eine „kulturelle Einheit" z. B. Begriffsbildung, Bezeichnung, Methode
Resilient	schnell erholungsfähig, widerstandskräftig
Salutogen	Gesundheit aufbauend, fördernd, erhaltend
Spindoktor	Experte für taktische oder strategisches „Drehs"
Trigger	Auslösereiz
Trimenon	Zeitraum von drei Monaten
Virginität	Jungfräulichkeit
Zygote	befruchtete Eizelle

Besuchen Sie uns auf:
www. Ibera.at